PENGANTARABANGSAAN BAHASA MELAYU di KOREA:

ISU, CABARAN dan CADANGAN

PENGANTARABANGSAAN BAHASA MELAYU di KOREA:

ISU, CABARAN dan CADANGAN

Penyunting

Zaharani Ahmad
Chun Tai-Hyun
Kim Jang-Gyem

2012
HANKUK UNIVERSITY OF FOREIGN STUDIES PRESS
Seoul, Korea

Hankuk University of Foreign Studies Press
270 Imun-dong, Dongdaemun-gu, Seoul 130-791

Hankuk University of Foreign Studies Press adalah sebuah jabatan di bawah Hankuk University of Foreign Studies. Ia membantu mengembangkan objektif Universiti bagi mencapai kecemerlangan dalam penyelidikan, kesarjanaan dan pendidikan melalui penerbitan teks di Korea.

Pertama diterbitkan 2012

ISBN 978-89-7464-765-0 93790 ₩20,000

Dicetak di Korea

Kandungan

Pendahuluan
.... 7

BAB 1

Keantarabangsaan dan Pengantarabangsaan Bahasa Melayu dan Pendidikan Bahasa Melayu:
Catatan Perkembangan, Isu dan Cadangan
.... Awang Sariyan 17

BAB 2

Penawaran Program Pengajian PPBMI di HUFS:
Isu dan Cabaran
.... Zaharani Ahmad, Kim Jang-Gyem 73

BAB 3

Jalinan Hubungan Kebahasaan Malaysia-Korea Selatan:
Perspektif Masa Kini dan Prospek Masa Hadapan
.... Raja Masittah Raja Ariffin, Siti Saniah Abu Bakar 105

BAB 4

Pengantarabangsaan Bahasa Melayu di Korea:
Perkembangan dan Perancangan Masa Depan
.... Siti Khariah Mohd Zubir 125

BAB 5

Peranan Pengajar Penutur Natif dalam Pengajaran Bahasa Asing di HUFS
······ Chun Tai-Hyun 143

BAB 6

Penggunaan Kamus dalam Pengajaran Bahasa Melayu di HUFS:
Isu dan Cabaran
······ Chun Tai-Hyun 161

BAB 7

Pengantarabangsaan Bahasa Melayu:
Peluang dan Hambatan
······ Hasnah Mohamad, Junaini Kasdan 181

BAB 8

Antonim Bahasa Melayu Pelajar Korea
······ Normaliza Abd Rahim 197

BAB 9

Kesepakatan Dua Negara:
Penyusunan Kamus Korea-Melayu Dewan
······ Kamariah Yusof 215

BAB 10

Peluasan Makna MAKAN dalam Bahasa Melayu dan Bahasa Korea:
Analisis Semantik Kognitif
······ Nor Hashimah Jalaluddin, Lee Yang-Suk 241

BAB 11

Isu dan Cabaran dalam Pengajaran dan Pembelajaran Bahasa Melayu untuk Penutur Asing:
Perspektif Pelajar
······ Siti Saniah Abu Bakar, Raja Masittah Raja Ariffin 279

BAB 12

Elemen Mikro dan Makro dalam Reka Bentuk Program Pengajaran Bahasa Melayu sebagai Bahasa Asing

········ Zaitul Azma Zainon Hamzah, Siti Amhar Abu,
········ Ahmad Fuad Mat Hassan 297

BAB 13

Penggunaan Korpus Berkomputer dalam Pengajaran Bahasa Melayu untuk Pelajar Asing

········ Hamid Awang, Mohd Ra'in Shaari, Mohd Rashid Md Idris 317

BAB 14

Bahasa Melayu sebagai Bahasa Asing untuk Pelajar Diplomat

········ Kalthum Ibrahim 335

Pendahuluan

Buku yang bertajuk 'Pengantarabangsaan Bahasa Melayu di Korea: Isu, Cabaran dan Cadangan' ini diterbitkan sebagai tanda meraikan sambutan ulang tahun ke-30 penubuhan Jabatan Pentafsiran dan Penterjemahan Bahasa Melayu-Indonesia (JPPBMI), di Kampus Global, *Hankuk University of Foreign Studies* (HUFS). Buku ini mengandungi 14 bab yang menyentuh pelbagai isu dan cabaran serta cadangan yang berkaitan dengan aspek pengajaran dan pembelajaran bahasa Melayu sebagai bahasa asing di HUFS khususnya, dan di institusi-institusi lain umumnya. Bab-bab ini asalnya adalah kertas-kertas kerja yang telah dibentangkan di Seminar Antarabangsa Pengajian Bahasa Melayu-Indonesia yang dianjurkan bersama oleh JPPBMI dan Kursi Pengajian Melayu HUFS pada 14 September 2012. Kertas-kertas ini kemudiannya disunting dan diterbitkan dalam bentuk bab dalam buku, seperti yang ada sekarang. Buku ini tidak mungkin dapat dihasilkan tanpa sokongan dan bantuan daripada pelbagai pihak yang menyokong penubuhan Kursi Pengajian Melayu di HUFS, Korea. Sehubungan itu, sekalung penghargaan dan ucapan jutaan terima kasih ditujukan kepada Kementerian Pengajian Tinggi Malaysia, DRB-HICOM Berhad, pihak pengurusan HUFS, staf akademik JPPBMI, dan para penulis yang sudi menyumbangkan artikel mereka untuk dimuatkan ke dalam buku ini.

Secara keseluruhannya, isu dan cabaran serta cadangan yang dibicarakan oleh setiap bab di dalam buku ini sangat menarik dan memberangsangkan. Bab 1 memulakan perbicaraannya dengan menyorot upaya orang asing yang telah mempelajari bahasa Melayu sejak abad ke-7 lagi. Pendeta Buddha bernama I-Cing melaporkan persinggahannya selama enam bulan di Fosyih, iaitu ibu kota kerajaan Srwijaya yang turut mencatat penggunaan bahasa Melayu (kuno) sebagai bahasa pengajian agama Buddha. Beliau sendiri mempelajari bahasa Melayu dan adat istiadat serta kebudayaan Melayu di kota itu. Kemudian usaha mempelajari bahasa Melayu secara lebih formal berlaku dalam abad ke-15 apabila Dinasti Ming di China menubuhkan jabatan bahasa asing yang turut meliputi bahasa Melayu dan hasil awalnya ialah penyusunan daftar kata China-Melayu. Usaha orang Barat pula dirintis oleh Antonio Pigafetta dengan penyusunan daftar kata Itali-Melayu pada abad ke-16 dan diikuti oleh usaha menyusun buku pelajaran bahasa Melayu oleh orang Belanda, F. de Houtman pada abad ke-17. Bab ini seterusnya menelusuri perkembangan bahasa Melayu dan pendidikan bahasa Melayu di peringkat antarabangsa hingga zaman semasa, terutama melalui rangkaian kerjasama pelbagai pihak di dalam dan di luar negara. Beberapa prinsip asas pendidikan bahasa Melayu kepada pelajar asing dikemukakan, berdasarkan teori umum dan juga pengalaman penulis dalam beberapa program pendidikan bahasa.

Bab 2 membincangkan isu dan cabaran yang dihadapi oleh program pengajian pentafsiran dan penterjemahan bahasa Melayu -Indonesia (PPBMI) yang ditawarkan di Kampus Global, HUFS.

Program ini merupakan satu-satunya program pengajian bahasa asing yang menggabungkan dua bahasa serumpun dalam satu kurikulum pengajian. Para pelajar telah didedahkan kepada kedua-dua bahasa berkenaan sejak awal pengajian lagi, dan dijangkakan di sepanjang tempoh pembelajaran itu mereka akan meminati serta dapat menguasai kedua-duanya dengan baik dan memuaskan. Jika tidak pun, sekurang-kurangnya ada sebahagian pelajar yang berminat dan boleh menguasai bahasa Melayu dengan baik dan sebahagian lagi menguasai bahasa Indonesia. Sehubungan itu, satu kajian rintis telah dilakukan untuk meneliti tahap kemampuan, kemahiran, keupayaan dan juga kecenderungan pelajar sama ada mereka berketerampilan dalam kedua-dua bahasa ataupun hanya terserlah dalam satu bahasa sahaja. Semua maklumat dalam borang soal selidik yang diisi oleh pelajar telah dikodkan ke dalam sistem komputer yang menggunakan perisian *Statistical Package of Social Sciences (SPSSx)*. Penganalisisan data dibuat dengan menggunakan statistik deskriptif dalam bentuk taburan silang. Dapatan kajian menunjukkan bahawa sebahagian besar pelajar mempunyai tahap kemampuan, kemahiran, keupayaan, dan kecenderungan yang sangat tinggi pada bahasa Indonesia berbanding dengan bahasa Melayu. Ketidakseimbangan ini merupakan isu dan cabaran yang harus dihadapi dan ditangani oleh pihak Jabatan PPBMI khususnya dan pihak kerajaan Malaysia amnya agar bahasa Melayu tidak terpinggir dan masih terus relevan dalam program pengajian yang ditawarkan.

Bab 3 membicarakan jalinan hubungan dan kegiatan kebahasaan yang telah lama wujud antara Malaysia dengan Korea Selatan sejak tertubuhnya Jabatan Bahasa Melayu-Indonesia (JBMI) pada tahun 1964, di HUFS. Pembicaraannya tertumpu kepada hubungan kerjasama kebahasaan dan bidang-bidang yang berkaitan dengannya, yang secara umum menyentuh aspek pendidikan, termasuk pengajian dan pengajaran bahasa Melayu dalam kalangan pelajar Korea, dan kaitannya dengan aspek perkamusan, aspek penyelidikan yang disemarakkan melalui pertukaran pelajar dan pensyarah dari Malaysia ke Korea Selatan dan juga sebaliknya. Program yang diusahakan ini dapat dijadikan panduan dalam usaha penyediaan bahan pengajaran dan pembelajaran untuk pelajar asing bagi meningkatkan kemahiran bertutur dalam bahasa Melayu. Dengan terlaksananya pelbagai program kebahasaan yang meliputi pengajaran dan pembelajaran bahasa Melayu, penyelidikan dan penerbitan buku karya asli dan terjemahan, aspek perkamusan dan leksikografi, dan penekanan terhadap penggunaan bahasa Melayu dalam sektor awam dan swasta di Malaysia merupakan usaha untuk menjadikan bahasa Melayu penting di pentas dunia yang lebih global sifatnya demi kepentingan masa hadapan bersama, Malaysia-Korea.

Bab 4 memberikan satu sorotan tentang perkembangan bahasa Melayu dan pendidikan bahasa Melayu di Korea. Perkembangan di Korea menunjukkan perlunya pengajaran bahasa Melayu diperkembang dan diperluaskan kepada penutur asing meskipun dampaknya tidak sehebat pengajaran bahasa Inggeris. Bahasa Melayu didapati masih mendapat tempat di hati warga Korea dan ternyata mempunyai potensi besar sebagai bahasa dunia yang dominan. Oleh yang demikian, perancangan pendidikan dan pengajaran bahasa Melayu perlu diperhalusi, dan bab ini seterusnya menyarankan beberapa '*prospect*' yang boleh diketengahkan bagi membantu mempertingkatkan keberkesanan pengajaran dan pendidikan bahasa Melayu di Korea khususnya, dan di negara lain umumnya.

Bab 5 membahaskan isu dan cabaran yang berhubung dengan peranan tenaga pengajar penutur natif dalam mengendalikan pengajaran bahasa Melayu sebagai bahasa asing di HUFS. Amalan yang menjadi tradisi sebelum ini yang mensyaratkan pengajar penutuf natif hanya mengajar kelas percakapan sahaja, manakala pengajaran yang berkaitan dengan kursus-kursus '*regional studies*' seperti Masyarakat dan Agama di Malaysia, Sejarah Malaysia dan sebagainya dikendalikan oleh pensyarah tempatan dan disampaikan dalam bahasa Korea, didapati tidak berjaya mempertingkatkan kemahiran berbahasa pelajar yang mempelajari bahasa Melayu. Sehubungan itu, bab ini menyarankan agar pengajar penutur natif harus diberi peluang mengendalikan kursus-kursus yang pada umumnya diajar oleh pensyarah tempatan, seperti kuliah tatabahasa, kesusasteraan, dan lain-lain. Kaedah pengajaran secara gabung jalin dan kerjasama antara pensyarah asing dengan pensyarah tempatan dipercayai dapat menghasilkan mutu pengajaran yang lebih baik dan berkesan.

Bab 6 membincangkan isu yang berkaitan dengan kamus dwibahasa bahasa Melayu-Korea yang digunakan oleh para pelajar di HUFS sebagai bahan rujukan utama dalam pengajaran dan pembelajaran bahasa Melayu. Walaupun kamus ini telah dikemaskini, namun masih terdapat beberapa kelemahan dan kekurangan, terutamanya dalam memberi pentakrifan dan pemadanan yang tepat dan sesuai antara bahasa Melayu dengan bahasa Korea, misalnya dalam memberi nama haiwan dan tumbuh-tumbuhan. Keadaan semakin merumitkan apabila dalam kes-kes tertetu berlakunya percampuran antara bahasa Melayu dengan bahasa Indonesia dalam pentakrifan yang diberi. Sifat bahasa Melayu dan bahasa Indonesia yang berbeza dari segi ejaan, lafaz dan juga kosa katanya menjadikan kamus ini lebih sukar dan sulit untuk difahami oleh para pelajar.

Bab 7 meneliti dan menilai peluang dan hambatan yang dihadapi dalam usaha mengantarabangsakan bahasa Melayu, khususnya dari sudut pengajaran bahasa Melayu kepada penutur asing di

Korea Selatan. Sampel kajian terdiri daripada mahasiswa yang mengambil kursus bahasa Melayu di JPPBMI, HUFS, dan kajian ini menggunakan instrumen soal-selidik. Data dianalisis dengan menggunakan teori sosiokognitif (Bandura 1989) yang lebih popular dalam bidang psikologi dan pendidikan yang merupakan peluasan daripada teori belajar perilaku tradisional atau behaviorisme. Dapatan kajian menunjukkan proses pembentukan ayat merupakan aspek yang paling sukar dalam mempelajari bahasa Melayu. Aspek-aspek lain yang turut sukar dipelajari oleh pelajar adalah pembentukan kata dan penyebutan kata. Bagi menangani permasalahan ini, cara-cara untuk menambah baik bahan serta kaedah pengajaran dan pembelajaran yang sesuai bagi mempertingkatkan kemahiran berbahasa pelajar turut disarankan.

Bab 8 melaporkan satu kajian yang melibatkan pelajar Korea dalam pembelajaran antonim bahasa Melayu. Objektif kajian ini adalah untuk mengenal pasti antonim bagi tiga puluh tujuh pasang perkataan serta membincangkan penggunaan antonim bahasa Melayu dalam kalangan pelajar Korea. Kajian ini melibatkan dua belas pelajar di sebuah kelas bahasa Melayu peringkat awal di HUFS, dan mereka berumur dari dua puluh hingga dua puluh lapan tahun. Pelajar didedahkan dengan tiga puluh tujuh set antonim bahasa Melayu untuk dipelajari. Setelah penerangan diberikan kepada pelajar, mereka dibahagikan kepada kumpulan kecil dan berbincang bersama ahli kumpulan untuk mencari antonim bagi tiga puluh tujuh perkataan tersebut. Pelajar juga diminta untuk membuat ayat daripada perkataan antonim tersebut. Perbincangan pelajar dianalisis dengan menggunakan kaedah analisis wacana. Dapatan kajian menunjukkan bahawa pelajar dapat mengenal pasti dan membina ayat yang betul bagi antonim perkataan yang diberikan melalui perbincangan. Selain itu, pelajar juga dilihat mempunyai keyakinan dalam membina ayat serta dapat memahami penggunaan antonim serta makna setiap ayat tersebut.

Bab 9 membincangkan usaha penyusunan kamus dwibahasa bahasa Melayu-Korea. Dalam melaksanakan projek ini, terdapat tiga peringkat utama, iaitu peringkat perancangan, penyusunan dan penerbitan. Peringkat perancangan memerlukan kesepakatan dalam menyusun jadual kerja yang sentiasa memerlukan pengawalan dan pemantuan untuk memastikan perancangan tercapai. Peringkat penyusunan kamus melibatkan kerja pengumpulan dan pemilihan entri, pendrafan, pengeditan dan penyemakan. Penyusunan kamus dwibahasa melibatkan dua bahasa yang berlainan, iaitu satu sebagai objek pemerian dan satu lagi sebagai instrumen pemerian. Peringkat akhir dalam penghasilan kamus ialah penerbitan. Perkembangan teknologi yang pesat membawa kepada perubahan kepada kaedah kerja dan bentuk kamus. Kini teknologi komputer digunakan dalam proses pengumpulan data, penganalisisan data, pentakrifan dan penerbitan kamus. Pelbagai sistem perkamusan telah dibangunkan untuk membantu mempercepat proses penerbitan kamus, seperti pembacaan pruf tidak perlu mengambil masa yang begitu lama. Bagi memudahkan pengguna merujuk kamus dengan cepat, kamus dalam talian dibangunkan di samping kamus dalam bentuk buku atau CD. Kesimpulannya, tugas menyusun kamus dwibahasa menuntut perancangan kerja yang strategik, terancang dan jelas dari segi falsafah penyusunan, prosedur kerja dan turut menuntut komitmen penyusun.

Bab 10 melaporkan satu kajian perbandingan bagi kata kerja MAKAN dari sudut bahasa dan budaya antara bahasa Melayu dangan bahasa Korea. Perbezaan lanskap dan ekologi antara dua negara mempunyai pengaruh yang besar dalam menentukan bagaimana leksikal MAKAN itu meluas. Berdasarkan kajian yang dilakukan, didapati peluasan makna MAKAN dalam bahasa

Korea lebih produktif berbanding dengan bahasa Melayu. Secara kognitifnya leksikal MAKAN dapat diluaskan daripada maksud fizikal, iaitu memasukkan sesuatu ke dalam mulut dan ditelan kepada mandala lain seperti mandala ruang, masa, sosial, moral dan emosi. Peluasan makna MAKAN berlaku secara bersistem dan dapat dijelaskan melalui mekanisme kognitif seperti skema imej dan metafora konsepsi. Pemahaman budaya dan bahasa antara dua bahasa ini akan pasti lebih memudahkan pengajaran bahasa Melayu kepada penuntut Korea dan juga sebaliknya.

Bab 11 membincangkan isu dan cabaran yang berkaitan dengan pengajaran dan pembelajaran bahasa Melayu kepada para pelajar asing yang mengikuti pelbagai bidang pengajian di Malaysia. Isu dan cabaran yang diketengahkan meliputi pengajaran dan pembelajaran secara langsung di dalam kelas dan tidak langsung, iaitu persekitaran yang mempengaruhi dan mendorong mereka untuk belajar bahasa Melayu. Cadangan penambahbaikan turut dibincangkan yang meliputi pandangan daripada pelajar sendiri serta tenaga pengajar berdasarkan pengalaman mereka bersama-sama dengan para pelajar asing daripada pelbagai negara seperti Nigeria, Iran, Iraq, Libya, China, Korea, Sri Lanka dan Thailand.

Bab 12 membicarakan aspek pendekatan, aktiviti-aktiviti dan bahan-bahan yang dirancang di peringkat mikro dan makro bagi menjayakan program pengajaran bahasa Melayu sebagai bahasa asing. Perancangan di peringkat mikro melibatkan perancangan dari segi pemantapan kandungan dan pengetahuan asas bahasa Melayu, pengetahuan budaya melalui pengajaran tatabahasa bahasa Melayu, manakala perancangan di peringkat makro harus mengambil tiga komponen utama, iaitu bahasa Melayu dalam teknologi komunikasi, bahasa Melayu dalam bidang perdagangan antarabangsa dan bahasa Melayu sebagai bahasa ilmu dan peradaban Melayu. Sehingga kini didapati belum ada satu program bahasa Melayu sebagai bahasa asing yang dianggap mantap kerana setiap institusi pengajian tinggi awam dan swasta mempraktikkan program mereka sendiri. Sejajar dengan itu, satu reka bentuk program bahasa Melayu sebagai bahasa asing harus dibangunkan dan dilaksanakan secara sistematis. Bertitik tolak daripada keperluan dan permasalahan ini, bab ini menjelaskan keperluan elemen-elemen mikro dan makro dalam reka bentuk program bahasa Melayu sebagai bahasa asing di IPTA dan IPTS. Pemantapan elemen-elemen ini dapat meningkatkan pemahaman pelajar tentang aspek tatabahasa, wacana dan dapat menggunakan bahasa Melayu untuk memenuhi fungi intrinsik dan ekstrinsik.

Bab 13 membincangkan penggunaan korpus berkomputer atas talian (*online*) dalam proses pengajaran dan pembelajaran bahasa Melayu untuk pelajar asing. Pembangunan yang pesat dalam bidang teknologi maklumat dan komunikasi turut mempengaruhi gaya pengajaran dan pembelajaran bahasa Melayu. Penggunaan bahan bantu mengajar bahasa tidak lagi bersandarkan buku atau kertas edaran, sebaliknya kemudahan komputer dan internet boleh diaplikasikan dalam bilik darjah. Korpus berkomputer yang digunakan ialah korpus atas talian Dewan Bahasa dan Pustaka, Malaysia. Penggunaan korpus dalam proses pengajaran dan pembelajaran dapat menarik minat pelajar mempelajari bahasa Melayu dan seterusnya menguasai aspek yang dipelajari itu dengan lebih baik.

Bab 14 menghuraikan pengajaran bahasa Melayu sebagai bahasa asing untuk pelajar diplomat. Bagi para diplomat, mereka mempelajari bahasa Melayu dengan tujuan untuk mengetahui idea, budaya dan persepsi manusia Melayu tentang sesuatu isu. Oleh sebab itu para diplomatik yang datang ke Malaysia perlu menguasai bahasa Melayu agar pekerjaan mereka di Malaysia dapat dilaksanakan dengan lebih baik dan berkesan. Pendekatan yang sesuai untuk mengajar diplomat ialah pendekatan komunikatif, dan kaedah yang digunakan pula adalah kaedah eklektik. Para pelajar tidak hanya mempelajari kosa kata dan struktur bahasa sasaran semata-mata, mereka juga mesti mempelajari bahasa itu dengan konteks budayanya.

Buku ini telah menyentuh pelbagai isu yang berkaitan dengan pengajaran bahasa Melayu sebagai bahasa asing, dan antaranya termasuklah permasalahan yang dihadapi oleh pelajar dan tenaga pengajar, isu bahan pengajaran, kaedah pengajaran, reka bentuk program dan lain-lain yang berkaitan dengan proses pengajaran dan pembelajaran. Perbincangan dan pembahasan yang diketengahkan sangat menarik dan berguna untuk dijadikan rujukan oleh pihak-pihak yang berkepentingan bagi tujuan penambahbaikan agar proses pengantarabangsaan bahasa Melayu akan menjadi lebih baik dan mantap. Selamat membaca.

Zaharani Ahmad
Chun Tai-Hyun
Kim Jang-Gyem

BAB 1

Keantarabangsaan dan Pengantarabangsaan Bahasa Melayu dan Pendidikan Bahasa Melayu:

Catatan Perkembangan, Isu dan Cadangan

Awang Sariyan

Pengenalan

Perihal taraf, kedudukan dan peranan bahasa Melayu sebagai bahasa dunia atau bahasa antarabangsa memang telah menjadi fakta dalam sejarah perkembangan dan kebangkitan tamadun Melayu, sejak zaman Sriwijaya pada abad ke-7 Masihi dan memuncak dalam zaman Kesultanan Melayu, dalam tempoh beberapa ratus tahun. Namun demikian, dengan kesan penjajahan yang memadamkan sebahagian kegemilangan bahasa Melayu, upaya menggemilangkan semula bahasa Melayu sebagai bahasa dunia memerlukan perancangan yang rapi dan berkesan, meskipun memerlukan tempoh yang panjang dan beransur-ansur. Bab ini memerikan situasi semasa perkembangan bahasa Melayu yang mempunyai potensi besar sebagai bahasa dunia, walaupun belum tampak dominan dalam beberapa ranah, seperti ekonomi dan diplomasi pada peringkat antarabangsa. Perkembangan bahasa Melayu yang merentas buana secara langsung berkaitan dengan bidang pendidikan bahasa, khususnya strategi pengajaran bahasa

Melayu kepada penutur asing.

Secara nyata, kedudukan bahasa Melayu sebagai bahasa antarabangsa benar-benar menyerlah dalam zaman bahasa Melayu klasik pada sekitar abad ke-15 dan beberapa abad berikutnya. Pada masa ini bahasa Melayu belum sampai ke tahap bahasa antarabangsa yang dominan sebagaimana halnya dengan bahasa Inggeris yang telah menjadi bahasa ibunda atau bahasa pertama lebih 45% penduduk 10 buah negara di dunia seperti United Kingdom, Ireland, Australia, New Zealand, Barbados, Jamaica, Trinidad, Amerika Syarikat, Kanada dan Guyana (Fishman et al. 1977), menjadi bahasa rasmi atau bahasa kedua di Botswana, Cameroon, Fiji, Gambia, Ghana, India, Lesotho, Liberia, Malawai, Malta, Mauritius, Namibia, Nauru, Nigeria, Filipina, Zimbabwe, Sierra Leone, Singapura, Afrika Selatan, Swaziland, Tanzania, Tonga, Uganda, Saomoa Barat dan Zambia (Richards 1991). Dengan kedudukannya sebagai bahasa dunia yang dominan dan kini dipercayai antara bahasa dunia yang berperanan besar dalam proses globalisasi, perbincangan tentang pengajaran bahasa Inggeris kepada penutur asing menjadi tema yang mendapat perhatian besar sehingga perbincangan tentang pengajaran bahasa Melayu kepada penutur asing mungkin dianggap oleh sesetengah orang sebagai kurang relevan.

Namun bahasa Melayu mempunyai kedudukannya sendiri dalam perkembangan bahasa-bahasa utama dunia sehingga memang ada keperluan pengajarannya kepada penutur asing meskipun tidak seluas keperluan pengajaran bahasa Inggeris. Fakta mutakhir yang cukup memberangsangkan ialah pernyataan tentang perkembangan dan potensi bahasa Melayu sebagai bahasa dunia yang dominan, antaranya seperti pernyataan David Graddol, Pengarah The English Company (UK) Ltd dalam jurnal *The Future of Language* (27 Februari 2004) bahawa bahasa Melayu merupakan salah satu bahasa yang amat pesat berkembang. Atas dasar adanya keperluan bahasa Melayu diajarkan kepada dan dipelajari oleh penutur asing itu, perlu ada perencanaan yang rapi untuk memenuhi keperluan tersebut.

Bahasa Melayu sebagai Bahasa Antarabangsa dan Upaya Pengantarabangsaannya

Istilah pengantarabangsaan yang saya gunakan bagi bahasa Melayu dalam bab ini ada kalanya mengundang persoalan: Mengapakah bahasa Melayu perlu diantarabangsakan, seolah-olah bahasa tersebut belum bertaraf antarabangsa? James T. Collins (1995) dalam kritiknya terhadap pertanyaan "Wajarkah bahasa Melayu diantarabangsakan" yang diajukan oleh seorang wartawan akhbar setempat kepadanya menegaskan bahawa bahasa Melayu tidak perlu diantarabangsakan kerana bahasa Melayu memang sudah bertaraf antarabangsa. Penegasan beliau itu jika dibaca sekali lalu seakan-akan bercanggah dengan semangat yang tersirat di balik gagasan pengantarabangsaan bahasa Melayu. Bahasa Melayu memang telah mencapai taraf antarabangsa sejak lebih seribu tiga ratus tahun lalu (Collins 1995), dengan memperhitungkan Kerajaan Sriwijaya sebagai titik tolak pengantarabangsaan bahasa Melayu. Pada zaman itu bahasa Melayu telah berinteraksi dengan bahasa Sanskrit yang mewakili kebudayaan India.

Oleh itu semangat pengantarabangsaan bahasa Melayu yang kita bincangkan kini sebenarnya merupakan kesinambungan suatu sejarah gemilang bahasa Melayu yang telah terbina. Bukan dengan seminar ini kita baru mula bergerak mengantarabangsakan bahasa Melayu. Upaya kita kini sebenarnya lebih merupakan salah satu upaya meningkatkan "taraf antarabangsa" yang telah dicapai oleh bahasa Melayu dahulu, terutama dalam rangka kesesuaiannya dengan perkembangan zaman. Hal ini selaras dengan kenyataan bahawa keantarabangsaan bahasa Melayu kini jika dibandingkan dengan keantarabangsaannya pada zaman gemilang tamadun Melayu sebelum datangnya penjajah masih jauh daripada yang kita dambakan. Meskipun bahasa Melayu tersebar dan dipelajari di mana-mana bahagian di dunia ini, dan dengan demikian melayakkannya bertaraf antarabangsa, namun peranannya sebagai wahana kehidupan moden di kalangan masyarakat antarabangsa masih begitu samar. Bahasa Melayu dalam era ini belum dianggap sebagai bahasa perdagangan, bahasa ekonomi, bahasa ilmu dan bahasa teknologi di peringkat antarabangsa, bukan kerana bahasa Melayu tidak mampu tetapi disebabkan oleh pelbagai faktor, termasuklah kekangan sistem pendidikan negara yang tampaknya membataskan ruang kepada perkembangan bahasa Melayu sebagai bahasa ilmu.

Apabila Islam datang ke alam Melayu pada sekitar abad ke-12 atau ke-13 (malah sumber Aceh menyatakan bahawa Islam telah tiba di alam Melayu pada abad ke-8 lagi), bahasa Melayu mengalami interaksi dengan satu lagi bahasa antarabangsa, iaitu bahasa Arab dan di sisi itu juga bahasa Parsi. Kegiatan penerjemahan teks daripada bahasa Arab kepada bahasa Melayu telah berlangsung, seperti usaha ulama Melayu yang menerjemahkan *Aqaid al-Nasafi* pada tahun 1590 (Al-Attas 1988). Dengan demikian, bahasa Melayu telah diantarabangsakan daripada sudut kandungan bahasa itu sendiri dan pada waktu yang sama daripada sudut peranannya juga, iaitu sebagai bahasa yang digunakan dalam ranah hubungan antarabangsa, khususnya sebagai bahasa diplomasi. Amatlah menarik halnya bahawa bahasa Melayu menjadi bahasa penyebaran Islam yang ampuh, sehingga ulama dari luar alam Melayu, seperti Nuruddin al-Raniri yang berasal dari Gujerat berkarya dan mendakwahkan Islam dengan menggunakan bahasa Melayu – bukti bahawa ilmu lebih berkesan disampaikan dalam bahasa umat itu sendiri, selaras dengan sunatullah atau peraturan Tuhan.

Sumbangan Islam sebagai agama sejagat telah sesungguhnya membantu menjadikan bahasa Melayu sebagai bahasa antarabangsa, melalui penyerapan istilah-istilah dasar yang berkaitan dengan akidah dan ibadah – istilah sejagat yang digunakan oleh umat Islam lain di dunia. Demikian juga, dengan memperhitungkan bahawa bahasa Melayu merupakan bahasa kedua terbesar sebagai bahasa Islam, sesudah bahasa Arab, tidak syak lagi bahawa bahasa Melayu telah mencapai darjat bahasa antarabangsa dalam dunia Islam.

Dalam ranah diplomasi, peranan bahasa Melayu sebagai bahasa antarabangsa terlihat, misalnya pada surat Sultan Ternate, iaitu Sultan Abu Hayat kepada Raja Sepanyol pada tahun 1521 dan 1522 (Collins 1998:18 dan 23), surat Sultan Aceh kepada kapitan Inggeris, James Lancester (1601), surat Sultan Alauddin Shah Aceh kepada Harry Middleton (1602) dan surat Sultan Aceh kepada raja Inggeris, King James (1612), kesemuanya dalam bahasa Melayu bertulisan Jawi (Nik Safiah Karim et al. 1996) menjadi bukti keantarabangsaan bahasa Melayu. Malahan apabila UNESCO mengiktiraf surat-surat Sultan Kedah (dalam bahasa Melayu bertulisan Jawi) pada abad ke-19 kepada kerajaan Inggeris sebagai salah satu warisan dunia, jelas bahawa taraf keantarabangsaan bahasa Melayu dalam bidang diplomasi pada suatu waktu dahulu telah tercapai.

Dalam hal yang secara langsung berkaitan dengan pendidikan bahasa Melayu, perhatian orang asing terhadap bahasa Melayu sebagai bahasa antarabangsa memang telah wujud seawal abad ke-7 apabila I Cing, agamawan Buddha yang datang dari China mempelajari bahasa Melayu kuno untuk tujuan pengajian agama Buddha yang pada zaman itu berwahanakan bahasa Melayu kuno. Secara lebih ketara dan meluas, pegawai Kerajaan China daripada Dinasti Ming yang menjalin hubungan diplomatik dengan Kerajaan Melayu Melaka dari abad ke-15 hingga abad ke-16 telah menyusun daftar kata yang menggambarkan kosa kata bahasa Melayu yang perlu difahami oleh para diplomat China dalam urusan mereka di alam Melayu. Daftar kata yang mengandung kira-kira 500 kata masukan itu telah mula disusun jauh lebih awal daripada daftar kata Pigafeta (1522) kerana kosa kata yang terakam meliputi kosa kata sejak terjalinnya hubungan Kerajaan Cina dengan Kerajaan Melaka. Judul kamus itu dalam bahasa Cina ialah *Man La Jia Guo Yi Yu* atau Senarai Perkataan Negeri Melaka (Liang Liji 1996).

Kata-kata yang terhimpun di dalamnya dipercayai meliputi kosa kata dari zaman awal bermulanya hubungan Dinasti Ming dengan Kerajaan Melaka, iaitu pada tahun 1403 hingga tahun jatuhnya Melaka di tangan Portugis pada tahun 1511. Kamus itu terdiri daripada 482 entri kosa kata Cina yang dianggap penting dan dikategorikan kepada 17 bidang, iaitu astronomi, geografi, musim dan masa, tumbuh-tumbuhan, unggas dan haiwan, rumah dan istana, peri kelakuan, tubuh badan, barang emas dan permata, kemasyarakatan dan sejarah, warna, hitungan, dan kata umum. Setiap entri diberi padanan bahasa Melayunya dengan tulisan Cina. Kamus itu disusun untuk keperluan Kerajaan Cina dalam Dinasti Ming dalam menjalin hubungan dengan Melaka dan hingga akhir abad ke-16 kamus itu masih menjadi rujukan, termasuk dalam penyusunan buku sejarah Cina. Demikianlah, erat dan akrabnya hubungan antara dua tamadun turut meninggalkan dampak yang besar dan penting kepada bahasa juga, sebagaimana yang terbukti dengan meluasnya peranan bahasa Melayu.

Jika dalam zaman Sriwijaya memang telah ada perhatian pendeta Buddha China dalam mempelajari bahasa Melayu kuno, maka dalam dalam zaman Kesultanan Melayu bahasa Melayu bukan sahaja dipelajari oleh para pendeta agama, malahan menjadi bahasa yang dipelajari dan digunakan untuk urusan perdagangan dan kehidupan oleh orang China daripada golongan lain, khususnya pedagang. Yang lebih penting daripada itu ialah adanya "perhatian diraja" pada pihak Dinasti Ming apabila menubuhkan Jawatankuasa Jurubahasa (*Da Tong Shi*) untuk memenuhi kepentingan dan keperluan dalam hubungan luar. Tong Shi atau jurubahasa yang berkhidmat dalam 18 jawatankuasa kecil (*Xiao Tong Shi)* berjumlah 60 orang, dan dua orang daripadanya khusus untuk bahasa Melayu, iaitu seorang untuk Melaka dan seorang untuk Sumatera.

Untuk melatih para jurubahasa, pada tahun 1405 Maharaja Ming Cheng Zhu menubuhkan akademi bahasa yang dikenal sebagai *Si Yi Guan* (Balai Bahasa Negeri-negeri Asing) di ibu negara Ying Tian Fu (kini Nanjing). Terdapat lapan jabatan di akademi bahasa asing itu. Bahasa Melayu dimasukkan di bawah Hui Hui Guan (Jabatan Islam yang meliputi Parsi, Arab, Melaka, Jawa dan lain-lain). Akademi bahasa asing itu bertahan melebihi 400 tahun, dan dilanjutkan dalam Dinasti Qing yang menggantikan Dinasti Ming walaupun namanya diubah pada 1748 menjadi Hui Tong Si Yi Guan. Peranan akademi itu hanya terhenti sesudah Perang Candu pada tahun 1840, sesudah Dinasti Qing menghadapi ketidakstabilan politik (Liang Liji 1996: 82-90).

Dalam hubungannya dengan tamadun Barat pula, usaha Antonio Pigafetta mengumpulkan kosa kata bahasa Melayu dalam daftar kata bahasa Itali – bahasa Melayu pada tahun 1522 menandai wujudnya keperluan orang Barat mempelajari bahasa Melayu untuk keperluan hubungan antarabangsa. Daftar kata itu kemudian diterbitkan juga dalam edisi Latin – Melayu dan Perancis – Melayu (Collins 1998: 16-17). Dalam persuratan sejarah bahasa Melayu, telah terakam taraf keantarabangsaan bahasa Melayu, sebagaimana yang dirumuskan oleh Francois Valentijn tentang kedudukan bahasa Melayu pada abad ke-16:

> "Bahasa mereka, bahasa Melayu, bukan sahaja dituturkan di daerah pinggir laut, tetapi juga digunakan di seluruh Kepulauan Melayu dan di segala negeri Timur, sebagai suatu bahasa yang difahami di mana-mana sahaja oleh setiap orang, tidak ubah seperti bahasa Perancis atau Latin di Eropah, atau sebagai bahasa Lingua Franca di Itali dan di Levant. Sungguh luas tersebarnya bahasa Melayu itu sehingga kalau kita memahaminya tidaklah mungkin kita kehilangan jejak, kerana bahasa itu bukan sahaja difahami di Parsi bahkan lebih jauh dari negeri itu, dan di sebelah timurnya sehingga Kepulauan Filipina."
>
> (Nik Safiah Karim et. al. 2003:14)

Gabenor Portugis di Moluku (1636-1539), Antonio Galvao menyamatarafkan kedudukan dan peranan bahasa Melayu pada abad ke-16 dengan bahasa Latin di Eropah disebabkan peranan pentingnya sebagai bahasa ilmu, bahasa perdagangan, bahasa diplomasi, bahasa keagamaan dan juga sebagai bahasa rasmi istana yang merupakan institusi utama pemerintahan negara (Collins 1998:23 dan 25).

Perhatian orang Barat terhadap bahasa Melayu daripada sudut korpus bahasa Melayu pun cukup besar, sehingga seawal abad ke-17 telah terhasil sejumlah buku tatabahasa dan kamus seperti karya F. de Houtman (1603), Albert Ruyl (1611), Casper Wittens dan Sebastian Danckaerts (1623), David Haex (1631) dan lain-lain.

Interaksi bahasa Melayu dengan bahasa-bahasa Barat kemudian, terutama bahasa Inggeris, telah memungkinkan bahasa Melayu menambah kekayaannya yang sedia ada, baik dalam bidang fonologi, kosa kata, sintaksis mahupun wacana. Bahasa Melayu telah mencapai tahap saling terjemah (*inter-translatibality*) yang tinggi dengan bahasa-bahasa moden yang lain.

Potensi besar bahasa Melayu yang menimbulkan keperluan perencanaan pengajaran bahasa Melayu kepada penutur asing, sebagai salah satu usaha pengantarabangsaan bahasa dan persuratan Melayu pada zaman ini ialah wujudnya pusat-pusat pengajian di seluruh dunia yang mengajarkan bahasa Melayu (dengan pengertian bahasa Indonesia juga). Bahasa Melayu diajarkan dan diteliti di puluhan universiti di Eropah, di Australia, di New Zealand, dan di Amerika Utara, di samping diajarkan dan diteliti di rantau Asia Tenggara, Asia Timur, dan Asia Utara.

Di Eropah Barat, kajian tentang bahasa dan sastera Melayu-Indonesia telah mencapai tahap yang mapan, meskipun harapan banyak bergantung pada tokoh-tokoh tertentu. Kegiatan pengajaran-pemelajaran dan penelitian bahasa, sastera dan budaya Melayu dapat dikatakan meriah di benua tersebut, terutama di pusat-pusat tradisional pengajian Melayu seperti Leiden, London, dan Paris. Selain itu, terdapat juga pengajian Melayu di Itali. Di Jerman pula, sebagai kesan munculnya minat masyarakatnya terhadap Indonesia, lima buah universiti di negara tersebut mengajarkan bahasa Melayu-Indonesia. Kelima-limanya itu ialah Universiti Hamburg, Universiti Cologne, Universiti Bonn, Universiti Frankfurt, dan Universiti Passau. Di sisi itu, ada juga perhatian kepada Dunia Melayu, termasuk bahasa Melayu di Universiti Bochum, di Universiti Kassel, dan di Universiti Giesen. Prof. Emeritus Dr. Abdullah Hassan (2004) dan penulis (2006 dan 2007) pernah diundang sebagai Profesor Tamu oleh tokoh linguistik terkenal di Universiti Frankurt, Prof Dr. Bernd Nothofer untuk menyampaikan kuliah intensif tentang linguistik Melayu kepada pelajar Magister (Sarjana) universiti tersebut. Di bahagian lain benua Eropah, khususnya di Portugal dan di Skandinavia, tampak juga adanya minat terhadap bahasa Melayu meskipun tidak serancak di negara-negara yang disebut terdahulu.

Di Perancis, telah mula berkembang pengajaran bahasa dan sastera Melayu di Universiti La Rochelle pada tahun 2000. Rombongan ahli bahasa dari Malaysia yang terdiri daripada Prof. Emeritus Dr. Asmah Hj. Omar, Prof. Dr. Awang Sariyan dan Puan Atiah Salleh dihantar oleh Dewan Bahasa dan Pustaka (DBP) untuk memberikan kuliah intensif kepada pelajar universiti tersebut. Sebagai hasil kerjasama yang terjalin dengan Dewan Bahasa dan Pustaka melalui Majlis Antarabangsa Bahasa Melayu (MABM), pelajar dari universiti itu telah dihantar ke DBP untuk program latihan industri. Ada juga ura-ura pembukaan program pengajian Melayu di Institut Asia dan Afrika Tiblisi, Georgia (surat Prof. Dr. Guram Chikovani, Rektor TIAA kepada penulis, bertarikh 25 Oktober 2005), tetapi dengan malapnya kegiatan MABM sesudah kali akhir bersidang pada tahun 2004, tidak ada susulan yang dilakukan kepada hasrat tersebut.

Di Amerika Syarikat, universiti yang mula-mula mengadakan pengajaran dan penelitian bahasa Melayu-Indonesia ialah Universiti Yale dan Universiti Cornell. Sesudah itu pengajian bahasa Melayu-Indonesia dipergiat melalui Program Musim Panas yang kemudian merangkumkan pelibatan Universiti Hawaii dan Universiti California-Berkeley. Kini bahasa Melayu diajarkan juga di Universiti Wisconsin, Universiti Ohio, Universiti Michigan, Universiti Northern Illinois, dan Universiti Arizona (Ismail Hussein 1995). Universiti Northern Illinois menjadi lebih giat kini sesudah Prof. Dr. James T. Collins, pakar dialektologi Melayu dilantik menjadi Pengarah Pusat Pengajian Asia Tenggaranya sejak tahun 2008, dengan projek perkamusan Melayu dalam talian, pendanaan pelajar dari Asia Tenggara, termasuk dari Malaysia dan Indonesia dan program penyelidikannya di alam Melayu.

Di Australia, pengajaran dan penelitian bahasa Melayu terdapat di Universiti Sydney, di Universiti Melbourne, di Universiti Kebangsaan Australia, di Universiti La Trobe, dan di Universiti Monash. Di samping itu, bahasa Melayu diajarkan di Curtin University of Technology di Perth, di Universiti Australia Selatan, di Kampus Bendigo Universiti La Trobe, di Universiti Griffith, di Universiti James Cook, di Universiti Deakin, di Universiti Flinders, di Universiti Queensland Selatan, di Universiti Murdoch, di Universiti Tasmania, di Universiti Kolej Wilayah Utara, dan di Sekolah Bahasa-bahasa Angkatan Udara Diraja. Daripada maklumat yang diperoleh oleh penulis daripada sumber jabatan pendidikan, ketika melaksanakan pengembangan bahasa Melayu di Australia, di Victoria sahaja, terdapat sejumlah 120,000 orang pelajar bahasa Melayu (khususnya variasi Indonesia) dari peringkat sekolah rendah hingga universiti (Awang Sariyan 2004). Besarnya minat masyarakat Australia terhadap bahasa dan budaya Melayu walau bagaimanapun tidak pula menempiaskan minat yang sama besarnya kepada New Zealand sebagai satu lagi jiran Barat bagi Asia, meskipun Kerajaan Malaysia menubuhkan Kursi Pengajian Melayu di Universiti Victoria, Wellington. Namun demikian bahasa Melayu ada diajarkan di Universiti Auckland dan di Universiti Victoria, di samping di Kolej Rongitoto.

Sebagai hasil promosi bahasa Melayu oleh Majlis Antarabangsa Bahasa Melayu (MABM) melalui Dewan Bahasa dan Pustaka, di Australia, khususnya di Melbourne, Universiti Deakin telah memberikan kepercayaan kepada Dewan Bahasa dan Pustaka dan

Universiti Putra Malaysia mengendalikan kursus bahasa Melayu kepada pelajar-pelajarnya yang didatangkan ke Malaysia dalam tempoh sebulan setengah bermula pada penghujung tahun 2004. Kumpulan kedua pelajar Universiti Deakin yang dihantar ke Universiti Putra Malaysia mula mengikuti kursus pada 19 Disember 2005 untuk tempoh sebulan setengah juga.

Di negara-negara Asia Timur, bahasa Melayu mendapat tempat yang cukup membanggakan. Di Jepun, pada akhir tahun 1980-an ada lima buah institusi pendidikan tinggi yang mempunyai jurusan bahasa Indonesia, iaitu Universiti Pengajian Asing Osaka, Universiti Pengajian Asing Tokyo, Universiti Tenri, Universiti Kyoto Sangyu, dan Universiti Setsunan. Selain itu, ada sebelas universiti yang ikut mengajarkan bahasa Melayu walaupun tidak mempunyai jabatan khas bahasa Melayu, iaitu Universiti Kyoto, Universiti Takushoku, Universiti Nohon, Universiti Sophia, Universiti Ajia, Universiti Daitobunka, Universiti Senshu, Universiti Tokyo, Universiti Tokyo Nogyo, Universiti Waseda, dan Universiti Pengajian Asing Kota Kobe. Pertemuan dengan Dr. Kyoko Funada dari Universiti Pengajian Antarabangsa Kanda di Tokyo pada 6 Julai 2012 di Tokyo menambah maklumat sebuah universiti lain yang turut mengajarkan bahasa Indonesia.

Di Republik Rakyat China, pengajian bahasa Melayu mencapai kemantapan di Universiti Peking, di Universiti Pengajian Asing Beijing dan di Universiti Komunikasi China (ketiga-tiganya di kota Beijing), di Universiti Pengajian Asing Guangdong (di Guangzhou), sementara Universiti Bangsa-bangsa Guangxi di kota Nanning telah memulakan program bahasa Melayu pada tahun 2008. Penulis, bersama-sama dengan Prof. Wu Zong Yu, Pengarah Pusat Pengajian Melayu China, berpeluang memberikan kuliah pengukuhan di Universiti Bangsa-bangsa Guangxi pada akhir tahun 2008 dan di Universiti Pengajian Asing Guangdong dalam bulan April 2009. Dalam perkembangan yang mutakhir, Universiti Bangsa-bangsa di kota Kunming, Provinsi Yunnan memulakan program bahasa Melayu pada bulan September tahun 2010 dan perancangan telah dimulakan sejak awal tahun 2009, dengan kerjasama Universiti Malaya, Universiti Pengajian Asing Beijing dan Konsul Jeneral Malaysia di Kunming.

Pengiktirafan Kerajaan Malaysia kepada upaya pemerintah Republik Rakyat China dalam memajukan dan mengembangkan bahasa Melayu di tanah besar itu diterjemahkan dalam usaha penubuhan Kursi Pengajian Melayu pada tahun 2007 di Universiti Pengajian Asing Beijing, iaitu Kursi Pengajian Melayu yang ketiga sesudah Kursi di Universiti Leiden, Belanda dan di Universiti Victoria, New Zealand. Pada awal tahun 2008, Kursi itu telah diisi, dengan penulis sendiri sebagai penyandang pertama, dan tumpuan diberikan kepada peluasan dan peningkatan program ilmiah pada peringkat sarjana muda dan pascasiswazah, penyelidikan, penerbitan, seminar dan pengembangan program bahasa Melayu di universiti-universiti lain di luar Beijing.

Demikian pula, di Korea Selatan bahasa Melayu diajarkan di Universiti Pengajian Asing Hankuk di Seoul, di Universiti Woosong dan di Universiti Pengajian Asing Busan di kota Busan. Dari Universiti Pengajian Asing Busan inilah munculnya sarjana pengagum dan peneliti sejarah tulisan Jawi, iaitu Prof. Dr. Kang Kyoung Seock. Kerajaan Malaysia telah menubuhkan Kursi Pengajian Melayu di Universiti Pengajian Asing Hankuk, Seoul dengan Prof. Dr. Zaharani Ahmad dilantik sebagai penyandang pertamanya.

Di Asia Utara pula, iaitu di Rusia, pengajaran dan pengajian bahasa satu sastera Melayu sudah sekian lama bertapak di Moskow dan di Leningrad. Persatuan Nusantara yang berpusat di Moskow aktif menganjurkan seminar dan pertemuan ilmiah lain yang berkaitan dengan pengajian Melayu-Indonesia.

Dengan agak meluasnya perhatian terhadap bahasa Melayu-Indonesia di pusat-pusat pengajian sedunia, maka memang amat relevan dibincangkan isu-isu yang berkaitan dengan pengajaran bahasa Melayu kepada penutur asing. Meskipun matlamatnya masih lebih tertumpu pada minat ilmiah dan kebudayaan, dengan sedikit-sedikit pada peluang pekerjaan, perlu ada perencanaan yang rapi untuk memungkinkan pengajaran bahasa Melayu kepada penutur asing itu mencapai kesan yang sebaik-baiknya.

DBP pula dalam rangka mengisi agenda pengantarabangsaan bahasa Melayu telah mengambil langkah menubuhkan Majlis Antarabangsa Bahasa Melayu (MABM) dengan kelulusan Jemaah Menteri pada tahun 1997 dan memulakan operasinya dalam tahun 2000. Antara bidang yang ditangani termasuklah pengajaran bahasa Melayu kepada penutur asing. Di samping mengutus tenaga pengajar (seperti ke Republik Rakyat Cina, Korea, Eropah, Thailand, Kemboja dan Sri Lanka), usaha menyusun buku dan modul pengajaran bahasa Melayu kepada penutur asing telah dimulakan. Pada bulan Ogos dan September 2005, telah diadakan Kursus Bahasa Melayu untuk Munsyi Antarabangsa dengan pelibatan penatar bahasa Melayu dari Thailand, Kampuchea dan Sri Lanka, iaitu penatar yang sebelumnya telah menerima kurus bahasa Melayu di negara masing-masing atas usaha DBP. Program Minggu Bahasa dan Persuratan Melayu untuk meneguhkan aspek pedagogi bahasa Melayu kepada penutur asing di samping mempromosikan karya-karya persuratan Melayu kepada institusi-insitusi ilmiah sedunia telah digerakkan, misalnya pada tahun 2002 di Belanda, Jerman dan Perancis dan pada tahun 2004 di Melbourne, Australia dan di Korea Selatan. Kerjasama penyelidikan bahasa dan persuratan telah dimulakan, seperti kajian etimologi dan keantarabangsaan bahasa Melayu serta penerbitan *Jurnal Melayu* (lihat Bahagian Strategi, perkara 4 tentang strategi menjadikan bahasa Melayu sebagai bahasa dunia melalui badan penyelaras).

Pertimbangan Strategi

Kisah kegemilangan bahasa Melayu pada zaman silam, termasuk tentang kedudukannya yang telah membuana di jagat raya ini dapat menjadi pelipur lara bagi pejuang bahasa Melayu yang pedih hatinya apabila melihat bahasa Melayu dihina dalam siri peminggiran dan penurunan martabatnya di negara berbahasa Melayu sendiri. Namun, dengan sekadar mengagumi sejarah gemilang bahasa Melayu pada zaman silam, kita tidak mungkin dapat mengangkat martabatnya, melainkan dengan secara serius dan bertanggungjawab merencanakan hala tuju bahasa Melayu dalam zaman yang penuh dengan tantangan ini.

Dalam bab ini, penulis mengemukakan beberapa strategi yang praktis untuk memenuhi pengantarabangsaan dan keantarabangsaan bahasa Melayu, jika kita memang serius dalam agenda tersebut. Antara strategi tersebut termasuklah:

1. Strategi yang Berkaitan dengan Pembentukan Bahasa Melayu Supranasional

Keampuhan bahasa Melayu sebagai bahasa persatuan, paling tidak dalam tiga ranah penting kehidupan dan tamadun bangsa Melayu pada zaman silam, iaitu dalam perdagangan, pentadbiran (termasuk diplomasi), dan dalam bidang persuratan (sebagai bahasa ilmu, kesusasteraan, ketatanegaraan, perundang-undangan dan yang lain) merupakan bukti jelas wujudnya konsep bahasa Melayu supranasional, iaitu bahasa Melayu yang melampaui batas negara di Kepulauan Melayu, apatah lagi batas negeri dan daerah di sesebuah negara berbahasa Melayu. Bagaimanapun hal itu tampaknya sudah menjadi fakta sejarah. Bahasa Melayu yang digunakan di negara-negara berbahasa Melayu kini sudah memperlihatkan jurang yang cukup lebar dan dalam, baik pada segi kosa kata mahupun wacana keseluruhannya. Sehingga demikian, keadaan saling faham antara pengguna bahasa Melayu di negara-negara yang berlainan mengalami gangguan yang kadangkala sampai pada tahap yang serius. Contohnya, buku yang diterbitkan dalam bahasa Melayu varian Indonesia terpaksa diadaptasikan ke dalam bahasa Melayu varian Malaysia apabila dicetak di Malaysia.

Memang sejarah tidak dapat diputar semula. Sejak kedatangan penjajah, bahasa Melayu di rantau ini mula melalui jalan sejarah yang berlainan. Secara beransur-ansur konsep bahasa Melayu persatuan yang terjelma dalam bahasa persuratan klasik berpencar menjadi beberapa jalur yang menandai kewujudan bahasa Melayu berjati diri kenegaraan. Bahasa Melayu di Malaysia, bahasa Melayu di Brunei Darussalam, dan bahasa Melayu di Indonesia masing-masing membentuk ciri-ciri khusus yang menandai situasi kenegaraan. Hal ini meskipun alamiah sifatnya dan tentu memberikan erti tertentu kepada kewujudan negara berdaulat, namun dalam konteks kesuburan saling faham dan pemantapan wilayah pengguna bahasa Melayu yang melampai batas negara, tidak dapat tidak isu itu memerlukan perhatian yang saksama.

Memang bukan menjadi cita-cita pihak manapun dalam kalangan Majlis Bahasa Brunei Darussalam – Indonesia – Malaysia (MABBIM) untuk mewujudkan satu bentuk bahasa Melayu yang mutlak seragam bagi semua negara berbahasa Melayu. Hal itu bukan sahaja tidak munasabah malah membentur kreativiti yang berlaku dalam bahasa Melayu di setiap negara berkenaan. Yang sesungguhnya diperlukan bukan bahasa yang mutlak seragam melainkan bahasa Melayu yang relatif seragam pada sistem asas setiap tingkat korpus bahasanya, dari tingkat sebutan hingga ke tingkat tatabahasa dan laras bahasanya. Inilah yang dimaksudkan dengan bahasa Melayu supranasional, iaitu bahasa Melayu yang dapat memaksimumkan darjah keadaan saling faham dalam kalangan pengguna bahasa Melayu di semua negara berbahasa Melayu dan juga di negara bukan berbahasa Melayu.

Kewujudan bahasa Melayu supranasional ini dapat juga membantu upaya pengembangan bahasa dan persuratan Melayu di luar dunia Melayu, apabila pelajar dan pengkaji asing tidak terganggu oleh terlalu besarnya jurang perbedaan antara bahasa Melayu di negara-negara berbahasa Melayu, terutama varian bahasa Melayu di Malaysia dengan varian di Indonesia. Pengalaman penulis sendiri apabila memberikan kuliah intensif kepada calon sarjana dan doktor falsafah di Universiti Sumatera Utara, Indonesia menunjukkan wujudnya jurang komunikasi yang agak besar apabila sejumlah kosa kata, baik kosa kata umum mahupun istilah perlu dijelaskan dalam varian Indonesia. Upaya merealisasikan bahasa Melayu supranasional ini patut menjadi antara agenda dalam peluasan bidang kerja MABBIM, sesudah lebih 30 tahun menumpukan perhatian kepada aspek ejaan dan peristilahan. Paling tidak, kita perlu bermula dengan kajian dan penyenaraian unsur-unsur yang berbeda antara varian-varian utama bahasa Melayu itu untuk didedahkan kepada pengguna bahasa supaya wujud keadaan saling faham yang tinggi sesama pengguna bahasa Melayu di negara yang berlainan dan juga untuk difahami oleh pelajar serta peneliti asing (Awang Sariyan 2003 dan 2009).

Prof. Emeritus Abdullah Hassan (1998) dalam perinciannya tentang upaya mempromosikan bahasa Melayu supranasional (yang diistilahkannya sebagai *dialek Melayu supra*) menekankan pentingnya pembinaan wilayah Melayu besar dalam konteks membentuk kekuatan tamadun Melayu di wilayah Asia-Pasifik dalam alaf baharu. Kekuatan tamadun Melayu, di sisi terletak pada jumlah hampir 300 juta umatnya, kata Abdullah Hassan, terletak pada potensi pemikiran bangsanya. Bahasa Melayu supranasional merupakan wahana asas untuk membina pemikiran kolektif umat yang menggunakan bahasa Melayu dalam kehidupannya. Selain itu, kewujudan bahasa Melayu supranasional dapat memungkinkan pemanfaatan kekayaan gagasan yang terhimpun dalam kepustakaan berbahasa Melayu oleh seluruh umat Melayu. Hal ini akan memberikan kesan langsung kepada pengayaan minda umat Melayu untuk terus berkreativiti dan sekaligus meningkatkan tamadun.

Perlu difikirkan hipotesis Abdullah Hassan tentang adanya pertalian yang signifikan antara penggunaan bahasa sendiri dengan kreativiti bangsa itu. Bangsa yang menggunakan bahasanya sendiri dalam pembinaan tamadunnya mampu berkreativiti tinggi. Ia mengambil bangsa Jepun sebagai contoh unggul yang mampu menghasilkan pelbagai produk, dengan pengembangan minda melalui bahasa sendiri. Sebaliknya bangsa yang tertawan oleh bahasa asing dalam kehidupannya menjadi lesu dalam kreativitinya. Ia mengambil contoh bagaimana bangsa India yang menggunakan bahasa Inggeris sebagai bahasa pengucapan intelektualnya gagal memamerkan kreativiti yang gemilang berbanding dengan bangsa Jepun. Dalam hubungannya dengan bahasa supranasional, kekayaan pemikiran bangsa akan lebih terarah melalui penggunaan bahasa yang mempunyai ciri kolektif yang besar.

Untuk membentuk bahasa Melayu supranasional, diperlukan upaya menyelaraskan sistem bahasa Melayu antara negara. Dalam aspek sistem ejaan Rumi, kita sudah mencapai keselarasan yang relatif tinggi sehingga tidak timbul lagi kesenjangan pemahaman ketika membaca tulisan dalam bahasa Melayu yang terhasil di negara berbahasa Melayu yang lain. Aspek yang cukup erat kaitannya dengan sistem ejaan ialah sistem sebutan atau lafal. Selama MBIM dan MABBIM menangani kerjasama kebahasaan sejak awal, aspek sebutan bahasa Melayu supranasional belum pernah dijadikan agenda rasmi meskipun secara tersirat dan pada praktiknya upaya ke arah itu tampak wujud dalam komunikasi antara sebilangan anggota perwakilan. Untuk maksud menjadikan bahasa Melayu bahasa yang besar di persada dunia, perlu diwujudkan konsep "bahasa Melayu unggul", iaitu bahasa Melayu yang menjadi rujukan dan asas bagi pengajaran dan pemelajarannya kepada generasi muda berbangsa Melayu dan juga kepada warga dari wilayah bukan Melayu yang sejak dahulu menunjukkan minat yang besar untuk mempelajari bahasa Melayu. Selain sistem ejaannya yang selaras, diperlukan sistem sebutan yang selaras juga bagi bahasa Melayu supranasional. Asasnya telah ada dan telah mantap di Indonesia dan di Brunei Darussalam, serta telah digerakkan di Malaysia sejak tahun 1980-an (tetapi malangnya dimansuhkan penggunaannya oleh Kabinet dalam sistem pendidikan negara dan media penyiaran pada tahun 2000).

Aspek lain yang penting ialah kosa kata. Selama ini MABBIM telah berhasil menyelaraskan pedoman pembentukan kosa kata khusus, iatu istilah. Sebagai peluasannya, perhatian patut diberikan juga kepada penggunaan kosa kata umum. Oleh sebab kosa kata umum banyak dipengaruhi oleh latar sosiobudaya masing-masing pengguna bahasa Melayu menurut daerah, negeri, dan negara, maka penyelarasan daripada segi penyusunan kamus antara negara berbahasa Melayu cukup penting. Usaha Dewan Bahasa dan Pustaka Brunei Darussalam menerbitkan Kamus Bahasa Melayu Nusantara (2004) yang menjelaskan varian bahasa Melayu Malaysia, Indonesia dan Brunei merupakan usaha permulaan yang besar manfaatnya dan dapat dijadikan titik tolak pembentukan bahasa Melayu supranasional dalam aspek kosa kata. Adanya kamus seumpama itu pasti dapat meningkatkan darjah saling faham antara pengguna bahasa Melayu di ketiga-tiga buah negara induk wilayah bahasa Melayu itu dan besar manfaatnya kepada pelajar dan peneliti asing.

Di samping kamus, perlu diperbanyak persuratan yang memerikan ciri-ciri sosiobudaya yang melatari kosa kata umum bagi pelbagai ranah kehidupan umat Melayu di negara yang berlainan. Kesemua upaya itu bukan sahaja dapat meningkatkan darjah saling faham antara pengguna bahasa Melayu di negeri yang berlainan bahkan sekaligus dapat saling memperkaya kosa kata bagi bahasa Melayu, sehingga keperluan menyerapkan kata daripada bahasa asing menjadi minimal.

2. Strategi yang Berkaitan dengan Upaya Memperkaya Khazanah Ilmu Bahasa Melayu

Upaya perancangan bahasa Melayu pada tahap korpus bahasa belum benar-benar bererti andaikata tidak dipertalikan dengan upaya pengayaan kepustakaan atau ilmu dalam bahasa Melayu. Masih relevan kiranya kerangka perancangan bahasa yang dikemukakan oleh Prof. Sutan Takdir Alisjahbana (1977) dalam konteks ini. Beliau membahagi tahap perancangan bahasa Melayu kepada empat, iaitu pemilihan bahasa kebangsaan, propaganda kepada rakyat, pembinaan bahasa, dan peluasan bahasa. Tahap ketiga itu ialah perancangan korpus bahasa yang melibatkan pembakuan sistem ejaan, sebutan, tatabahasa, dan kosa kata. Kemuncak perancangan bahasa Alisjahbana direalisasikan melalui peluasan penggunaan bahasa Melayu yang salah satunya melalui bidang ilmu. Memang semua tamadun sejak sejarah awal kehidupan manusia ditandai oleh kesuburan ilmunya, dan kesuburan ilmu itu ditandai pula oleh kekayaan khazanah ilmunya, terutama dalam bentuk tulisan. Oleh itu, pada tahap pembinaan korpus bahasa sudah relatif mantap, sampailah saatnya MABBIM memberikan perhatian yang besar kepada upaya pengayaan khazanah ilmu dalam bahasa Melayu untuk pemerkasaan bahasa dan bangsa Melayu sebagai pendukung salah satu tamadun di dunia. Kehebatan khazanah persuratan ilmu dalam zaman Melayu klasik pada sekitar abad ke-14 hingga abad ke-19 perlu digemilangkan semula dalam abad kini dan akan datang.

Kerja penghasilan karya ilmu yang selama ini dilakukan secara sendiri-sendiri memerlukan perubahan strategi andaikata kita ingin menyaksikan terhasilnya khazanah ilmu dalam bahasa Melayu secara besar-besaran. Penggemblengan tenaga karyawan ilmu dalam pelbagai bidang dari semua negara berbahasa Melayu perlu diusahakan. Perlu ada perencanaan yang rapi untuk mengenal pasti bidang-bidang ilmu yang sudah agak "kaya" khazanahnya dan bidang-bidang yang masih muda dan justeru memerlukan perhatian yang lebih besar. Demikian pula, perlu dikenal pasti bidang-bidang ilmu yang sangat mendesak keperluannya bagi pembangunan umat Melayu, katakan sahaja bidang teknologi maklumat sebagai contoh. Dengan prasarana yang sedia ada dan dengan pengalaman kerjasama yang cukup erat sejak hampir tiga dekad (sejak tahun 1972), MABBIM memiliki kekuatan untuk menangani tugas memperkaya khazanah ilmu dalam bahasa Melayu dengan cekap dan produktif, baik melalui penghasilan karya asli, terjemahan, mahupun adaptasi. Kejayaan Indonesia menggerakkan penghasilan kerja terjemahan yang cepat dalam pelbagai disiplin ilmu perlu dipelajari oleh negara kita, khususnya oleh Institut Terjemahan Negara Malaysia (ITNM).

3. Strategi yang Berkaitan dengan Kerjasama dalam Penyelidikan dan Penerbitan Bahasa

Satu segi lain yang perlu diberi perhatian ialah kerjasama dalam penyelidikan bahasa. Memang terlalu banyak yang dapat diusahakan dalam bidang ini. Namun supaya ada arah kerjasama yang jelas dan berfokus, saya menyarankan agar diberikan perhatian khusus kepada kerjasama penyelidikan untuk mengisi Projek Penyusunan Sejarah Bahasa Melayu yang dimulakan oleh Dewan Bahasa dan Pustaka Malaysia pada tahun 1985. Sejarah bahasa Melayu dengan pengertian yang luas tentu perlu meliputi sejarahnya di seluruh dunia Melayu, secara khusus, dan di seluruh buana amnya. Oleh itu, diperlukan penggemblengan tenaga seluruh ahli ilmu yang dapat menyumbang kepada penyusunan sejarah bahasa Melayu yang tuntas. Kekurangan maklumat tentang segi-segi tertentu dalam pensejarahan bahasa Melayu pasti menjadikan projek tersebut pincang.

Secara kasar, Projek Penyusunan Sejarah Bahasa Melayu mencakup tiga bidang utama, iaitu *sejarah struktur bahasa Melayu, sejarah sosial bahasa Melayu,* dan *sejarah kajian bahasa Melayu.* Dalam yang pertama itu termasuklah kajian rekonstruksi bahasa Melayu induk, struktur bahasa Melayu kuno pada prasasti, struktur bahasa Melayu klasik, struktur bahasa Melayu peralihan, dan struktur bahasa Melayu baharu. Dalam yang kedua pula termasuklah perkembangan dialek, laras atau variasi dari zaman ke zaman. Yang ketiga pula meliputi pendokumentasian perkembangan kajian ilmiah tentang segala aspek bahasa Melayu dari zaman ke zaman. Kesemuanya itu jelas hanya dapat ditangani dengan penggemblengan tenaga seluruh ahli ilmu yang terlibat dengan bahasa Melayu, secara cukup terencana dan berjadual. Dalam konteks inilah MABBIM dapat berperanan besar dengan meluaskan cakupan bidang kerjanya.

Selain itu, projek-projek yang terbukti cukup berkesan dalam memaparkan sejarah dan perkembangan semasa tentang bahasa, persuratan dan budaya Melayu, seperti yang telah digerakkan oleh Dewan Bahasa dan Pustaka sejak tahun 2000, iaitu Jejak Bahasa (dengan kerjasama TV3) dan Semarak Bahasa (dengan kerjasama RTM) perlu diteruskan, dengan menggarap kawasan-kawasan komuniti bahasa Melayu di seluruh dunia yang belum dijejaki dalam dua siri dokumentari di televisyen itu.

Dalam bidang penerbitan, perlu diupayakan penyelarasan dalam pembinaan judul penerbitan menurut keperluan dan kepentingan dalam bidang bahasa, sastera, budaya, sejarah, agama dan bidang lain untuk kegunaan pengajian di peringkat antarabangsa. Saya mengimpikan siri penerbitan hasil kajian dan karya besar kesarjanaan sebagaimana yang pernah diusahakan oleh Institut Antarabangsa Kajian Asia, Belanda dengan Pusat Bahasa Indonesia dalam siri ILDEP (*Indonesian Linguistics Development Project*) yang menampilkan karya-karya penting dan hasil kajian tentang bahasa dan persuratan Indonesia. Melalui siri penerbitan seumpama itu, dapat dirancang dan diusahakan penerbitan segala hasil kajian penting tentang alam Melayu untuk disebarluaskan ke peringkat antarabangsa. Alangkah ruginya sekian banyak tesis dan disertasi sarjana dan doktor falsafah tentang tamadun Melayu dalam pelbagai bidang yang masih banyak tersimpan di rak-rak perpustakaan atau di bilik penyelia. Masih amat kecil tesis dan disertasi yang diterbitkan. Yang tidak kurang pentingnya ialah penerbitan bahan-bahan ajar bahasa Melayu untuk keperluan penutur asing, termasuk kamus terperingkat.

4. Strategi Pengantarabangsaan Bahasa Melayu melalui Badan Penyelaras - Majlis Antarabangsa Bahasa Melayu (MABM)

Majlis yang dikenal dengan nama Majlis Antarabangsa Bahasa Melayu atau singkatannnya MABM (padanan bahasa Inggerisnya ialah *International Council for Malay*, dengan singkatannya *ICM*) dengan rasminya dilancarkan penubuhannya pada 21 Ogos 2000, serentak dengan sidangnya yang pertama yang dihadiri oleh wakil 20 buah negara anggota dari seluruh dunia. Penubuhan majlis tersebut telah diluluskan oleh Kerajaan Malaysia pada 2 Julai 1997. Majlis ini bermatlamat untuk menyelaraskan segala aktiviti yang menjurus kepada pembinaan dan pengembangan bahasa Melayu di peringkat antarabangsa dan menaungi jawatankuasa-jawatankuasa bahasa yang ada pada pelbagai peringkat.

Fungsi pembinaan bahasa yang dilaksanakan oleh MABM mencakup aspek penyelidikan bersama dengan pelbagai institusi dan agensi dalam bidang bahasa dan persuratan Melayu, termasuk usaha penerjemahan dan penerbitan dalam bahasa Melayu. Fungsi pengembangannya pula meliputi program pengajaran dan pemelajaran di pusat-pusat pengajian atau badan akademik, institusi penyelidikan dan budaya antarabangsa serta mewujudkan kerjasama kebahasaan dan persuratan Melayu di seluruh dunia melalui pelbagai program pengembangan.

Majlis yang menurut rancangan kerjanya bersidang mengikut jadual tertentu ini perlu mengatur dan menyelaraskan pelbagai program dan aktiviti untuk mengisi dan menyokong rancangan pembinaan dan pengembangan bahasa Melayu pada peringkat antarabangsa. Jawatankuasa khusus (jawatankuasa kecil) perlu bermesyuarat sekurang-kurangnya sekali setahun untuk mengatur strategi pelaksanaan program/aktiviti dalam bidang kuasa masing-masing.

Antara aktiviti yang perlu diselaraskan termasuklah:

- Penubuhan dan pengukuhan pusat pengajian Melayu di institusi pengajian di luar negara atau menyelaraskan kurikulum dan skopnya;
- Program pertukaran sarjana/pelajar/penyelidik pengajian Melayu di kalangan negara anggota;
- Skim pertukaran/pemberian bahan berbahasa Melayu atau bahan tentang tamadun Melayu di kalangan negara anggota;
- Penerbitan berbahasa Melayu atau penerbitan tentang tamadun Melayu;
- Persidangan, seminar dan kolokium bahasa Melayu di peringkat antarabangsa sebagai wadah menyemarakkan pengembangan bahasa;
- Program galakan pengembangan dan penggunaan bahasa seperti anugerah, hadiah, sumbangan, geran, dan sebagainya;

Keanggotaan Majlis ini terbahagi kepada tiga kategori, iaitu Anggota Majlis, Anggota Pemerhati dan Anggota Undangan. Anggota Majlis merupakan tokoh bahasa Melayu atau tokoh pengajian Melayu atau sarjana yang berwibawa dari pusat pengajian atau penyelidikan mana-mana negara yang dilantik oleh Menteri Pendidikan Malaysia. Pelantikan ahli Majlis berlaku sekurang-kurangnya satu penggal atau tiga tahun; keanggotaannya boleh disambung dengan pelantikan baru, tetapi tidak melebihi dua penggal berturut-turut, yakni 6 tahun. Anggota Majlis mempunyai hak mengundi.

Anggota pemerhati pula dilantik sebagai pemerhati mewakili institusi masing-masing. Anggota pemerhati tidak mempunyai hak mengundi. Walau bagaimanapun, mereka boleh memberikan pandangan dalam sidang.

Anggota undangan ialah orang perseorangan atau wakil institusi yang diundang oleh Majlis atau Urus Setia untuk hadir dalam sidang tertentu berasaskan kepakaran atau kepentingan Majlis. Sekretariat tetap Majlis ini ialah Dewan Bahasa dan Pustaka.

Dalam Sidang Pertama MABM pada 21 – 23 Ogos 2000, 20 buah negara telah menghantar wakil yang terdiri daripada anggota Majlis dan juga pemerhati. Negara tersebut ialah Afrika Selatan, Amerika Syarikat, Australia, Belanda, China, India, Indonesia, Jepun, Jerman, Kemboja, Korea Selatan, Malagasi, New Zealand, Rusia, Sri Lanka, Singapura, Tanzania, Thailand, dan United Kingdom, di samping Malaysia sebagai tuan rumah sidang. Setiap wakil negara telah membentangkan laporan perkembangan pengajian Melayu atau pengajaran bahasa Melayu di negara-negara masing-masing. Bagi negara yang belum mengadakan program bahasa atau pengajian Melayu, seperti Afrika Selatan dan India, telah dibentangkan rancangan ke arah itu.

Pada akhir sidang, 6 kelompok usul telah dikemukakan, iaitu yang berkaitan dengan aspek pengurusan, program penggalakan, pengajaran dan penataran, program pengajian Melayu, kerjasama antara negara anggota dan dukungan kewangan. Antaranya, yang penting ialah:

Pengurusan dan Pentadbiran

1. Jawatankuasa kerja yang anggotanya mewakili setiap wilayah perlu ditubuhkan.
2. Perlu diwujudkan Laman MABM yang dirangkaikan dengan laman-laman web negara-negara anggota.
3. Perlu diadakan pertemuan kerja di peringkat antarabangsa untuk membincangkan pelbagai topik, contohnya kaedah pengajaran bahasa Melayu sebagai bahasa asing.

4. Perlu ditingkatkan usaha penyelarasan penggunaan bahasa dan istilah bahasa Indonesia, bahasa Melayu Malaysia dan bahasa Melayu Brunei untuk menguatkan kedudukan bahasa Melayu sebagai bahasa antarabangsa.
5. Misi Pemerolehan Maklumat ("fact finding mission") perlu dilaksanakan di negara anggota MABM yang belum mempunyai program pengajaran bahasa Melayu seperti di Sri Lanka dan Malagasi.
6. MABM harus memikirkan usaha untuk menubuhkan pusat bahasa Melayu yang berperanan seperti *The British Council,* dan *Alliance Francaise,* bagi mengembangkan bahasa Melayu.
7. MABM perlu mengkaji kemungkinan mewujudkan hubungan antara universiti negara anggota dengan universiti negara induk bahasa Melayu.
8. MABM haruslah memberikan tumpuan kepada usaha menubuhkan pusat-pusat yang mengajarkan bahasa Melayu di negara anggota.
9. MABM hendaklah memohon supaya kerajaan Malaysia mewujudkan unit bahasa Melayu di semua kedutaannya dan sekali gus menjadi penggerak semua aktiviti pengajaran dan pemelajaran bahasa Melayu.
10. MABM hendaklah menubuhkan sekretariat yang bekerjasama dengan Kementerian Pendidikan untuk menangani program pelantikan dan pengiriman tenaga pengajar "sukarela" bahasa Melayu ke mana-mana jua negara yang memerlukan bantuan pengajaran/ pemelajaran bahasa Melayu.
11. Perancangan dan penyelarasan di pelbagai peringkat untuk program pertukaran dan penghantaran pakar ke institusi pengajian dan penyelidikan di kalangan negara anggota MABM perlu dilaksanakan.

Program/Aktiviti Penggalakan

1. Perlu diadakan aktiviti Bulan Bahasa di kelab, pusat kemasyarakatan dan pusat pengajian tinggi di negara di luar dunia Melayu.
2. Bagi menarik minat lebih banyak mahasiswa untuk mempelajari bahasa Melayu, perlu diadakan promosi besar-besaran dan usaha mengembangkan kaedah pengajaran bahasa Melayu.
3. MABM perlu mengadakan festival Melayu dan sayembara menulis untuk memperkenalkan dunia Melayu secara menyeluruh, teratur dan terus-menerus kepada masyarakat antarabangsa.
4. Aktiviti yang dicadangkan untuk menambah pelibatan pelbagai pihak dalam usaha mengembangkan dan menyebarkan bahasa Melayu di peringkat antarabangsa meliputi:
    - Hadiah Tokoh Pengajian Bahasa atau Pengajian Melayu Antarabangsa (Tokoh dalam negara dan luar negara yang giat dalam pengembangan bahasa Melayu).
    - Hadiah Penyelidik/Peneliti (yang giat menghasilkan penyelidikan/penelitian).
    - Hadiah Pelajar Cemerlang bidang Bahasa di peringkat sekolah dan institusi pengajian tinggi di seluruh dunia.
    - Anugerah Institusi Cemerlang (dalam pengajian Bahasa/ Pengajian Melayu).
    - Hadiah wibawa berbahasa Melayu dalam pelbagai genre (melalui pertandingan atau sayembara).
    - Hadiah/Skim Pertukaran Pelajar.

Pengajaran/Penataran Bahasa Melayu

1. Kursus bahasa Melayu hendaklah mencakup pelbagai peringkat (rendah/asas, pertengahan, dan tinggi) dan golongan (pengajar, pensyarah, penyelidik dsb).
2. Untuk mengemaskinikan kaedah pengajaran bahasa Melayu, sebaiknya tenaga pengajar dari DBP dihantar secara berkala ke negara bukan berbahasa Melayu untuk memberikan ceramah dan syarahan.
3. Pengajaran bahasa Melayu haruslah terangkum di dalamnya variasi bahasa Melayu dan bahasa Indonesia.
4. Harus diadakan ujian atau olimpiad untuk menguji mutu bahasa Melayu di kalangan murid di rantau ini.
5. Penyusunan buku pengajaran bahasa Melayu untuk penutur asli bahasa asing perlu diusahakan.
6. Kursus intensif bahasa Melayu harus diadakan mengikut keperluan dan dicadangkan supaya kursus begini merangkumi program inap desa atau "home stay". Program "home stay" seperti yang dianjurkan oleh Universiti Monash dan Deakin di Australia boleh dijadikan model.
7. Perlu diadakan usaha sama antara beberapa universiti di negara induk bahasa Melayu dengan universiti-universiti di negara anggota MABM untuk memberikan peluang kepada mahasiswa dan pensyarah dari jurusan pengajian Melayu belajar di Malaysia, di Indonesia dan di Brunei.
8. Ujian tara untuk bahasa Melayu (seperti ELTS Test untuk bahasa Inggeris) bagi pelbagai peringkat (rendah, menengah, lanjutan) perlu dikembangkan dan harus merangkumi keempat-empat kemahiran berbahasa.
9. Kursus bahasa Melayu melalui telesidang harus diwujudkan untuk membantu meluaskan pengajaran bahasa Melayu.

10. Negara induk bahasa Melayu perlu memberikan sokongan terhadap pengajaran bahasa Melayu di negara-negara anggota MABM.
11. Perlu ada usaha untuk mengembangkan dan memperbanyak bahan pengajaran bahasa Melayu dan bahan rujukan asas dalam pelbagai bentuk seperti bahan bercetak, kaset, V.T.R., filem, dan CD-Rom.
12. Buku sastera yang dipilih sebagai komponen sastera dalam pengajaran bahasa Melayu di sekolah menengah Malaysia, karya-karya pilihan Indonesia, Brunei dan Singapura digunakan untuk mengajarkan bahasa Melayu di luar negara.
13. Harus dibina pangkalan data bahasa Melayu baku yang dapat diakses melalui Internet untuk tujuan mendapatkan bahan pengajaran bahasa.
14. Penyebaran bahan berbahasa Melayu atau bahan-bahan tentang bahasa, alam dan pemikiran Melayu dalam bahasa-bahasa lain wajar digiatkan dan dilaksanakan dengan terancang lagi teratur. Penyelarasan penyebaran maklumat-maklumat lain tentang aktiviti ini perlu juga dibuat melalui pelbagai cara dan wahana, contohnya melalui:
    - institusi pengajian atau pusat penyelidikan
    - persatuan atau pertubuhan kebahasaan
    - pusat sumber (IPT, kedutaan dan badan-badan lain)

Program Pengajian Melayu

1. Perlu diwujudkan program musim panas (*summer school*) untuk pelajar, pakar dan pengkaji bahasa Melayu di luar dunia Melayu yang menawarkan program pengajian Melayu.
2. Modul untuk pengajaran kebudayaan Melayu perlu ditawarkan

sebagai elektif, misalnya bagi pelajar program Pengajian Kebudayaan.

3. Pengajian Melayu perlu diperkembang supaya menjadi program pada peringkat sarjana dan pascasarjana di luar dunia Melayu.
4. Kursi pengajian Melayu yang dijawat antara 1992-1998 di Universiti Leiden harus dinilai untuk diisi semula. (Langkah pengisian Kursi telah dilaksanakan pada tahun 2002).
5. Pemilihan tempat yang benar-benar sesuai untuk mewujudkan Kursi Pengajian Melayu perlu dibuat berasaskan wilayah, kepentingan ekonomi, diplomatik, sejarah dsb. agar mendatangkan manfaat atau dampak yang besar.
6. Kursi Pengajian Melayu di Universiti Victoria, Wellington, harus dipindahkan ke Universiti Auckland kerana universiti tersebut adalah satu-satunya universiti di New Zealand yang masih menawarkan pengajian bahasa Melayu.
7. MABM perlu memberikankan cadangan dan pandangan untuk mewujudkan Kursi Pengajian Melayu di pusat pengajian pilihan untuk mengangkat taraf dan citra sarjana bidang pengajian ini dan sekali gus mengangkat bahasa serta pengajian Melayu di dunia.

Kerjasama antara Negara Anggota

1. MABM harus memikirkan usaha menempatkan tenaga pakar untuk mengajarkan bahasa Melayu di negara anggota seperti Thailand, Kemboja, Malagasi, Afrika dan Sri Lanka.
2. Pertukaran pakar/pensyarah amat diperlukan antara pusat-pusat pengajian di pelbagai negara anggota yang menawarkan kursus bahasa Melayu atau program pengajian Melayu.

3. Siswazah yang berkelulusan M.A. dihantar ke Malaysia sebagai penolong pensyarah atau ditawarkan khidmat di mana-mana institusi, misalnya untuk membantu kerja-kerja penterjemahan atau bekerja secara kontrak.
4. Pensyarah/penyelidik muda harus diberi peluang untuk diundang ke negara induk bahasa Melayu sebagai karyawan tamu, di samping penyelidik veteran yang berpengalaman.
5. Harus diusahakan projek penyelidikan/penelitian tentang variasi-variasi bahasa Melayu moden (yang merangkumi bahasa Melayu Indonesia, Malaysia, Brunei, Singapura) dengan tujuan menghasilkan buku yang membantu pelajar asing mengenal variasi-variasi tersebut.
6. Kerjasama penyelidikan di kalangan negara anggota MABM amatlah perlu bagi bidang dan aspek penyelidikan seperti yang disenaraikan di bawah:
    - Sejarah Bahasa dan Persuratan Melayu (mencakup pelbagai aspek)
    - Bahasa dan Linguistik
    - Perbandingan Bahasa dan Sastera (dengan pelbagai bahasa/sastera asing)
    - Perkamusan dan Peristilahan
    - Pengajaran Bahasa dan Sastera Melayu (dengan pelbagai pendekatan dan kaedah)
    - Bahasa dan Pemikiran Melayu
    - Bahasa/Linguistik Melayu (Terapan)
7. Perlu ditingkatkan usaha untuk menerbitkan kamus bahasa Melayu-bahasa asing, misalnya kamus bahasa Rusia-bahasa Melayu, bahasa Cham-bahasa Melayu dan bahasa Korea-bahasa Melayu, untuk tujuan pengajaran dan pengembangan bahasa Melayu.

8. Perlu diterbitkan buku teks bahasa Melayu untuk tenaga pengajar asing, berdasarkan peringkat kemahiran, misalnya tingkat permulaan, pertengahan dan lanjutan.
9. Perlu diterbitkan buku yang mencerminkan kebudayaan/ kehidupan di Indonesia dan Malaysia. Untuk ini, ahli bahasa Malaysia/Indonesia dan beberapa pakar bahasa Melayu asing harus bekerjasama.
10. Penerbitan dan penterjemahan karya sastera negara anggota dari atau ke dalam bahasa Melayu perlu ditingkatkan. Karya sastera yang perlu diterjemahkan harus dikenal pasti, disenaraikan dan diterbitkan di negara masing-masing.
11. Perlu diterbitkan Buletin MABM yang disebarkan melalui media elektronik.
12. MABM perlu menerbitkan hasil kajian mengenai bahasa dan orang Melayu, serta bahasa-bahasa lain (seperti bahasa Cham), terutamanya bahasa Austronesia yang dituturkan di Alam Melayu.
13. Perlu diusahakan penerbitan bibliografi bahan pengajian Melayu di seluruh dunia yang dapat diakses melalui internet.
14. Kerjasama penulisan, penterjemahan dan penerbitan boleh diusahakan bagi bahan-bahan seperti yang berikut, antaranya:
    - Bahan tentang Bahasa dan Sastera Melayu
    - Bahan tentang Seni, Tradisi dan Budaya Melayu
    - Bahan-bahan Berunsur Falsafah dan Pemikiran Melayu
    - Bahan-bahan untuk Perbandingan dari Bahasa Lain
    - Bahan-bahan Pengajaran bagi Pengajian Melayu
    - Penerbitan Berkala/ Buletin/ Surat Berita
    - Jurnal Dunia Melayu

Dukungan Kewangan

1. Biasiswa untuk pengajian bahasa Melayu bagi pelbagai peringkat dan golongan perlu disediakan, misalnya biasiswa untuk pelajar cemerlang, biasiswa untuk membolehkan pelajar asing ditempatkan di salah sebuah universiti di negara induk bahasa Melayu.
2. Sumbangan perlu diberikan kepada penerbit untuk tujuan penterjemahan karya sastera dari atau ke dalam bahasa Melayu.
3. Sokongan kewangan perlu diusahakan untuk membantu kursus bahasa Melayu yang ditawarkan sebagai kursus tambahan agar berkembang menjadi kursus yang lengkap.
4. Dana perlu disediakan untuk pengajaran linguistik, sains sosial dan kemanusiaan dengan tujuan menghasilkan sarjana dan peneliti bahasa Melayu bagi mengatasi masalah semakin kurangnya sarjana dan peneliti bahasa ini, baik di dalam mahupun di luar negara.

Sebahagian rumusan sidang MABM yang tersenarai di atas telah dilaksanakan, tetapi malangnya sesudah sidang kali keempat pada tahun 2004, kegiatan MABM telah ditangguhkan dan syukurlah pada tahun 2012 upaya mengaktifkannya semula telah mendapat restu kepemimpinan DBP yang menjadi urus setia MABM.

Pertimbangan Strategi Pengajaran

Pertimbangan strategi pengajaran bahasa Melayu kepada penutur asing bergantung pada beberapa asas. Jack C. Richards (1991), misalnya, menyebut perkara yang berikut sebagai asas utama keberkesanan sesuatu program bahasa:

1. Faktor sosiobudaya
2. Faktor gaya pengajaran dan pemelajaran
3. Faktor pelajar
4. Ciri-ciri program (persediaan pengajar, kesahan kurikulum dan prosedur pengujian, ragam pelajar, bahan, penyelarasan tenaga)

Asmah Haji Omar (2003) membincangkan faktor-faktor yang berikut sebagai asas pengajaran yang berkesan bagi program pengajaran bahasa kepada penutur asing:

1. Mengenal pasti keperluan pelajar
2. Menghadapi kumpulan pelajar yang keperluannya pelbagai
3. Keutamaan: fungsi atau bentuk?
4. Pendedahan kepada fungsi-fungsi bahasa
5. Pertimbangan wacana dan lakuan bahasa
6. Pengajaran nahu
7. Peraturan sosial dan budaya
8. Pemilihan variasi bahasa
9. Penyusunan dan pengelolaan butir-butir pengajaran

Untuk bab ini, penulis memusatkan perhatian pada lima aspek yang utama, iaitu:

1. Pelajar
2. Pengajar
3. Kurikulum dan kaedah
4. Sumber/bahan

5. Pengujian dan penilaian

Faktor Pelajar

Aspek pelajar meliputi isu:

1. peringkat, sama ada rendah, menengah, pengajian tinggi atau asas, pertengahan, maju;
2. kelompok, sama ada pelajar institusi pengajian, profesional atau orang awam;
3. tujuan dan keperluan mempelajari bahasa Melayu.

Kedua-dua variabel di atas menentukan pengajar, kurikulum dan kaedah, sumber atau bahan dan pengujian dan penilaian yang sesuai dengan peringkat dan kelompok berkenaan. Di Kemboja dan di Sri Lanka, misalnya, terjadi keadaan kursus bahasa Melayu yang disertai oleh pelbagai peringkat usia dan latar belakang demografi lain yang amat berbeda. Sewaktu penulis memberikan kursus bahasa Melayu di Seam Reap, Kemboja, dalam tahun 2003, misalnya, kursus berkenaan dihadiri oleh peserta semuda 12 tahun dan setua 60 tahun. Di Sri Lanka, guru bahasa Melayu yang dilantik oleh DBP dan Pesuruhjaya Tinggi Malaysia di negara itu mengalami masalah berhadapan dengan pelajar semuda belasan tahun dan setua 70-an dan dengan pelbagai latar belakang pendidikan dan kerjaya. Masalah yang dihadapi oleh pengajar dengan mudah dapat diduga, terutama berkaitan dengan bahan dan kaedah pengajaran dan juga kesan psikologi pada kedua-dua pihak, iaitu pengajar dan pelajar. Maka itu, sebaik-baiknya pelajar perlu dikelompokkan menurut sekurang-kurangnya dua variabel yang pertama itu tadi.

Sebaik-baiknya dikenal pasti juga tujuan dan keperluan pelajar mempelajari bahasa Melayu. Di Universiti Hankuk, di Universiti Busan dan di Universiti Pengajian Asing Beijing serta di Universiti Penyiaran Beijing, ada pelajar yang mempelajari bahasa Melayu untuk tujuan ilmiah (melanjutkan pengajian ke peringkat pascasiswazah) tetapi ada juga yang bertujuan untuk mendapatkan kerja di sektor pelancongan, penyiaran, penterjemahan dan diplomasi. Pengajar tampaknya perlu berusaha menyeimbangkan pengajarannya untuk memenuhi dua keperluan itu.

Dalam kes yang lain, pengajaran bahasa Melayu kepada diplomat dan profesional yang lain memerlukan strategi yang berlainan daripada strategi pengajaran kepada pelajar di institusi pengajian. Kursus yang dikendalikan oleh Persatuan Linguistik Malaysia untuk doktor dari Pakistan, anjuran Dewan Bandar Raya Kuala Lumpur, misalnya, memerlukan pengajar menumpukan perhatian pada keperluan doktor-doktor berkenaan berkomunikasi dengan pesakit, di samping komunikasi sosial yang lazim. Diplomat kedutaan asing di Malaysia memerlukan kemahiran komunikasi sehari-hari dan sedikit banyaknya komunikasi rasmi.

Di Universiti Frankfurt (Johann Wolfgang Goethe Universitat), program intensif pengajaran bahasa Melayu anjuran bersama DBP dan Universiti Frankfurt (2004) telah diadakan sebanyak tiga kali untuk calon Magister (Sarjana) Pusat Pengajian Asia Tenggara universiti tersebut. Kali pertama ialah program selama sebulan setengah yang dikendalikan oleh Prof. Emeritus Dr. Abdullah Hassan dengan bantuan Prof. Dr. Bernd Nothofer dan Prof. Dr. H. Steinhaeur berteraskan keperluan memahami persamaan dan perbedaan antara bahasa Melayu variasi Malaysia dengan bahasa Melayu variasi Indonesia. Maka penekanan pengajaran adalah pendedahan aspek kosa kata dan struktur antara kedua-dua variasi itu.

Kali kedua dan kali ketiga, program berkenaan dikendalikan oleh Prof. Dr. Awang Sariyan (pada tahun 2006 dan 2007). Di samping meneruskan perbandingan dua varian bahasa Melayu, kandungan kursus turut meliputi sosiolinguistik bahasa Melayu (termasuk sejarah dan perkembangan semasa tentang taraf bahasa Melayu dan kepelbagaian ragam bahasa yang wujud di Malaysia), sebutan baku dan tatabahasa bahasa Melayu. Hampir sepanjang kursus intensif itu berlangsung, Prof. Bernd Nothofer yang ketika itu menjadi Pengarah Pusat Pengajian Asia Tenggara menjadi pendamping. Kehadiran beberapa orang pensyarah di Pusat tersebut sebagai peserta banyak juga membantu penulis untuk mendapat gambaran tentang masalah yang biasanya dihadapi oleh pelajar dalam soal penguasaan bahasa asing, terutama bahasa Melayu.

Di Republik Rakyat China pula, penulis diberi tanggungjawab berkuliah kepada pelajar lepasan sekolah menengah (pelajar di China melalui sistem 12 tahun pendidikan formal – 6 tahun di sekolah rendah dan 6 tahun di sekolah menengah) yang datang dari pelbagai provinsi di negara tersebut dan tiada pengetahuan sama sekali tentang bahasa Melayu. Oleh sebab itu, kuliah tahun pertama dikendalikan oleh pensyarah penutur jati China, dan subjek yang diberikan meliputi Lisan (Mendengar dan Bertutur), Membaca, Bahasa Melayu Intensif (kosa kata, asas tatabahasa, perbualan dan pemahaman teks) serta Hal Ehwal Malaysia, selain subjek-subjek wajib universiti dan bahasa Inggeris.

Untuk tahun kedua, subjek yang ditawarkan meliputi Bahasa Melayu Intensif II, Lisan II, Penulisan dan Hal Ehwal Malaysia II (bagi kumpulan pelajar tertentu, seperti kumpulan pada sesi akademik 2008/2009, subjek Tatabahasa Bahasa Melayu dikuliahkan). Pada tahun ketiga, pelajar mengikuti kursus Tatabahasa Bahasa Melayu, Terjemahan Lisan, Pengenalan Sastera Melayu dan

Budaya Melayu (bagi kumpulan pelajar tertentu, seperti pada sesi akademik 2008-2009, subjek Perbandingan Bahasa Melayu Varian Malaysia dan Varian Indonesia telah dikuliahkan).

Pada tahun keempat, kursus yang ditawarkan ialah Terjemahan Teks, Bahasa dan Masyarakat (Sosiolinguistik), Perbandingan Bahasa Melayu Varian Malaysia dan Varian Indonesia, Sastera Melayu (Analisis Karya Agung Terpilih), Hubungan China-Malaysia, Dasar Luar Malaysia dan Isu Semasa Malaysia. Selain itu, pelajar tahun akhir disyaratkan menulis latihan ilmiah, dan malah ada sesi *viva-vocee* sebagai syarat kelulusan latihan ilmiah itu.

Pada sesi akademik 2009, program pengajian Melayu peringkat sarjana telah dimulakan di Universiti Pengajian Asing Beijing, dengan pemilihan struktur program kerja kursus dan tesis. Kuliah yang diberikan setakat ini meliputi Sosiolinguistik Bahasa Melayu, Kaedah Penyelidikan Bahasa dan Penulisan Ilmiah, selain kursus-kursus wajib universiti.

Penetapan agar pelajar diberi peluang mendapat pendedahan di negara berbahasa Melayu tampaknya perlu dijadikan dasar, untuk memungkinkan penghayatan yang lebih baik tentang bahasa Melayu. Pelajar Universiti Pengajian Asing Beijing, sejak tahun 2007, telah dihantar mengikuti kuliah satu semester di Akademi Pengajian Melayu, Universiti Malaya melalui program pemindahan kredit. Kemuncaknya ialah program inap desa yang melibatkan pelajar tinggal dengan penduduk kampung Melayu selama seminggu atau dua minggu untuk menghayati bahasa dan budaya Melayu secara praktis. Pelajar diminta menulis laporan tentang pengalaman dan kesan mereka sesudah tamat menyertai program tersebut. Universiti Bangsa-bangsa Guangxi di Nanning pun bermula pada tahun 2010 akan menghantar pelajar kumpulan pertama ke Univerisiti Malaya atau mungkin ke universiti lain untuk program selama satu tahun.

Faktor Pengajar

Pengajar bahasa Melayu kepada penutur asing menghadapi cabaran yang lebih berat daripada pengajar bahasa Melayu kepada penutur ibunda atau penutur kedua (dalam kes di Malaysia orang Melayu ialah penutur ibunda dan orang Cina, India dan kumpulan etnik lain sebagai penutur kedua). Daripada segi linguistik, pengajar perlu sedikit banyaknya mempunyai maklumat kontrastif antara bahasa Melayu dengan bahasa ibunda pelajar. Pengalaman penulis memberikan kursus kepada penatar dari Sri Lanka menunjukkan bahawa mereka terpengaruh oleh struktur M-D (akibat pengaruh bahasa Tamil dan Sinhalese).

Di Republik Rakyat China, masalah timbul oleh sebab pelajar dipengaruhi oleh bahasa kebangsaan mereka, iaitu bahasa Mandarin yang memang berlainan dalam beberapa banyak aspek sistemnya berbanding dengan bahasa Melayu, baik aspek fonologinya mahupun aspek tatabahasanya. Oleh sebab itu, pengajar perlu sedikit banyaknya membuat analisis kontrastif antara bahasa Mandarin dengan bahasa Melayu, walaupun pengajar tidak semestinya mahir berkomunikasi dalam bahasa pertama pelajar itu. Di Universiti Pengajian Asing Beijing, usaha menghasilkan perbandingan beberapa aspek tatabahasa Melayu dan bahasa Mandarin dimasukkan dalam salah satu bidang kajian yang ditangani oleh Penyandang Kursi Pengajian Melayu dan tenaga akademik Jurusan Bahasa Melayu. Untuk memahami sistem sosiobudaya antara dua kelompok penutur (Melayu dan China), kajian dilakukan dalam aspek perbandingan sistem sapaan dan ungkapan fatis serta peribahasa. Diharapkan bahawa hasil kajian analisis kontrastif dan aspek sosiobudaya itu dapat menjadi asas pengajaran yang lebih berkesan.

Sebagai rumusannya, pengajar yang berkesan dalam program pengajaran bahasa Melayu kepada penutur asing ialah pengajar yang bersedia memahami latar sosiobudaya, sistem nilai dan sistem bahasa ibunda pelajarnya. Faktor-faktor yang berkaitan dengan pelajar yang dibincangkan sebelum ini dengan sendirinya harus diperhitungkan oleh pengajar.

Kurikulum dan Kaedah

Kurikulum program bahasa Melayu kepada penutur asing pertama-tamanya bergantung pada tujuan dan keperluan pelajar itu sendiri. Pada umumnya semua pelajar perlu diberi pendedahan dan penguasaan dua aspek pokok, iaitu aspek kemahiran bahasa dan aspek sistem bahasa. Kemahiran bahasa meliputi empat kemahiran bahasa, iaitu mendengar, bertutur, membaca dan menulis. Sistem bahasa pula meliputi tatabahasa, sebutan, ejaan, kosa kata dan laras bahasa. Bagaimanapun peringkat, kelompok dan tujuan akan menentukan pemberatan yang sesuai.

Doktor dari Pakistan di Wilayah Persekutuan Kuala Lumpur yang dilatih oleh Persatuan Linguistik Malaysia ternyata memerlukan kemahiran mendengar dan bertutur lebih banyak daripada kemahiran membaca dan menulis, kerana tujuan dan keperluan mereka belajar bahasa Melayu adalah untuk berkomunikasi dengan pesakit di Malaysia. Maka kemahiran membaca dan menulis tidak terlalu dititikberatkan walaupun tetap perlu diberikan.

Pelajar di Universiti Pengajian Asing dan di Universiti Pernyiaran Beijing, misalnya, mempelajari bahasa Melayu sebagai bahasa formal untuk tujuan ilmiah dan juga kerjaya, dan di samping itu didedahkan kepada pelbagai ragam yang wujud dalam masyarakat untuk keperluan interaksi sosial. Maka kurikulumnya meliputi aspek yang menyeluruh. Selain kemahiran mendengar, bertutur, membaca dan menulis, penguasaan sistem bahasa, terutama tatabahasa direncanakan dengan agak mendalam. Sosiolinguistik dikuliahkan untuk mendedahkan kepelbagaian ragam bahasa Melayu yang wujud dalam masyarakat, khususnya untuk memungkinkan pelajar menyedari diglosia yang wujud antara ragam bahasa rasmi dan ragam bahasa tidak rasmi. Kuliah sastera dan budaya Melayu diberikan sebagai pelengkap penguasaan bahasa. Aspek lain yang ditekankan dalam kurikulum di Universiti Pengajian Asing Beijing ialah sejarah Malaysia, aspek politik, ekonomi dan sosial di Malaysia, hubungan China-Malaysia dan isu-isu semasa Malaysia, yang kesemunya seakan-akan menjurus kepada pengajian Malaysia.

Pengajaran bahasa Melayu kepada penutur asing tampaknya turut melibatkan peserta yang sebenarnya merupakan bangsa Melayu tetapi bukan daripada kalangan Melayu di kawasan inti Melayu (Malaysia, Indonesia, Brunei Darussalam). Antaranya termasuklah Melayu di Kampuchea, Melayu di beberapa tempat di Thailand Selatan dan waris Melayu di Sri Lanka. Di Kampuchea, peserta kursus baru mengenal bahasa Melayu baku di peringkat yang amat asas, kerana bahasa Melayu yang dikuasai oleh mereka ialah bahasa Melayu Cam, dan sebilangannya malahan lebih mahir dalam bahasa Khmer. Oleh itu, maka tenaga pengajar yang lantik oleh DBP menyediakan kurikulum yang amat asas dengan menitikberatkan aspek lisan dan sedikit-sedikit aspek tulisan. Tidak ada sama sekali pengajaran tatabahasa secara formal. Situasi yang lebih kurang sama berlaku di beberapa bahagian Thailand Selatan, kecuali di Patani (yang sebilangan besar pelajarnya lebih berpeluang mendapat pendedahan tentang bahasa Melayu, oleh sebab faktor bersempadan dengan Malaysia). Pelajar di wilayah Songkla dan Yala, misalnya, memerlukan kurikulum yang asas. Perkembangan baharu pula menunjukkan bahawa bahasa Melayu telah mula diikuti oleh penutur asing yang terdiri daripada pelajar berbangsa Thai, seperti yang terdapat di Universiti Walailak, di wilayah Nakon Si Thamarrat (sumber wawancara dengan Abdul Razak Panaemalae, pensyarah Bahasa Melayu di universiti tersebut, 2010).

Di Sri Lanka pula, walaupun peserta kursus terdiri daripada waris bangsa Melayu, namun bahasa Melayu yang digunakan mereka ialah suatu bentuk Melayu kreol, iaitu bahasa Melayu yang telah memadukan unsur-unsur bahasa Melayu dengan bahasa Singhalese dan Tamil. Profil peserta menunjukkan bahawa sebilangannya lebih kerap menggunakan bahasa Inggeris daripada bahasa Melayu kreol itu. Maka, kurikulum yang disediakan pun asas sifatnya, iaitu kemahiran bahasa dan sistem bahasa yang asas.

Pengalaman menunjukkan bahawa untuk kelompok dan untuk tujuan apapun, pengajaran bahasa Melayu kepada penutur asing lebih sesuai berteraskan kaedah terus, dengan kadangkala berbantukan kaedah terjemahan. Hanya di peringkat tertentu, iaitu apabila pelajar telah menguasai bahasa Melayu, kaedah kod-kognitif yang menekankan penguasaan rumus mungkin sesuai diterapkan, khususnya untuk pelajar yang telah sampai pada peringkat analisis linguistik.

Sumber dan Bahan Ajar

Pemilihan dan penyediaan sumber atau bahan pengajaran dan

pemelajaran program pengajaran bahasa kepada penutur asing menjadi cabaran yang tidak kurang besarnya. Pengajar tidak boleh memilih dan menyediakan bahan menurut kesukaan dan minat peribadinya. Prinsip yang paling penting ialah kesesuaian bahan itu untuk peringkat usia tertentu, untuk peringkat program (permulaan, pertengahan atau maju) dan kelompok tertentu (berasaskan kerjaya dan lain-lain).

Dalam hal pemilihan dan penyediaan sumber atau bahan pengajaran dan pemelajaran inilah pengajar perlu memasukkan unsur-unsur sosiobudaya yang melatari bahasa Melayu agar penguasaan bahasa Melayu oleh pelajar asing itu tidak terpisah daripada konteks sosiobudayanya. Pengalaman penulis mengajar dua kumpulan pelajar dari Universiti Deakin, Melbourne, Australia (2005 dan 2006 di Universiti Putra Malaysia) menunjukkan bahawa mereka perlu diorientasi, dengan pengertian diberi pendedahan kepada situasi sosiobudaya di Malaysia kerana selama ini mereka mempelajari bahasa Melayu yang berlatarbelakangkan sosiobudaya di Indonesia.

Menyepadukan bahan untuk meliputi kemahiran berbahasa (mendengar, bertutur, membaca dan menulis), sistem bahasa (tatabahasa, kosa kata dan sebagainya) dan juga kandungan bahasa (ilmu dan maklumat serta aspek sosiobudaya) merupakan cabaran terbesar kepada pengajar. Modul yang biasa dianjurkan oleh penulis (dan juga oleh sejumlah pengajar lain) ialah penyediaan dan penyusunan bahan yang berteraskan tema tertentu, misalnya pada peringkat asas tema yang berkaitan dengan "diri", "keluarga", "hobi", "negara", "makanan", "perayaan" dan sebagainya. Selain mengisi tema itu dengan struktur atau binaan bahasa (kata, frasa, ayat dan wacana) yang sesuai, tema itu perlu diisi dengan maklumat atau ilmu yang berkaitan (misalnya nama, usia, pekerjaan atau tahun/bidang pengajian, hobi dan sebagainya).

Aspek sosiobudaya yang dapat dikaitkan, misalnya, ialah kata ganti nama diri dan bentuk sapaan yang betul dalam bahasa Melayu apabila merujuk kepada diri sendiri dan diri orang lain.

Bahan itu pula mestilah berbagai-bagai bentuk dan konteksnya. Maksudnya, daripada segi bentuk, pengajar perlu menyediakan bahan berbentuk audio, video, grafik, lukisan, brosur, iklan dan karya kreatif. Daripada segi konteksnya, perlu disediakan bahan yang berkaitan dengan pelbagai aspek kehidupan, daripada yang asas seperti diri kepada keluarga, masyarakat, kesenian, sukan, rekreasi, reka cipta, dan di peringkat yang tinggi boleh tentang politik, pemikiran dan sebagainya.

Pengujian dan Penilaian

Pengujian dan penilaian yang dilaksanakan perlu selaras dengan objektif pengajaran. Bagi pelajar yang mengikuti program pelajaran bahasa Melayu sebagai mata kuliah atau kursus di insitutusi pengajian, ujian yang berkaitan dengan kemahiran bahasa yang empat (mendengar, bertutur, membaca dan menulis) dan sistem bahasa (tatabahasa dan yang lain-lain) perlu diberikan. Bagi pelajar yang mempelajari bahasa Melayu untuk tujuan khusus, seperti doktor dari negara asing, mereka tidak perlu diberi ujian yang meliputi semua aspek kemahiran dan sistem bahasa, sebaliknya diuji penguasaan komunikatifnya sahaja. Yang lebih penting dalam program pengajaran bahasa Melayu kepada penutur asing ialah instrumen pengujian dan penilaian yang diagnostik sifatnya, iaitu yang dapat memberikan maklumat tentang pencapaian pelajar dari waktu ke waktu, bukan semata-mata pada akhir program yang mungkin tidak bertepatan dengan pencapaian sebenar pelajar.

Di Universiti Pengajian Asing Beijing, selain ujian dalam bentuk peperiksaan pertengahan semester dan peperiksaan akhir semester, ujian kecekapan bahasa menyeluruh diadakan dua kali sepanjang pengajian, iaitu pada tahun kedua dan tahun akhir (tahun keempat). Dalam ujian kecekapan bahasa menyeluruh itu, pelajar diuji dalam aspek lisan, pembacaan, penulisan dan tatabahasa. Kelulusan dalam ujian kecekapan itu menjadi syarat pengijazahan.

Isu Variasi Bahasa Melayu: Variasi Malaysia Atau Indonesia?

Umumnya ada dua variasi bahasa Melayu yang dominan, iaitu variasi Malaysia dan variasi Indonesia. Bahasa Melayu Brunei masih amat rapat dengan variasi Malaysia jika dibandingkan dengan variasi Indonesia dan oleh itu dapat dikelompokkan dalam variasi Malaysia. Fakta menunjukkan bahawa bahasa Melayu yang dipelajari dan diajarkan kepada penutur asing di sebahagian besar pusat pengajian di negara asing ialah bahasa Melayu variasi Indonesia yang dikenal sebagai bahasa Indonesia. Variasi Malaysia baru diperkenalkan di beberapa pusat pengajian, seperti di Universiti Pengajian Asing Beijing (sejak tahun 1961), di Universiti Komunikasi China (sejak tahun 2002), di Universiti Bangsa-bangsa Guangxi (sejak tahun 2008), serta di Universiti Pengajian Asing Hankuk dan Universiti Pengajian Asing Busan, kedua-duanya di Korea.

Di Eropah baru sahaja dimulakan usaha memperkenalkan bahasa Melayu variasi Malaysia apabila Universiti Frankfurt, Jerman mengendalikan kursus bahasa Melayu yang disertai oleh pelajar dari seluruh Eropah dan juga Rusia pada tahun 2004. Di

Universiti La Rochelle, Perancis, dengan usaha Dr. Laurent Metzger yang selama lebih dua dekad bertugas di Universiti Malaya dan beberapa tahun di Universiti Kebangsaan Singapura, usaha mendedahkan variasi Malaysia telah dimulakan pada tahun 2002. Di Oceania, Universiti Melbourne, Australia, melalui usaha Prof. Alexandaar Adelaar, variasi Malaysia turut diperkenalkan walaupun variasi Indonesia masih cukup dominan. Universiti Deakin, Australia pula baru pada tahun 2005 memulakan pendedahan pelajarnya kepada bahasa Melayu variasi Malaysia apabila pelajarnya dihantar ke Malaysia untuk mengikuti kursus bahasa Melayu di Universiti Putra Malaysia dengan kerjasama Dewan Bahasa dan Pustaka.

Pada hemat penulis, isu ini tidaklah terlalu besar dan tidak harus dijadikan halangan untuk mengembangkan bahasa Melayu di peringkat antarabangsa. Majlis Antarabangsa Bahasa Melayu (MABM) telah memutuskan bahawa bahasa Melayu yang didukung oleh majlis tersebut ialah bahasa Melayu supranasional, yang tidak ditandai ciri khusus mana-mana negara. Meskipun tampak mudah tetapi rumusan itu memang kurang realistik, kerana variasi Indonesia dan variasi Malaysia akan tetap tampak wujudnya. Maka itu, jalan sebaik-baiknya ialah memperkenalkan kedua-dua variasi itu supaya pelajar asing memperoleh manfaat untuk keperluan dan destinasi yang berbeda, iaitu Malaysia dan Indonesia. Terbitnya *Kamus Bahasa Melayu Nusantara* (DBP Brunei Darussalam, 2003) yang memasukkan lema variasi di Malaysia, di Indonesia dan di Brunei Darussalam banyak membantu pemahaman pelajar asing tentang perbedaan yang wujud, terutama tentang makna kata yang berbeda.

Daripada sudut ejaan, dapat dikatakan bahawa tidak wujud perbedaan yang terlalu jauh sehingga pelajar asing tidak akan menghadapi masalah besar berhadapan dengan teks dalam bahasa

Melayu variasi Malaysia dan variasi Indonesia. Demikian juga istilah dalam pelbagai bidang ilmu sebahagiannya telah diselaraskan. Kedua-dua aspek itu, iaitu sistem ejaan dan istilah bagi bahasa Melayu mencapai keselarasan yang relatif tinggi berkat kerjasama kebahasaan serantau melalui Majlis Bahasa Brunei Darussalam - Indonesia - Malaysia (Mabbim) yang telah bermula pada tahun 1972. Namun aspek kosa kata umum dan juga gaya bahasa tampaknya perlu ditangani dengan lebih terancang dan giat.

Kesediaan dan Persediaan

Kesediaan dan persediaan yang dimaksudkan oleh penulis ialah bahawa negara-negara berbahasa Melayu, khususnya Malaysia, Indonesia dan Brunei Darussalam perlu pertama-tamanya mempunyai kesediaan untuk menggerakkan program pengajaran bahasa Melayu kepada penutur asing secara bekerjasama dan menjadikannya agenda negara-negara berbahasa Melayu. Majlis Antarabangsa Bahasa Melayu (MABM) perlu diaktifkan terus dengan dukungan semua negara berbahasa Melayu, meskipun inisiatif pembentukannya diupayakan oleh Malaysia. Perlu ada pemeruntukan dana bersama untuk segala program kebahasaan dan persuratan Melayu di peringkat antarabangsa. Sebagai contoh, apabila diadakan Minggu Bahasa dan Persuratan Melayu (seperti yang pernah diadakan di Australia dan di Eropah), semua negara berbahasa Melayu perlu ikut serta menjayakannya, daripada tahap perencanaan, pendanaan dan pengisian program.

Demikian juga, program Bahasa Indonesia untuk Penutur Asing (BIPA) yang telah lebih maju daripada program pengajaran bahasa Melayu kepada penutur asing di Malaysia (dan mungkin di Brunei Darussalam juga) hendaklah dimanfaatkan bersama serta diubahsuaikan menurut keperluan tertentu. Dengan perkataan lain, perlu ada perencanaan bersama dalam kalangan negara-negara berbahasa Melayu untuk menyediakan kurikukulum, menyarankan kaedah, penyusunan bahan dan ujian tara bagi program bahasa Melayu. Jika untuk bahasa Inggeris ada British Council, untuk bahasa Perancis ada Alliance Francaie dan untuk bahasa Jerman ada Institut Goethe, maka untuk bahasa Melayu perlu ada badan yang diberi amanah mengajarkan bahasa Melayu di peringkat antarabangsa, dan paduan kerjasama antara negara-negara berbahasa Melayu akan memungkinkan gagasan itu berhasil dengan lebih segera dan berkesan. Dengan demikian, tidak berlaku persaingan atas nama negara, sebaliknya berlangsung kolaborasi yang menguntungkan bahasa Melayu dan negara-negara berbahasa Melayu.

Aspek lain yang perlu diberi perhatian khusus ialah penyediaan bahan ajar bahasa Melayu melalui internet yang ternyata jauh lebih berkesan dan meluas khalayaknya serta interaktif pula jika dibandingkan dengan penyediaan bahan atau modul pelajaran dalam bentuk bercetak semata-mata. Untuk menjayakan program ini, diperlukan kepakaran mengolah bahan ajar bahasa Melayu untuk disalurkan melalui internet. Perkembangan terkini yang perlu dicatat ialah usaha Pusat Pengajian Asia Tenggara, Northern Illinois University di bawah pimpinan Prof. Dr. James T. Collins mewujudkan kamus bahasa Melayu-bahasa Inggeris di talian yang apabila siap akan dapat dicapai oleh pelajar asing yang bahasa pertamanya bahasa Inggeris. Projek yang seumpama itu sepatutnya dilaksanakan juga untuk pelajar yang bahasa pertamanya bahasa selain bahasa Inggeris, seperti bahasa Mandarin, bahasa Korea, bahasa Jepun, bahasa Rusia, bahasa Perancis dan sebagainya. Prasarana asasnya sudah ada kerana sebahagian kamus bahasa-bahasa utama dunia itu telah diterbitkan oleh DBP atau penerbit lain di dalam dan di luar negara; demikian juga yang dilancarkan pada tahun 2008 meliputi Kamus Thai-Melayu.

Kesimpulan

Bab ini secara umum telah membincangkan dua hal pokok. Yang pertama ialah latar sejarah dan perkembangan bahasa Melayu yang telah merentas benua dari zaman lampau, terutama dalam zaman Kesultanan Melayu yang diwakili oleh bahasa Melayu klasik hingga zaman moden tempoh yang mutaakhir. Program pengajaran bahasa Melayu kepada penutur asing berkaitan dengan upaya mengisi keperluan yang timbul daripada kedudukan bahasa Melayu sebagai bahasa yang dipelajari di pelbagai pusat pengajian di seluruh dunia. Demikian juga halnya dengan keperluan lain, seperti pengajaran bahasa Melayu kepada komuniti Melayu yang telah terpisah daripada komuniti induknya di dunia Melayu, sebagaimana yang terjadi di Sri Lanka, Afrika Selatan, Kemboja, Thailand dan Filipina, dengan sebahagian mereka berbahasa pertama atau berbahasa ibunda dengan bahasa yang lain daripada bahasa Melayu.

Bahagian kedua bab ini berfokus pada beberapa pertimbangan asas untuk menjadikan pengajaran bahasa Melayu kepada penutur asing berkesan. Aspek pelajar, pengajar, kurikulum dan kaedah, bahan ajar dan pengujian dan penilaian telah dibincangkan secara umum, dengan merujuk kepada asas teoretis dan juga pengalaman berkuliah serta mengajarkan bahasa Melayu kepada pelajar asing, baik di dalam mahupun di luar negara. Dalam bahagian pendidikan bahasa, dikupas juga isu bahasa Melayu variasi Malaysia dan variasi Indonesia. Akhirnya penulis mengharapkan pimpinan negara-negara berbahasa Melayu, melalui institusi perancangan bahasa masing-masing (Dewan Bahasa dan Pustaka di Malaysia dan di Brunei Darussalam dan Pusat Bahasa di Indonesia) memainkan peranan yang lebih terencana dengan menjadikan pengantarabangsaan bahasa Melayu sebagai agenda negara dan rantau dunia Melayu, dengan salah satunya melalui program pengajaran.

Rujukan

- Abdullah Hassan. 1998. Dialek Melayu supra untuk melangsungkan bangsa Melayu. Kertas kerja Persidangan Antarabangsa Pengajian Melayu, Universiti Malaya.
- Al-Attas, Syed Muhammad Naquib. 1988. *The Oldest Known Malay Manuscript Aqaid al-Nasafi.* Kuala Lumpur: University Malaya Press.
- Al-Attas, Syed Muhammad Naquib. 1972. *Islam dalam Sejarah dan Kebudayaan Melayu.* Kuala Lumpur: Universiti Kebangsaan Malaysia.
- Al-Attas, Syed Muhammad Naquib. 2001. *Risalah untuk Kaum Muslimin.* Kuala Lumpur: Institut Antarabangsa Pemikiran dan Tamadun Islam (ISTAC).
- Asmah Haji Omar. 2003. Pengajaran bahasa Melayu kepada penutur asing: Kaedah dan prinsip. Dlm. Atiah Hj. Mohd. Salleh dan Ramlah Muhammad. *Pengajaran Bahasa Melayu untuk Penutur Asing.* Kuala Lumpur: Dewan Bahasa dan Pustaka.
- Awang Sariyan. 1995. Pengantarabangsaan bahasa Melayu melalui Institusi Pendidikan Tinggi: Pengalaman UIAM. Kertas kerja Kongres Bahasa Melayu Sedunia, Dewan Bahasa dan Pustaka (21 – 25 Ogos 1995).
- Awang Sariyan. 2002. Bahasa Melayu sebagai wahana pemersatuan dan pemerkasaannya di persada antarabangsa. Kolokium Bahasa dan Budaya Melayu, Universiti Frankfurt, Jerman (30 Oktober 2002).
- Awang Sariyan. 2003. Bahasa Melayu dan bahasa Indonesia: Perbedaan dalam kesatuan (Bicara awal beberapa aspek kosa katanya). Seminar Bahasa dan Persuratan Melayu, Universiti Melbourne, Australia dan Dewan Bahasa dan Pustaka (1-6 Disember 2003).
- Awang Sariyan. 2004a. Malay on the ascendancy. Wawancara dalam *The Star,* 2 Mei 2004.
- Awang Sariyan. 2004b. Bahasa Melayu mekar di benua Australia. Klik DBP, *Berita Harian,* 15 Disember 2004.
- Awang Sariyan. 2006a. *Warna dan Suasana Perancangan Bahasa Melayu di Malaysia.* (Siri Lestari Bahasa). Kuala Lumpur: Dewan Bahasa dan Pustaka.
- Awang Sariyan. 2006b. *Hakikat Bahasa dan Realisasi Fungsinya dalam*

Pembinaan dan Penakatan Tamadun. Kuala Lumpur: Persatuan Linguistik Malaysia.

- Awang Sariyan. 2006c. Bahasa Melayu setengah abad lalu dan setengah abad mendatang: Upaya pemerkasaannya. Kertas kerja Kongres Bahasa dan Persuratan Melayu Ke-7 (6-8 November 2006).
- Awang Sariyan. 2007. Keunggulan bahasa, persuratan dan tamadun Melayu. Ucap Utama Seminar Pasca-Kongres GAPENA, Persatuan Melayu Pulau Pinang (PEMENANG), Dewan Bahasa dan Pustaka dan Persatuan Penulis Pulau Pinang (27 Mac 2007).
- Awang Sariyan. 2008. Islam sebagai eras ilmu, bahasa dan budaya Melayu. Kertas kerja Seminar Angkatan Belia Islam Malaysia (16 Ogos 2008).
- Awang Sariyan. 2009a. *Mencari Makna Diri Melayu: Renungan untuk Bangsaku*. Kuala Lumpur: Persatuan Linguistik Malaysia.
- Awang Sariyan. 2009b. Menjalin persefahaman tamadun melalui pengajian Melayu: Gagasan pelan tindakan. Kertas Kerja Persidangan Antarabangsa Pengajian Melayu Beijing 2009. Beijing Foreign Studies University (31 Mei-3 Jun 2009).
- Awang Saariyan. 2009c. Merealisasikan bahasa Melayu sebagai bahasa Dunia melalui jaringan kerjasama yang terancang dan berksan. Kertas kerja undangan Seminar Bahasa Melayu Bahasa Dunia, Kerajaan Negeri Johor, Universiti Malaya dan Universiti Pendidikan Sultan Idris (28-30 September 2009).
- Awang Sariyan. 2009d. Senario perkembangan bahasa Melayu di peringkat kebangsaan dan antarabangsa: Cabaran dan harapan. Ceramah Umum JKTBM, Dewan Bahasa dan Pustaka dan Institut Pendidikan Guru Malaysia Kampus Raja Melewar Seremban (17 Februari 2009).
- Awang Sariyan. 2010a. Pengajian Melayu sebagai gagasan. *Pemikir* (April-Jun 2010): 145-177.
- Awang Sariyan. 2010b. Pelajar asing ejen perluas penggunaan bahasa Melayu. *Berita Harian* 8 Mac 2010.
- Awang Sariyan. 2010c. Melaksanakan idealisme dalam pendidikan bahasa Melayu bhg. 1. Majalah *Dewan Bahasa* Mei 2010.
- Awang Sariyan. 2010d. Melaksanakan idealisme dalam pendidikan bahasa Melayu bhg. 2. Majalah *Dewan Bahasa* Jun 2010.

- Collins, J. T. 1995. Bahasa Melayu sebagai bahasa antarabangsa: Antara kenyataan dan keraguan. Kongres Bahasa Melayu Sedunia, DBP (21 – 25 Ogos 1995).
- Collins, J. T. 1998. *Malay, World Language a Short History.* Kuala Lumpur: Dewan Bahasa dan Pustaka.
- Collins, J. T. 1999. *Wibawa Bahasa, Kepiawaian dan Kepelbagaian.* Kuala Lumpur: Dewan Bahasa dan Pustaka.
- "Cooperation between Leiden, Frankfurt and Kuala Lumpur: An intensive course in Malaysian Malay" http://www.elnws.leidenuniv.nl/ indes.php3? m=l&c=62
- Farid M. Onn. 1989. Bahasa Melayu tinggi: Potensi dan realiti kerjasama kebahasaan negara-negara serantau. Dlm. Asraf (ed.) *Bahasa Melayu Baku Asas Pembinaan Tamadun.* Kuala Lumpur: Persatuan Linguistik Malaysia dan Sasbadi.
- Fishman et. al. 1977. *The Spread of English.* Rowley Mass.: Newbury House.
- Hassan Ahmad. 1998. Gagasan MABBIM menjadikan bahasa Melayu - bahasa Indonesia bahasa ASEAN menjelang Tahun 2005. Dlm. *Prosiding Seminar Kebahasaan MABBIM.* Kuala Lumpur: Dewan Bahasa dan Pustaka. Kertas Perancangan Program Kebahasaan 5 Tahun MABBIM Menghadapi Alaf Baharu 2000. Jabatan Bahasa, Dewan Bahasa dan Pustaka.
- Ismail Hussein 1995. Bahasa Melayu di Dunia Melayu. *Syarahan Raja Ali Haji Ke-5.* Persatuan Linguistik Malaysia.
- Liang Liji. 1996. *Hubungan Empayar Melaka – Dinasti Ming Abad Ke-15.* Bangi: Penerbit Universiti Kebangsaan Malaysia.
- Laporan Sidang Majlis Antarabangsa Bahasa Melayu (MABM) Pertama, 21 – 23 Ogos 2000.
- Nik Safiah Karim et. al. 2003. *Tatabahasa Dewan.* Kuala Lumpur: Dewan Bahasa dan Pustaka.
- Othman Yatim. 2007. *Epigrafi Islam Terawal di Nusantara.* Kuala Lumpur: Dewan Bahasa dan Pustaka.
- Richards, J. C. 1991. *The Context of Language Teaching.* Cambridge: Cambridge Language Teaching Library.
- Surat Prof. Dr. Guram Chikovani, Rektor Tbilisi Institute of Asia and Africa,

Georgia kepada penulis (25 Oktober 2005).

- St. Takdir Alisjahbana. 1977. *Dari Perjuangan dan Pertumbuhan Bahasa Indonesia dan Bahasa Malaysia sebagai Bahasa Moderen*. Jakarta: PT Dian Rakyat.
- Wawancara dengan Abdul Razak Pandaemalae, Universiti Walailak, Wilayah Nakhon Si Thammarat (2010).
- Wu Zong Yu. 2009. Kedegilan memperjuangkan bahasa Melayu di China. Kertas kerja utama Persidangan Antarabangsa Pengajian Melayu Beijing 2009. Beijing Foreing Studies University (31 Mei-3 Jun 2009).
- Zhao Yue Zhen. 2007. Perkembangan bahasa Melayu di China dan impak kesarjanaan China dalam pengajian Melayu. Tesis Sarjana Pengajian Melayu, Beijing Foreign Studies University.

BAB 2

Penawaran Program Pengajian PPBMI di HUFS:
Isu dan Cabaran

Zaharani Ahmad
Kim Jang-Gyem

Pengenalan

Hankuk University of Foreign Studies (HUFS) ditubuhkan pada tahun 1954 dengan matlamat dan tujuan utamanya untuk mengajar bahasa-bahasa asing. Dalam konteks pendidikan, objektif utama HUFS adalah untuk memupuk kesedaran pada masyarakat dengan perspektif global dan menghasilkan ahli profesional yang kreatif yang akan memimpin penggemblengan pelbagai budaya dunia pada masa depan. Para pelajar dididik dengan ilmu sastera yang terdiri daripada ilmu kemanusiaan dan sains sosial serta sains semula jadi bagi membina asas ilmu yang bermanfaat. Seterusnya, para pelajar dilatih untuk menguasai satu atau lebih bahasa asing, dan ini merupakan mercu tanda dan fokus utama HUFS. Bersama-sama dengan latihan kebahasaan adalah pengajian ilmu geopolitik kawasan, ekonomi, masyarakat dan budaya pelbagai daerah di dunia ini untuk melahirkan rakyat dunia sebenar (HUFS 2009).

Berdasarkan maklumat terkini, secara keseluruhannya terdapat

45 bahasa asing ditawarkan di HUFS, dan perkembangan ini menjadikan HUFS universiti ketiga terbesar di dunia yang menawarkan pengajian bahasa asing seperti itu (Zaharani 2011). HUFS mempunyai dua kampus pengajian, iaitu di Imun dan di Yongin. Kampus di Yongin dibuka secara rasminya pada tahun 1981 dengan matlamat untuk menjadi sebuah kampus global. Dalam konteks pengajian bahasa asing, kampus global ini mewujudkan satu kolej yang diberi nama Kolej Pentafsiran dan Penterjemahan, dan di dalamnya terkandung Jabatan Pentafsiran dan Penterjemahan Bahasa Melayu-Indonesia (seterusnya JPPBMI)[1] serta 8 jabatan yang lain[2].

Program Pengajian Pentafsiran dan Penterjemahan Bahasa Melayu-Indonesia

JPPBMI mula menawarkan program pengajian pentafsiran dan penterjemahan bahasa Melayu-Indonesia peringkat ijazah sarjana muda pada tahun 1982. Berbeza dengan jabatan-jabatan lain di HUFS, JPPBMI menggabungkan dua bahasa nasional bagi dua buah negara yang berlainan dalam satu kurikulum pengajian yang sama. Penggabungan dua bahasa serumpun dalam satu program dan dikendalikan oleh satu jabatan yang sama merupakan

---

1 Pengajaran bahasa Melayu-Indonesia juga ditawarkan di kampus Imun di bawah pengurusan Jabatan Bahasa Melayu-Indonesia (JBMI) yang terletak di Kolej Bahasa Oriental. Walaupun kedua-dua jabatan menawarkan program yang hampir sama, kedua-duanya mempunyai autonomi yang tersendiri dari segi pentadbiran, pengurusan sumber manusia dan kurikulum akademiknya (Zaharani 2011).

2 Jabatan-jabatan tersebut adalah Jabatan Pentafsiran dan Penterjemahan Bahasa Inggeris, Jabatan Pentafsiran dan Penterjemahan Bahasa Jerman, Jabatan Pentafsiran dan Penterjemahan Bahasa Perancis, Jabatan Pentafsiran dan Penterjemahan Bahasa Itali, Jabatan Pentafsiran dan Penterjemahan Bahasa Cina, Jabatan Pentafsiran dan Penterjemahan Bahasa Jepun, Jabatan Pentafsiran dan Penterjemahan Bahasa Thai, dan Jabatan Pentafsiran dan Penterjemahan Bahasa Arab.

satu ciri yang agak unik kerana dalam kebanyakan program pengajian bahasa asing, kedua-dua bahasa ini dibezakan dan ditadbirkan oleh dua jabatan yang berbeza, seperti yang berlaku di *Beijing Foreign Studies University* (BFSU) (www.bfsu.edu.cn) dan juga di *Tokyo University of Foreign Studies* (TUFS) (www.tufs.ac.jp).

Dari segi tempoh masa, kurikulum program pengajian ijazah sarjana muda di HUFS berjalan selama 8 semester atau 4 tahun. Syarat pengijazahan menetapkan para pelajar harus menyelesaikan sekurang-kurangnya sejumlah 140 kredit dalam tempoh masa tersebut. Modul program pengajian yang ditawarkan terdiri daripada dua, iaitu (i) ekapengkhususan (*single major*) atau dikenali juga major-minor, dan (ii) dwipengkhususan (*double major*). Secara umumnya, para pelajar lebih suka mengikuti program dwipengkhususan yang bersifat lebih luwes dan praktikal. Pelajar yang mengkhusus dalam JPPBMI sebagai jurusan pertama kebanyakannya memilih jurusan kedua dari disiplin ilmu, seperti ekonomi, undang-undang, dan lain-lain. Gabungan ini menjadikan pelajar mudah disesuaikan dengan alam pekerjaan.

Bagi memenuhi keperluan program dwipengkhususan, pelajar harus memperoleh 54 kredit daripada kedua-dua jabatan yang menjadi major pengajiannya. Kursus-kursus yang ditawarkan di JPPBMI pada waktu ini bernilai di antara 1 hingga 3 jam kredit. Namun kebanyakannya adalah bernilai 2 jam kredit. Selain daripada kursus kebahasaan, jabatan juga menawarkan kursus kesusasteraan, budaya, politik, perniagaan dan perdagangan (sila lihat lampiran 1). Kursus-kursus kebahasaan sebahagian besarnya tertumpu pada aspek kemahiran yang terdiri daripada komponen membaca, mendengar, menulis dan bertutur. Kursus-kursus yang berkaitan dengan komponen kemahiran ini dikendalikan dalam tiga peringkat, iaitu tahap permulaan (*elementary*) bagi pelajar tahun satu, tahap pertengahan (*intermediate*) bagi pelajar tahun dua, dan tahap lanjutan (*advanced*) bagi pelajar tahun tiga (lihat lampiran 1). Selain daripada kursus kemahiran, kursus yang berkaitan dengan bahasa seperti linguistik, penterjemahan dan pentafsiran turut ditawarkan.

Semua kursus yang ditawarkan oleh jabatan meletakkan bahasa Melayu dan bahasa Indonesia dalam satu rangka kursus yang sama, misalnya Menulis dan Membaca dalam Bahasa Melayu-Indonesia Tahap Permulaan (*Reading and Writing in Elementary Malay-Indonesian*), Perbualan dan Karangan Bahasa Melayu-Indonesia Tahap Lanjutan (*Advanced Malay-Indonesian Conversation & Composition*) dan lain-lain (lihat lampiran 1). Walaupun, kedua-dua bahasa terkandung dalam rangka kursus tersebut, namun pengajarannya hanya tertumpu pada satu bahasa sahaja, iaitu sama ada bahasa Melayu atau bahasa Indonesia, dan ini lazimnya ditentukan oleh tenaga pengajar yang mengendalikan kursus berkenaan. Sekiranya tenaga pengajar itu orang Indonesia, maka bahasa Indonesialah yang akan dipelajari oleh pelajar, dan begitulah sebaliknya. Bagi tenaga pengajar yang berbangsa Korea kebiasaannya mereka mengajar dalam bahasa Korea, dan kadang-kadang dalam bahasa Melayu atau Indonesia bergantung pada latar belakang pendidikan yang diperolehinya, iaitu sama ada di Malaysia atau di Indonesia.

Walaupun bahasa Melayu dan bahasa Indonesia ini diajar secara berasingan, namun para pelajar berpeluang mempelajari kedua-duanya daripada pensyarah tamu yang didatangkan khusus dari Malaysia dan juga Indonesia. Pensyarah ini merupakan penutur asli dan daripada merekalah pelajar mempelajari dan menguasai aspek kemahiran bahasa seperti mendengar dan bertutur. Oleh sebab para pelajar telah didedahkan dengan kedua-dua bahasa sejak awal pengajian lagi, maka dijangkakan di sepanjang tempoh pembelajaran itu mereka akan meminati dan dapat menguasai kedua-duanya pada tahap yang agak memuaskan, seperti yang dihajatkan oleh jabatan. Jika matlamat ini sukar dicapai, sekurang-kurangnya ada sekumpulan pelajar yang berminat dan boleh menguasai bahasa Melayu dengan baik dan sebahagian lagi menguasai bahasa Indonesia sebagai tanda wujudnya keseimbangan dalam pengendalian program pengajian di JPPBMI.

Persoalan Kajian

Dari sudut sejarah perkembangannya, kedua-dua bahasa Melayu dan bahasa Indonesia adalah berasal daripada satu sumber yang sama, iaitu bermula daripada bahasa Melayu Kuno yang telah wujud sejak abad ke-7 lagi. Beberapa abad kemudian bahasa ini mengalami peralihan dan diperturunkan sebagai bahasa Melayu klasik dan akhirnya beralih menjadi bahasa Melayu moden seperti yang digunakan pada hari ini (Ismail 1966, Asmah 1985). Bahasa Melayu yang dituturkan di Malaysia, Singapura dan Brunei Darussalam dikenali dengan nama bahasa Melayu, manakala ragam yang dituturkan di Indonesia dikenali sebagai bahasa Indonesia, hasil daripada peristiwa bersejarah Sumpah Pemuda yang berlaku pada tahun 1928.

Walaupun bahasa Melayu dan bahasa Indonesia berasal dari satu sumber yang sama, namun faktor geopolitik dan pengalaman sejarah yang dilaluinya menjadikan kedua-dua bahasa ini berkembang secara tersendiri dan terpisah antara satu sama lain. Bahasa Indonesia berkembang dengan kemasukan unsur linguistik daripada pelbagai bahasa daerah dan juga bahasa penjajah Belanda, manakala bahasa Melayu diperkaya dengan dialek-

dialeknya dan kata pinjaman dari bahasa penjajah Inggeris. Akhirnya, dua bahasa yang dahulunya sama semakin berbeza dan darjah kesalingfahaman antara kedua-duanya mulai pudar dan menjadi semakin sukar.

Beberapa kajian sebelum ini menunjukkan bahawa pengguna bahasa Melayu dan bahasa Indonesia menghadapi masalah untuk memahami ungkapan, perkataan dan juga istilah yang digunakan kerana maksud yang ingin disampaikan dan yang difahami oleh satu pihak bercanggah dan bertentangan dengan satu pihak yang lain (Norsimah et. al. 2006; Nor Hashimah dan Junaini 2007). Sekiranya penutur bahasa Melayu dan Indonesia sendiri menghadapi masalah untuk saling memahami antara satu sama lain, maka bagaimana pula keadaannya bagi pelajar Korea yang mempelajari kedua-duanya sebagai bahasa asing. Beberapa persoalan boleh ditimbulkan, dan antaranya adalah (i) mampukah pelajar Korea mempelajari dan menguasai kedua-dua bahasa ini dalam satu masa?, (ii) adakah tahap pencapaian kemahiran berbahasa pelajar sama bagi kedua-dua bahasa tersebut? (iii) sekiranya berlaku ketidaksamaan, bahasa manakah yang menjadi pilihan dan lebih digemari oleh pelajar? Bagi menjawab persoalan-persoalan yang dibangkitkan, satu kajian rintis telah dilakukan.

Kajian Rintis

Kajian ini bermula dengan pengumpulan data yang melibatkan 111 orang responden yang terdiri daripada pelajar JPPBMI yang mendaftar dalam semester kedua sesi pengajian 2011/2012. Para pelajar ini mewakili semua peringkat pengajian bermula daripada tahun satu hingga tahun empat. Mereka diminta untuk menjawab soalan-soalan yang terkandung dalam borang soal selidik yang diedarkan. Soalan-soalan ini dibahagikan kepada lapan bahagian, iaitu (1) maklumat latar belakang, (2) kemahiran bahasa, (3) maklumat kursus, (4) tahap keupayaan bahasa, (5) pemilihan bahasa dalam pengajaran, (6) bahan pengajaran dan pembelajaran, (7) mengikuti program di luar negara, dan (8) sikap dan persepsi.

Bagi soalan-soalan yang mengukur tahap kemampuan, kemahiran, dan keupayaan berbahasa, responden diminta memilih satu daripada tiga skala penilaian berikut, iaitu (i) lemah, (ii) sederhana, dan (iii) baik. Bagi soalan yang melibatkan persetujuan dan pengesahan, responden juga diminta memilih satu daripada tiga skala penilaian yang ditetapkan, yakni (i) tidak setuju, (ii) tidak pasti, dan (iii) setuju. Akhirnya, bagi solan yang melibatkan pemilihan, pelajar diminta memilih sama ada bahasa Melayu atau pun bahasa Indonesia.

Semua maklumat dalam borang soal selidik yang telah lengkap diisi oleh para pelajar ini kemudiannya dikodkan di dalam sistem komputer yang menggunakan perisian *Statistical Package of Social Sciences (SPSSx)*. Penganalisisan data dibuat dengan menggunakan statistik deskriptif dalam bentuk taburan silang dan dipersembahkan dalam bentuk rajah.

Dapatan Kajian

Sebagai satu program pengajian yang menjurus dalam pengajaran dua bahasa yang 'sama tetapi berbeza' atau 'serupa tetapi tidak sama' ini, maklumat tentang sikap dan persepsi pelajar terhadap kedua-dua bahasa tersebut adalah sangat penting kerana ini dapat membantu kita menyelami dan memahami minat dan kesediaan mereka untuk mempelajari kedua-duanya dalam satu masa yang sama. Sekiranya dari awal lagi mereka bersikap dingin dan berpersepsi negatif terhadap sesuatu bahasa itu, maka dengan sendirinya prestasi dan pencapaian mereka dalam bahasa berkenaan akan rendah dan tidak memberangsangkan.

Berdasarkan data yang dikaji, seperti yang ditunjukkan dalam rajah 1 di bawah, secara umumnya didapati kebanyakan pelajar JPPBMI bersetuju bahawa mereka berminat mempelajari kedua-dua bahasa serumpun tersebut, iaitu dengan kadar peratusan sebanyak 63.1 %. Pelajar yang tidak berminat mempelajari kedua-duanya hanya sekadar 11.7% sahaja, manakala yang tidak pasti berjumlah 25.2%. Berdasarkan peratusan ini dapat dikatakan bahawa sikap kebanyakan pelajar JPPBMI dari segi minat dan kesediaan untuk mempelajari bahasa agak seimbang dan tidak bersifat berat sebelah. Sikap sebeginilah yang dihajatkan oleh jabatan dan seterusnya menepati matlamat penubuhannya yang ingin melahirkan graduan yang mampu dan boleh menguasai kedua-dua bahasa, atau sekurang-kurangnya terdapat sebahagian pelajar berketrampilan dalam bahasa Melayu dan sebilangan yang lain berketrampilan dalam bahasa Indonesia.

Rajah 1. Persepsi pelajar terhadap bahasa Melayu dan bahasa Indonesia

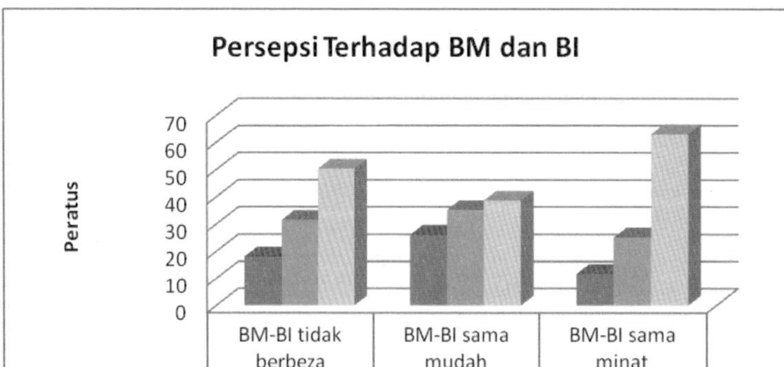

	BM-BI tidak berbeza	BM-BI sama mudah	BM-BI sama minat
Tidak Setuju	18.1	26.1	11.7
Tidak Pasti	31.5	35.2	25.2
Setuju	50.4	38.7	63.1

Berhubung dengan aspek kebahasaan pula, khususnya tanggapan dan pandangan dari segi kesamaan sistem bahasa dan tahap kemudahan untuk mempelajarinya, dapatan kajian menunjukkan peratusan pelajar yang bersetuju semakin menurun dan yang tidak bersetuju semakin meningkat. Seperti yang tergambar dalam rajah 1 di atas, sebanyak 50.4% pelajar bersetuju bahawa bahasa Melayu dan bahasa Indonesia itu tidak banyak berbeza, manakala yang tidak bersetuju hanya 18.1% sahaja. Dalam konteks pembelajaran pula, hanya 38.7% sahaja yang bersetuju bahawa kedua-dua bahasa itu mudah dipelajari, sedangkan yang tidak bersetuju meningkat kepada 26.1%. Daripada perangkaan ini dapat disimpulkan bahawa walaupun kebanyakan pelajar menunjukkan minat dan kesediaan yang tinggi untuk mempelajari bahasa Melayu dan bahasa Indonesia, namun mereka juga sedar bahawa kedua-dua bahasa tersebut berbeza dari segi sistem kebahasaannya dan tidak mudah untuk dipelajari secara bersama dalam satu masa.

Seterusnya, apabila pelajar diminta membuat penilaian kendiri tentang bahasa yang lebih disukainya serta bahasa yang lebih baik dikuasainya, kebanyakan mereka memilih bahasa Indonesia berbanding dengan bahasa Melayu. Dari segi perbandingan, perbezaannya begitu ketara sekali, dan peratusan itu menggambarkan satu keadaan yang tidak seimbang dan setara. Seperti yang dapat dilihat dalam rajah 2 di bawah, kumpulan pelajar yang menyukai bahasa Indonesia sebanyak 54.6%, manakala yang menyukai bahasa Melayu hanya sekadar 12.7% sahaja. Walaupun ada sebilangan pelajar yang tidak begitu suka kepada bahasa Indonesia, kadar peratusannya agak kecil, iaitu hanya 16.3% sahaja. Sebaliknya, bagi mereka yang tidak menyukai bahasa Melayu, peratusannya agak tinggi, iaitu 54.6%, dan angka ini mewakili lebih daripada separuh jumlah pelajar yang dikaji.

Rajah 2. Kemampuan dan kesukaan berbahasa pelajar

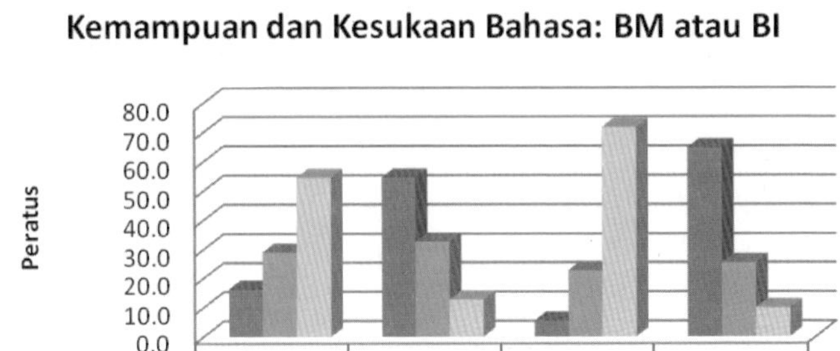

	Suka BI	Suka BM	BI lebih baik	BM lebih baik
Tidak Setuju	16.3	54.6	5.5	64.8
Tidak Pasti	29.1	32.7	22.7	25.3
Setuju	54.6	12.7	71.8	9.9

Dalam hal menentukan bahasa mana yang lebih baik dikuasainya, sebanyak 71.8% pelajar mengakui bahawa bahasa Indonesia mereka adalah lebih baik, sedangkan bagi bahasa Melayu hanya sekadar 9.9% sahaja.

Rumusan yang dapat disimpulkan berdasarkan peratusan ini adalah bahasa Melayu dan bahasa Indonesia mempunyai kedudukan yang berbeza di hati sanubari pelajar, walaupun kedua-duanya diajar dan didedahkan kepada mereka sejak dari awal pengajian lagi. Perbezaan ini semakin ketara apabila penganalisisan dilakukan ke atas aspek-aspek lain seperti yang akan dihuraikan dalam perbincangan seterusnya.

Kemahiran Bahasa

Salah satu aspek penting dalam pengajaran dan pembelajaran bahasa asing adalah kemahiran bahasa. Kemahiran ini melibatkan empat aktiviti utama, iaitu mendengar, membaca, menulis dan bertutur. Seperti yang telah dinyatakan, tahap kemahiran bahasa pelajar diukur berdasarkan tiga skala penilaian, iaitu lemah, sederhana dan baik. Pelajar diminta membuat penilaian kendiri dalam menentukan tahap kemahiran bahasa mereka.

Secara umumnya, kebanyakan pelajar mengakui tahap kemahiran berbahasa mereka lemah dan tidak membanggakan, sama ada dalam bahasa Melayu mahupun bahasa Indonesia. Seperti yang tergambar dalam rajah 3 di bawah, dari segi taburan pencapaian, peratusan yang tergolong dalam tahap yang lemah adalah paling tinggi (BM 70.2%; BI 46.8%) diikuti oleh tahap sederhana (BM 17.3%; BI 25.7%) dan akhirnya tahap baik (BM 12.5%; BI 27.5%). Namun, apabila pencapaian ini dilihat secara perbandingan, ternyata kemahiran bahasa Indonesia mereka jauh lebih baik berbanding dengan bahasa Melayu.

Rajah di bawah menunjukkan pelajar yang dapat menguasai bahasa Melayu pada tahap yang baik cuma sebanyak 12.5%, sedangkan penguasaan mereka dalam bahasa Indonesia melebihi sekali ganda angka tersebut, iaitu sebanyak 27.5%. Sebaliknya,

Rajah 3. Tahap kemahiran berbahasa pelajar

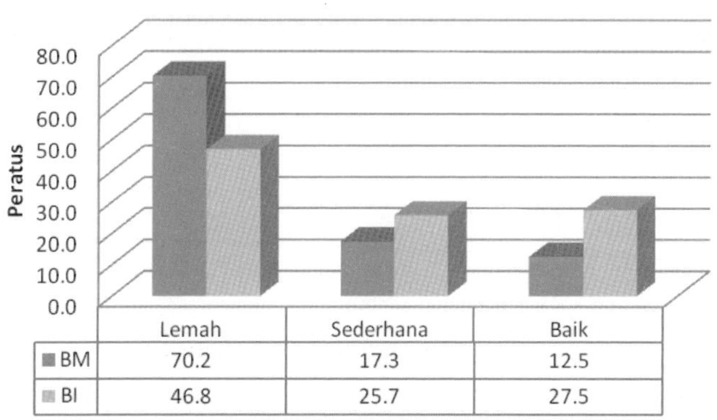

	Lemah	Sederhana	Baik
BM	70.2	17.3	12.5
BI	46.8	25.7	27.5

pada tahap kemahiran yang lemah, lebih daripada dua pertiga pelajar, iaitu sebanyak 70.2% lemah dalam bahasa Melayu, manakala bagi bahasa Indonesia, peratusannya jauh lebih rendah, iaitu cuma 46.8% sahaja.

Kelemahan berbahasa pelajar dalam bahasa Melayu merangkumi keempat-empat aspek kemahiran, iaitu mendengar, membaca, menulis dan bertutur. Seperti yang dapat dilihat dalam rajah 4, aspek kemahiran yang paling lemah sekali adalah aspek bertutur (71.2%), diikuti oleh mendengar (68.3%), menulis (65.4%) dan membaca (62.5%). Pola pencapaian yang hampir sama juga berlaku dalam bahasa Indonesia dengan memperlihatkan aspek bertutur adalah yang paling lemah sekali, iaitu sebanyak 51.4%, diikuti oleh mendengar (42.2%), menulis (42.2%) dan akhir sekali membaca (38.5%).

Bagi kumpulan pelajar yang tergolong dalam pencapaian yang baik, sama ada dalam bahasa Melayu atau bahasa Indonesia, aspek kemahiran yang paling bagus dikuasai adalah membaca (BM 19.2%, BI 33.0%), diikuti dengan mendengar (BM 14.4%, BI 28.4%), kemudian menulis (BM 12.5%, BI 26.6%) dan akhir

Rajah 4. Tahap kemahiran berbahasa bahasa Melayu

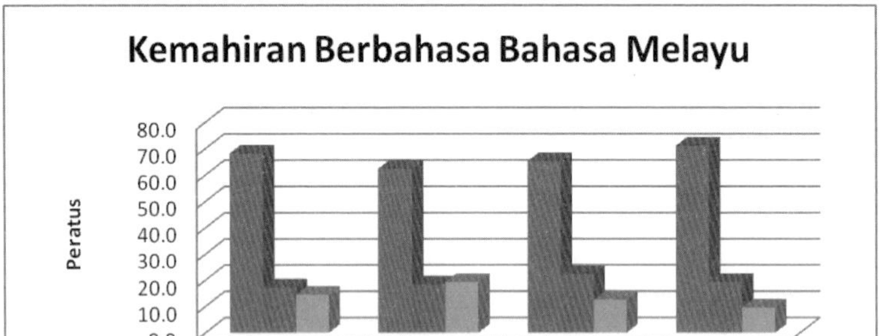

	Mendengar	Membaca	Menulis	Bertutur
Lemah	68.3	62.5	65.4	71.2
Sederhana	17.3	18.3	22.1	19.2
Baik	14.4	19.2	12.5	9.6

sekali bertutur (BM 9.6%, BI 22.0%). Berdasarkan pencapaian ini, dapat disimpulkan bahawa aspek kemahiran yang secara relatifnya paling rendah dikuasai oleh pelajar adalah bertutur.

Pada pemerhatian penulis, para pelajar menghadapi masalah dalam aspek bertutur kerana mereka sangat kurang menggunakan bahasa Melayu atau bahasa Indonesia dalam percakapan atau perbualan sama ada di dalam kelas mahupun di luar kelas. Mereka lebih kerap menggunakan bahasa Korea apabila bercakap sesama sendiri. Daripada wawancara dengan beberapa orang pelajar, antara sebab mereka tidak menggunakan bahasa Melayu atau Indonesia ketika berkomunikasi kerana wujudnya perasaan malu dan tidak selesa serta tidak mahu dianggap 'mengada-ngada' oleh rakan sebaya. Perasaan ini ada kaitannya dengan budaya masyarakat Korea sendiri.

Persoalan mengapa kemahiran bahasa Indonesia mereka lebih baik daripada bahasa Melayu sebenarnya berhubung rapat dengan minat dan kesukaan, bahan pengajaran yang mudah didapati di pasaran, serta peluang melanjutkan pelajaran di Indonesia. Perkara ini akan dihuraikan dengan lebih terperinci dalam bahagian berikutnya.

Rajah 5. Tahap kemahiran berbahasa bahasa Indonesia

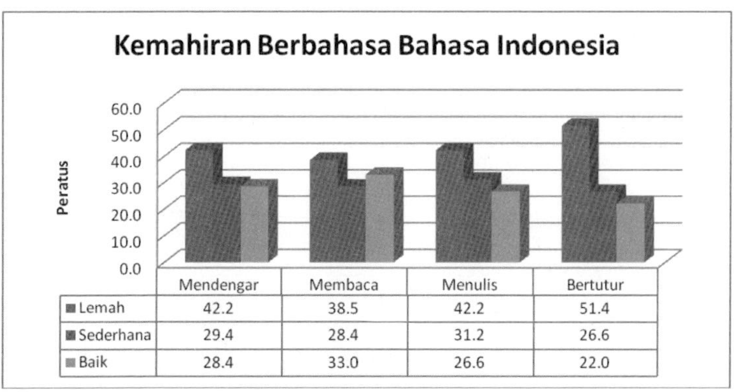

	Mendengar	Membaca	Menulis	Bertutur
Lemah	42.2	38.5	42.2	51.4
Sederhana	29.4	28.4	31.2	26.6
Baik	28.4	33.0	26.6	22.0

Keupayaan Bahasa

Aspek keupayaan bahasa dalam konteks kajian ini meneliti kemampuan dan kebolehan pelajar mengikuti kuliah yang disampaikan dan juga kemampuan mereka membuat dan menyiapkan tugasan yang diberi. Sekali lagi dari segi perbandingannya, kemampuan mereka lebih terserlah dalam bahasa Indonesia berbanding dengan bahasa Melayu. Data statistik dalam rajah 6 menunjukkan 72.4% atau hampir tiga perempat daripada kumpulan pelajar ini lemah dalam bahasa Melayu, sedangkan bagi bahasa Indonesia kurang daripada separuh, yakni 48.6% sahaja yang tergolong dalam kumpulan yang lemah. Gambaran yang bertentangan terlihat pada kumpulan yang mempunyai pencapaian yang baik, iaitu hanya 17.1% bagi bahasa Melayu, sedangkan peratusan bagi bahasa Indonesia lebih tinggi, iaitu sebanyak 29.7%.

Perbandingan secara terperinci juga menunjukkan taburan keupayaan pelajar didapati agak setara bagi kedua-dua aspek

Rajah 6. Tahap keupayaan pelajar mempelajari bahasa Melayu-Indonesia

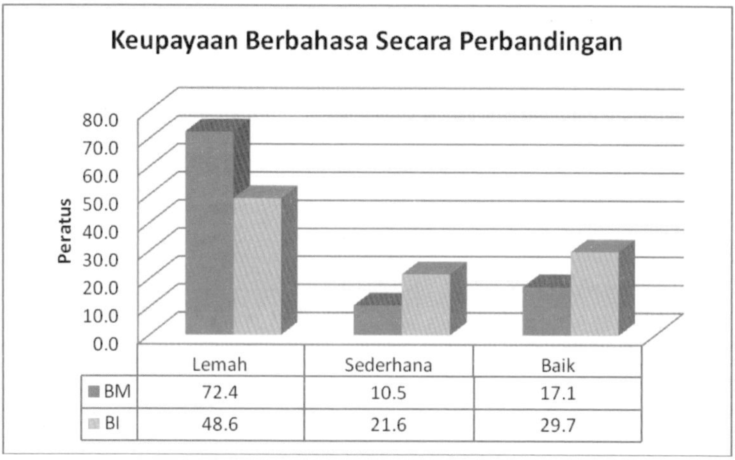

yang dikaji, iaitu sama ada mengikuti kuliah mahupun melakukan tugasan, seperti yang tergambar dalam rajah 7 dan 8 di bawah. Bagi kuliah dan tugasan dalam bahasa Melayu, sebanyak 67.6% dan 70.5% pelajar tergolong dalam kumpulan yang lemah, manakala 14.3% dan 13.3% tergolong dalam kumpulan yang

Rajah 7. Tahap keupayaan pelajar mempelajari bahasa Melayu

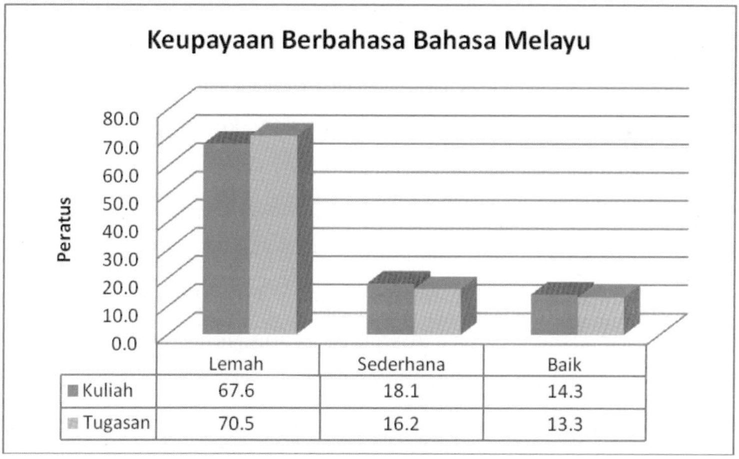

Rajah 8. Tahap keupayaan pelajar mempelajari bahasa Indonesia

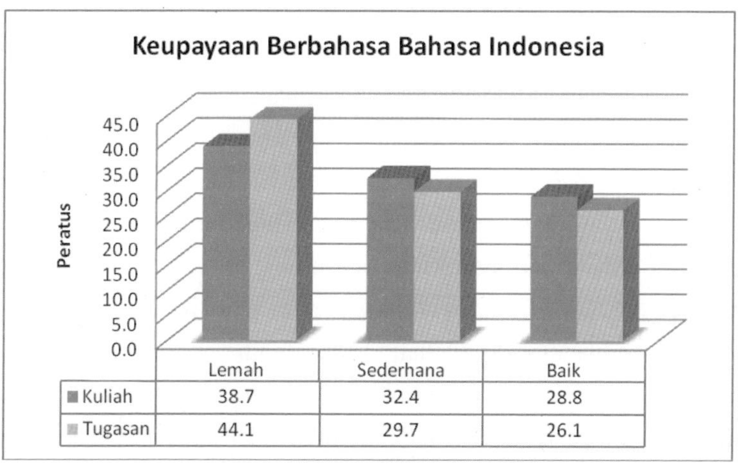

baik. Bagi bahasa Indonesia pula, kumpulan yang lemah dalam kuliah dan tugasan hanya 38.7% dan 44.1%, sedangkan kumpulan yang baik sekali ganda lebih tinggi, iaitu sebanyak 28.8% dan 26.1%. Rumusannya, keupayaan pelajar mengikuti kuliah dan melakukan tugasan dalam bahasa Indonesia jauh lebih baik daripada bahasa Melayu.

Pemilihan Bahasa

Selain daripada aspek kemahiran dan keupayaan berbahasa pelajar, kajian ini juga cuba meneliti kecenderungan pelajar dalam membuat pemilihan bahasa yang mereka senangi dan paling minati. Pelajar telah ditanya sekiranya mereka diberi peluang untuk membuat pilihan antara bahasa Melayu dengan bahasa Indonesia, bahasa manakah yang lebih mereka sukai? Pada hemat penulis, pemilihan bahasa ini penting kerana ia memberi gambaran tentang kehendak dan kemahuan pelajar. Proses pengajaran dan pembelajaran akan menjadi lebih berkesan jika kehendak pelajar itu dapat dipenuhi dan dituruti. Dengan kata lain, tahap pencapaian pelajar akan meningkat sekiranya pelajaran yang dipelajari itu sesuatu yang mereka minat.

Aspek pemilihan bahasa ini dibahagikan kepada dua bahagian, iaitu (i) pemilihan bahasa dalam pengajaran dan pembelajaran di dalam kelas, dan (ii) pemilihan bahasa bagi bahan pembelajaran di luar kelas. Pengajaran dan pembelajaran di dalam kelas meliputi empat aktiviti, iaitu penyampaian kuliah, pembacaan teks kuliah, pelaksanaan tugasan dan peperiksaan. Manakala aktiviti pembelajaran di luar kelas lebih merupakan inisiatif pelajar sendiri untuk mempertingkatkan penguasaaan bahasa mereka dengan menelaah dan merujuk teks akademik tambahan serta membaca bahan bacaan umum seperti akhbar harian. Pada masa yang sama mereka juga akan merujuk kamus sekiranya timbul masalah untuk memahami teks yang dibaca. Bagi mempertingkatkan kemahiran mendengar dan memahami, pelajar juga sering menonton filem dan bahan dokumentari yang lain.

Dalam konteks pemilihan bahasa ini, dapatan kajian menunjukkan bahawa lebih daripada 90% pelajar memilih bahasa Indonesia sebagai bahasa pilihan mereka bagi semua aktiviti pengajaran dan pembelajaran. Perangkaan yang lebih tepat tergambar pada rajah 9 di bawah, iaitu bagi aktiviti penyampaian kuliah sebanyak 93.5%, pembacaan teks kuliah 94.4%, dan bagi pelaksanaan tugasan dan peperiksaan masing-masing sebanyak 94.4% dan 96.3%. Pelajar yang memilih bahasa Melayu ternyata sangat rendah, iaitu antara 3.7% hingga 6.5%, satu pencapaian yang sangat mengecewakan.

Bagi aktiviti di luar kelas yang melibatkan pemilihan bahan pembelajaran sampingan juga menunjukkan kadar peratusan yang hampir sama, iaitu lebih 90% memilih bahasa Indonesia

Rajah 9. Pemilihan bahasa dalam aspek pengajaran dan pembelajaran di dalam kelas

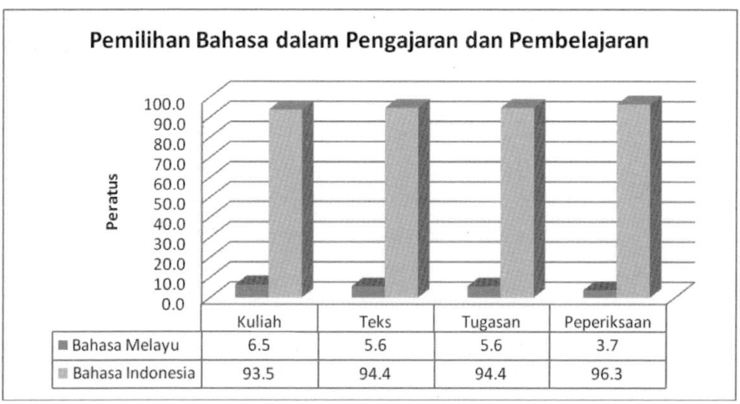

Rajah 10. Pemilihan bahasa dalam aspek pembelajaran di luar kelas

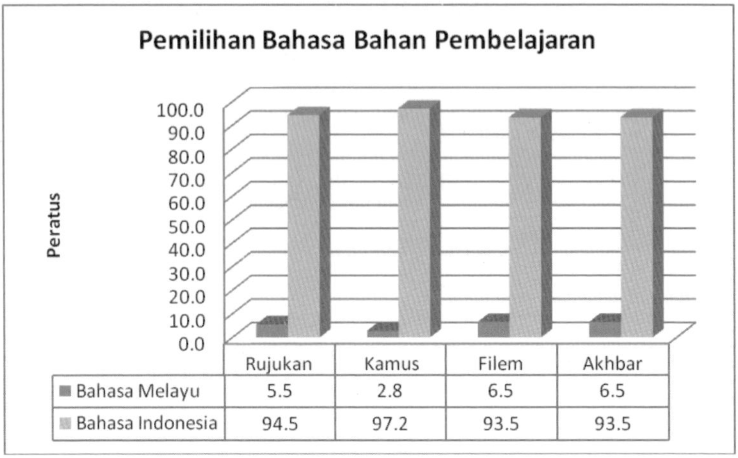

berbanding dengan bahasa Melayu yang pencapaiannya kurang daripada 7%, seperti yang ditunjukkan oleh rajah 10 di atas. Berdasarkan kadar peratusan pemilihan yang begitu tinggi terhadap bahasa Indonesia, maka tidak hairanlah tahap kemahiran dan juga keupayaan pelajar menguasainya jauh lebih baik daripada bahasa Melayu. Angka ini juga secara tidak langsung menunjukkan bahasa Melayu tidak berupaya dan berjaya untuk menarik minat pelajar, dan akhirnya mewujudkan satu keadaan yang tidak seimbang dalam penawaran kursus di JPPBMI. Jika ketidakseimbangan ini tidak diberi perhatian dan ditangani dengan baik, mungkin bahasa Melayu akan terus terpinggir dan akhirnya hanya tinggal nama tanpa membawa sebarang makna dalam program PPBMI yang ditawarkan.

Mengikuti Program Mobiliti di Luar Negara

Dalam usaha mempertingkatkan kemahiran dan keupayaan

berbahasa pelajar, pihak HUFS telah memperkenalkan satu modul yang dinamakan 'sistem 7 + 1' dalam program pengijazahan prasiswazahnya. Sistem ini menggalakkan pelajar menjalani semester pengajian mereka selama 7 semester di dalam negara dan 1 semester di luar negara. Tujuan sistem ini diwujudkan adalah bagi memberi pendedahan secara 'hands-on' kepada pelajar HUFS untuk berinteraksi dan mengikuti kursus yang ditawarkan di universiti luar negara (Zaharani 2011). Semua kredit yang diambil di universiti luar negara tersebut boleh dipindahkan ke dalam sistem pengajian di HUFS. Pelajar yang mengikuti modul ini dibiayai oleh HUFS sepenuhnya setelah melalui saringan dan temu duga. Bagi sesetengah pelajar, mereka mengikuti program ini dengan biaya sendiri.

Daripada 111 orang responden yang terlibat dalam kajian ini, hanya 31.5% sahaja yang pernah mengikuti program mobiliti pelajar, dan 68.5% selebihnya tidak pernah berpeluang belajar di luar negara. Dari pemerhatian penulis, kumpulan pelajar yang pernah mengikuti program ini biasanya mempunyai kemahiran dan keupayaan berbahasa yang lebih baik. Mereka juga lebih yakin dan berani serta aktif terlibat dalam pengajaran dan pembelajaran di dalam kelas. Seperti yang dapat dilihat dalam rajah 11 di bawah, daripada 31.5% pelajar yang pernah mengikuti program mobiliti ini, sebanyak 94.2% daripadanya telah pergi ke Indonesia, manakala hanya 2.9% sahaja yang berkunjung ke Malaysia dan 2.9% lagi di negara-negara lain. Perangkaan ini sekali lagi memperlihatkan bahawa para pelajar JPPBMI lebih cenderung memilih bahasa Indonesia daripada bahasa Melayu.

Bagi pelajar yang belum pernah mengikuti program mobiliti, apabila ditanya negara manakah yang menjadi pilihan mereka, lebih daripada dua pertiga, iaitu sebanyak 74.3% memilih negara Indonesia, dan hanya 22.7% memilih negara Malaysia, dan 2.0%

selebihnya memilih negara Brunei Darussalam, seperti yang tergambar dalam rajah berikut:

Rajah 11. Negara yang dilawati dalam program pengajian di luar negara

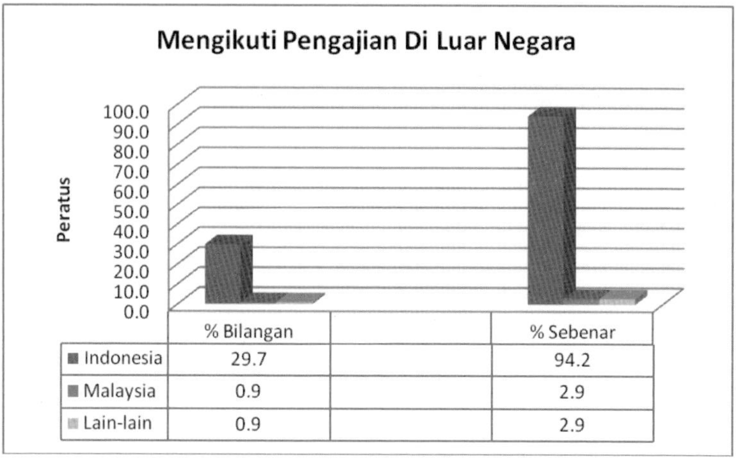

	% Bilangan		% Sebenar
Indonesia	29.7		94.2
Malaysia	0.9		2.9
Lain-lain	0.9		2.9

Rajah. 12. Negara yang dipilih untuk program pengajian luar negara

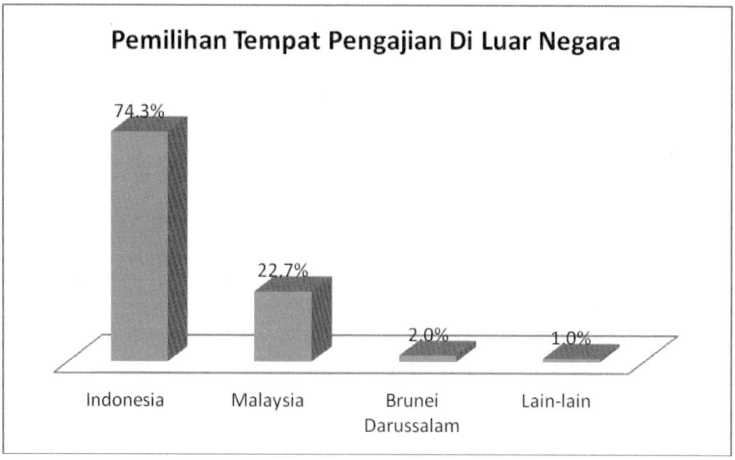

Isu dan Cabaran

Berdasarkan dapatan kajian ini, isu utama yang dihadapai oleh JPPBMI adalah wujudnya ketidakseimbangan dari segi tahap kemampuan, kemahiran, keupayaan dan kecenderungan pelajar dalam mempelajari bahasa Melayu dan bahasa Indonesia. Secara umumya, hampir semua pelajar mempunyai minat, kecenderungan, dan tahap pencapaian yang lebih tinggi dalam bahasa Indonesia berbanding dengan bahasa Melayu. Matlamat jabatan yang ingin menyamaratakan kedua-dua bahasa agar "berdiri sama tinggi dan duduk sama rendah" jelas tidak dapat dicapai. Walaupun bahasa Melayu telah didedahkan kepada pelajar sama seperti bahasa Indonesia, namun pendedahan itu tidak berjaya menarik perhatian mereka. Cabaran bagi pihak JPPBMI khususnya dan pihak kerajaan Malaysia amnya adalah bagaimana ketidakseimbangan ini harus didepani dan ditangani agar bahasa Melayu akan terus relevan menjadi salah satu bahasa yang ditawarkan di dalam program pengajian PPBMI. Penempelan nama semata-mata tidak membawa sebarang makna sekiranya segala aktiviti pengajaran dan pembelajaran dalam program pengajian tersebut tidak langsung memperlihatkan signifikannya bahasa Melayu di situ.

Cabaran pertama yang merupakan cabaran yang paling asas dan dasar yang perlu ditangani adalah memperbanyakan bahan pengajaran dan pembelajaran tentang bahasa Melayu, terutamanya yang ditulis dan disampaikan dalam bahasa Korea. Buku seperti ini sangat penting kepada pelajar terutamanya bagi pelajar tahun pertama yang baru mula hendak berjinak-jinak dan mengenali bahasa asing yang akan dipelajarinya. Setelah pelajar memahami beberapa aspek dasar tentang bahasa asing itu dalam bahasa sendiri, maka barulah timbul rasa minat untuk mereka mempelajarinya secara lebih mendalam serta penuh semangat.

Pada pemerhatian penulis, hampir tidak ada satu pun bahan bacaan mengenai bahasa Melayu yang ditulis dalam bahasa Korea yang digunakan oleh para pelajar JPPBMI. Sebaliknya, buku tentang bahasa Indonesia yang disampaikan dalam bahasa Korea agak banyak dan mudah didapati di pasaran, dan semuanya menjadi sumber rujukan pelajar. Buku-buku ini ditulis orang Korea sendiri (Chun 2004, Go 2006, Lee 2009, Choi 2011, Ahn 2011).

Dalam konteks mempelajari bahasa asing, salah satu bahan pembelajaran yang paling penting dan sering dirujuk oleh pelajar adalah kamus sama ada kamus konvensional (buku) atau elektronik. Kamus ibarat sahabat sejati yang sentiasa berdampingan dengan pelajar di mana saja mereka berada. Kamus penting dalam memberikan maklumat dan penjelasan sekiranya para pelajar ini bertemu dengan kosa kata atau istilah yang sukar difahami. Pada masa yang sama kamus juga membantu pelajar memperkayakan kosa kata mereka. Dalam hal ini, sekali lagi prestasi bahasa Melayu didapati jauh ketinggalan daripada bahasa Indonesia. Pada tinjauan penulis, sekurang-kurangnya terdapat enam buah kamus bahasa Indonesia-Korea terjual di pasaran yang ditulis oleh penulis Korea (Ahn 1955, Mun 1985, Ahn 1996, Ha 2007, Chun 2008, Jeong 2011). Malangnya, bagi bahasa Melayu tidak ada satu kamus pun yang berjaya dihasilkan setakat ini. Usaha pihak Dewan Bahasa dan Pustaka untuk menghasilkan satu kamus bahasa Melayu-Korea pada masa akan datang sangatlah dialu-alukan.

Cabaran kedua yang juga sangat sulit untuk ditangani adalah untuk menarik dan menggalakkan pelajar Korea mengikuti program mobiliti di universiti tempatan di Malaysia. Seperti yang telah dinyatakan, dapatan kajian menunjukkan hampir semua pelajar Korea memilih Indonesia dan tidak berminat langsung untuk ke Malaysia. Pada hemat penulis, cabaran ini agak sukar ditangani kerana ia melibatkan pelbagai faktor, seperti ekonomi, politik, pendidikan dan juga sosiobudaya yang saling berkait antara satu sama lain.

Dari sudut ekonomi, pembangunan yang pesat di Indonesia serta dana pelaburan yang tinggi dari pihak Korea membuka peluang perkerjaan yang luas kepada graduan yang fasih berbahasa Indonesia untuk bekerja di perusahaan dan perkilangan di sana. Menurut perangkaan 2011, jumlah alumni HUFS yang bekerja di Indonesia dianggarkan lebih daripada 300 orang, sedangkan di Malaysia kurang daripada 30 orang. Bilangan perusahaan Korea juga lebih banyak di Indonesia, iaitu sekitar 700 buah berbanding dengan Malaysia yang hanya 100 buah sahaja (Zaharani 2011).

Dari segi politik pula, dasar negara Indonesia adalah mengutamakan bahasa Indonesia dalam segala urusan rasmi negara, termasuklah bidang pendidikan. Bahasa pengantar utama yang digunakan dalam universiti adalah bahasa Indonesia. Begitu juga dalam urusan seharian, semua masyarakat tanpa mengira bangsa, kaum dan keturunan menggunakan bahasa Indonesia sepenuhnya ketika berinteraksi antara satu sama lain. Para pelajar merasakan penguasaan bahasa Indonesia mereka akan meningkat dengan cepat apabila berada di Indonesia.

Di Malaysia sebaliknya, bahasa Melayu tidak digunakan secara meluas dalam kehidupan seharian. Kebanyakan orang Malaysia khususnya orang bukan Melayu lebih suka menggunakan bahasa Inggeris. Kadang kala orang Melayu sendiri tidak menuturkan bahasa Melayu apabila berinteraksi dengan orang asing. Situasi sebegini turut berlaku di dalam universiti. Warga universiti lebih kerap menggunakan bahasa Inggeris apabila bertemu dan berbicara dengan pelajar asing. Para pelajar Korea berpandangan bahawa bahasa Melayu mereka tidak akan meningkat apabila berada di Malaysia. Pandangan dan persepsi ini tersebar di kalangan pelajar hasil daripada pengalaman senior mereka yang pernah berkunjung ke Malaysia beberapa tahun yang lalu.

Satu lagi komen yang dilontarkan oleh para pelajar adalah masyarakat Indonesia lebih bersikap akomodatif dan mesra dengan orang asing berbanding dengan orang Malaysia. Pelajar Korea merasakan kehadiran mereka di Indonesia lebih disenangi dan dialu-alukan oleh penduduk tempatan, dan layanan seperti ini tidak mereka perolehi ketika berada di Malaysia. Selain itu, aspek sosiobudaya masyarakat Indonesia yang pelbagai serta kewujudan destinasi pelancongan yang memperagakan budaya tempatan turut menjadi daya tarikan yang dapat menarik kehadiran pelajar. Selain daripada belajar bahasa Indonesia, di universiti juga mereka berpeluang untuk mempelajari pelbagai jenis seni budaya masyarakat setempat, seperti tarian dan muzik yang sememangnya menjadi kegemaran pelajar Korea.

Faktor-faktor ini walaupun tidak bersifat akademik, namun mempunyai impak yang tinggi dalam konteks mempengaruhi dan menarik perhatian pelajar Korea mengikuti program mobiliti di luar negara. Pihak kerajaan dan juga masyarakat Malaysia seluruhnya harus bersedia untuk melakukan perubahan sekiranya mereka ingin menarik orang asing berkunjung ke sini dan seterusnya berhasrat untuk mengantarabangsakan bahasa dan budaya Melayu di persada dunia.

Cabaran seterusnya adalah mengimbangi kekurangan tenaga pengajar yang menjurus dalam bidang ilmu yang berhubungan dengan bahasa Melayu dan negara Malaysia, sama ada dari kalangan ahli akademik tempatan mahu pun pensyarah tamu yang diundang. Situasi semasa menunjukkan daripada sepuluh orang ahli akademik tempatan, sama ada yang berstatus tetap atau kontrak, hanya seorang sahaja yang menjurus dalam bahasa Melayu, manakala sembilan yang lain itu menjurus dalam bidang bahasa, sastera, sejarah dan politik Indonesia. Bagi pensyarah tamu yang diundang pula, tidak ramai pensyarah dari Malaysia yang berminat untuk bertugas di Korea. Bilangan pensyarah bahasa dari Indonesia biasanya melebihi bilangan pensyarah dari Malaysia. Oleh sebab banyak kuliah yang dikendalikan di JPPBMI itu berhubung dengan Indonesia, maka sudah pastilah para pelajarnya mendapat pengetahuan dan pendedahan yang lebih tentang aspek bahasa, budaya, masyarakat, sastera, dan sejarah negara tersebut. Dan akhirnya dengan sendirinya para pelajar ini lebih selesa dan cenderung untuk mempelajari bahasa Indonesia dan mengikuti program mobiliti di universiti-universiti awam dan swasta di sana.

Kesimpulan

Kajian rintis ini adalah kajian yang bersifat pencarian fakta (*fact finding*) yang cuba melihat tahap kemampuan, kemahiran, keupayaan dan kecenderungan pelajar dalam mempelajari bahasa Melayu sebagai bahasa asing di Korea, khususnya di Kampus Global, *Hankuk University of Foreign Studies*. Perbandingan yang dilakukan dengan bahasa Indonesia bukan bermaksud untuk mempertentangkan atau melaga-lagakan kedua-dua bahasa serumpun yang berjiran ini, jauh sekali untuk mencemburui atau berasa iri hati dengan pencapaian yang dicapai oleh bahasa berkenaan. Perbandingan ini dibuat kerana kedua-dua bahasa tersebut merupakan bahasa teras yang telah diajar dan didedahkan kepada pelajar dalam satu program pengajian yang sama. Penulis percaya sewaktu JPPBMI ditubuhkan, matlamat jabatan adalah supaya para graduannya berketerampilan dalam kedua-dua bahasa atau sekurang-kurangnya sebilangan pelajar berketerampilan dalam bahasa Melayu dan sebahagian lagi dalam bahasa Indonesia. Namun, berdasarkan kajian rintis yang dilakukan ternyata matlamat ini tidak dapat dicapai.

Ekoran daripada itu, satu persoalan penting yang timbul adalah adakah bahasa Melayu masih relevan untuk terus ditawarkan dalam program pengajian di JPPBMI? Berdasarkan maklumat kajian rintis ini didapati bahasa Melayu tidak mempunyai masa depan yang cerah kerana hampir semua pelajar tidak menaruh minat yang tinggi kepadanya dan memilih negara Malaysia sebagai destinasi untuk menjalani program mobiliti bagi mempertingkatkan penguasaan bahasa mereka. Mereka hanya mengikuti kursus bahasa Melayu yang ditawarkan itu dalam keadaan 'terpaksa' disebabkan kursus tersebut adalah sebahagian daripada mata kuliah yang perlu diselesaikan dalam program pengajian mereka.

Sebaliknya, jika kita berpegang pada faktor sejarah penubuhannya dan merasakan bahasa Melayu itu ada nilai sentimental dan mempunyai keunikannya yang tersendiri, maka pihak yang berkepentingan seperti HUFS, JPPBMI dan pihak kerajaan Malaysia seperti Kementerian Pengajian Tinggi dan Dewan Bahasa dan Pustaka perlu melaksanakan pelbagai langkah yang strategik dan berkesan untuk menarik lebih ramai pelajar Korea meminati bahasa Melayu dan berkunjung ke Malaysia untuk melanjutkan pelajaran. Dalam konteks menyebarluaskan dan mengantarabangsakan pengajian bahasa Melayu, penulis beranggapan pihak Malaysia seharusnya mencontohi dan meneladani Indonesia dalam banyak perkara. Kejayaan Indonesia menyebarluaskan pengajian bahasa nasionalnya di persadaantara bangsa sangat memberangsangkan. Sebagai bahasa serumpun yang unggul di

Alam Melayu, bahasa Melayu dan bahasa Indonesia perlu bergerak seiring dan bersama-sama melangkah maju ke hadapan dan bukannya untuk bersaing dan berlawan antara satu sama lain dalam meneruskan kelangsungannya di masa depan.

Lampiran 1

Penawaran kursus Ijazah Sarjana Muda PPBMI (HUFS 2009)

Tahun Pertama

1. Elementary Multimedia Malay-Indonesian (1) – 2 jam kredit
2. Elementary Multimedia Malay-Indonesian (2) – 2 jam kredit
3. Reading & Writing in Elementary Malay-Indonesian (1) – 3 jam kredit
4. Reading & Writing in Elementary Malay-Indonesian (2) – 3 jam kredit
5. Understanding Malay-Indonesian (1) – 2 jam kredit
6. Understanding Malay-Indonesian (2) – 2 jam kredit
7. Listening & Speaking in Elementary Malay-Indonesian (1) – 3 jam kredit
8. Listening & Speaking in Elementary Malay-Indonesian (2) – 3 jam kredit
9. Elementary Malay-Indonesian Text Exercise (1) – 2 jam kredit
10. Elementary Malay-Indonesian Text Exercise (2) – 2 jam kredit

Tahun Kedua

11. Understanding Modern Malay-Indonesian Literature – 2 jam kredit
12. An Introduction to Malay-Indonesian Cultural History – 2 jam kredit
13. An Introduction to Malay-Indonesian Linguistics (1) – 2 jam kredit
14. An Introduction to Malay-Indonesian Linguistics (2) – 2 jam kredit
15. Intermediate Malay-Indonesian Reading and Writing Course (1) – 2 jam kredit
16. Intermediate Malay-Indonesian Reading and Writing Course (2) – 2 jam kredit
17. Intermediate Malay-Indonesian Listening and Speaking Course (1) – 2 jam kredit
18. Intermediate Malay-Indonesian Listening and Speaking Course (2) – 2 jam kredit
19. Intermediate Multimedia Malay-Indonesian (1) – 2 jam kredit
20. Intermediate Multimedia Malay-Indonesian (2) – 2 jam kredit
21. Malay-Indonesian Literary Classics – 2 jam kredit
22. Malay-Indonesian Public Speech – 2 jam kredit

Tahun Ketiga

23. Advanced Malay-Indonesian Conversation & Composition (1) – 2 jam kredit
24. Advanced Malay-Indonesian Conversation & Composition (2) – 2 jam kredit
25. Malay-Indonesian Technical Translation (1) – 2 jam kredit

26. Malay-Indonesian Technical Translation (2) – 2 jam kredit
27. Comparative Linguistics of Malay-Indonesian Languages – 2 jam kredit
28. Comparative Malay and Indonesian Literature – 2 jam kredit
29. Business Malay-Indonesian – 2 jam kredit
30. FLEX Malaysian-Indonesian – 2 jam kredit
31. Basic Malay-Indonesian Interpretation – 2 jam kredit
32. Modern Malay-Indonesian Literature Translation – 2 jam kredit
33. The Language and Culture of Malay World – 2 jam kredit

Tahun Keempat

34. Advanced Malay-Indonesian Media – 2 jam kredit
35. Malay-Indonesian in International Society – 2 jam kredit
36. Translation of Malay-Indonesian Cultural Texts (1) – 2 jam kredit
37. Translation of Malay-Indonesian Cultural Texts (2) – 2 jam kredit
38. Discussion of Current Political Issues in Malay-Indonesian (1) – 2 jam kredit
39. Discussion of Current Political Issues in Malay-Indonesian (2) – 2 jam kredit
40. Practice of Interpretation and Translation Skills (1) – 2 jam kredit
41. Practice of Interpretation and Translation Skills (2) – 2 jam kredit
42. International Trade in Malay-Indonesian Language – 2 jam kredit
43. Malay-Indonesian Presentation – 2 jam kredit

Rujukan

- Ahn Young-Ho. 1955. *Kamus Bahasa Indonesia-Korea.* Seoul: HUFS Press Center.
- Ahn Young-Ho. 1996. *Kamus Bahasa Indonesia-Korea,Korea-Indon*esia. Gyeonggi-do: Samjisa.
- Ahn Young-Ho. 2011. *Alasan Bahasa Indonesia.* Gyeonggi-do: Samjisa.
- Asmah Haji Omar. 1985. *Susur Galur Bahasa Melayu.* Kuala Lumpur: Dewan Bahasa dan Pustaka.
- Beijing Foreign Studies University. http://www.bfsu.edu.cn/en.
- Chun Tai-Hyun. 2004. *Pembicaraan Bahasa Indonesia.* Seoul: HUFS Press Center.
- Chun Tai-Hyun. 2008. *Kamus Praktikal Bahasa Melayu Indonesia-Korea.* Seoul: HUFS Press Center.
- Choi Shin-Young. 2011. *Dari Murut Jentik! Bahasa Indonesia.* Seoul: MoonYerim.
- Go Young-Hoon. 2006. *Bahasa Malay-Indonesia Langkah Permulaan.* Seoul: HUFS Press Center.
- Ha Ho-Seong. 2007. *Kamus Bahasa Korea-Ind*onesia. Seoul: Sejinbook.
- Hankuk University of Foreign Studies. 2009. *General Bulletin 2009-2010.* Seoul: University Press.
- Hankuk University of Foreign Studies. 2010a. *Come to HUFS Meet the World 1954-2009.* Seoul: University Press.
- Hankuk University of Foreign Studies. 2010b. *Global Leaders Educated at Hankuk University of Foreign Studies.* Seoul: University Press.
- Hankuk University of Foreigh studies. http://builder.hufs.ac.kr/user/hufsenglish/index.html
- Han Tak-Su. 2009. *Pasukan Kebangsaan Bahasa Indonesia Langkah Permulaan.* Seoul: Bookers Bergen.
- Ismail Hussein. 1966. *Sejarah Pertumbuhan Bahasa Kebangsaan Kita.* Kuala Lumpur: Dewan Bahasa dan Pustaka.
- Jeong Yeong-Rim. 2011. *Kamus Bahasa Korea-Indonesia.* Seoul: HUFS Press Center.
- Lee Ju-Yeon. 2009. *Belajar Rajin! Bahasa Indonesia Langkah Permulaan.* Seoul: Digis.

- Mun Byeong-Sik. 1985. *Kamus Bahasa Korea-Indonesia*. Seoul: Bookmun.
- Nor Hashimah Jalaluddin dan Junaini Kasdan. 2007. Telus, konflik dan legap istilah MABBIM: Satu kajian morfosemantik. *Jurnal Bahasa*. 7(1):89-120.
- Norsimah Mat Awal, Hafriza Burhanudeen, Nor Zakiah Abdul Hamid, Mohd Azlan Mis. 2006. Memperkasakan pelajar pasca-siswazah Indonesia dalam penulisan akademik bahasa Melayu. *GEMA Online Journal of Language Studies*. 6(1):1-10.
- Tokyo University of Foreign Studies. http://www.tufs.ac.jp/english/
- Zaharani Ahmad. 2011. Pengajian Melayu di Korea Selatan: Perkembangan dan pencapaiannya. Dlm. Zaharani Ahmad dan Yang Seung Yoon (ed.). *50 Tahun Hubungan Malaysia Korea Selatan*. Seoul: HUFS Press.

BAB 3

Jalinan Hubungan Kebahasaan Malaysia-Korea Selatan:
Perspektif Masa Kini dan Prospek Masa Hadapan

Raja Masittah Raja Ariffin
Siti Saniah Abu Bakar

Pengenalan

Jalinan hubungan antara Alam Melayu dan Korea telah wujud sejak abad ke-7 Masihi hingga abad ke-9 Masihi, iaitu pada zaman pemerintahan Kerajaan Silla. Zaman kegemilangan Kerajaan Silla telah menghasilkan penyatuan Semenanjung Korea pada tahun 668 Masihi. Melalui beberapa catatan tokoh-tokoh China, antaranya ialah I-Tsing, merupakan satu cara untuk meninjau kemungkinan wujudnya perhubungan Silla-Melayu pada zaman Kerajaan Sriwijaya –Silla (lihat Chun Tai-Hyun 2003:256, 258). Dengan berdasarkan catatan-catatan tersebut juga menunjukkan bahawa sudah ada jalan lazim yang disebut 'Jalan Rempah' sebagai jalur perdagangan antarabangsa yang menghubungkan kawasan Timur dan Barat, iaitu Teluk Parsi-Lautan Hindi-India Sri Lanka-Teluk Melaka-Vietnam-Lautan China. Sehubungan dengan itu, kegiatan kebahasaan juga telah lama wujud di Korea Selatan apabila tertubuhnya Jabatan Bahasa Melayu Indonesia (JBMI) pada tahun 1964 (Chun Tai-Hyun 2003:225) dan sejarah penubuhan JBMI ini telah dijelaskan dengan tuntas oleh Zaharani (2011:216-217).

Hubungan Malaysia-Korea Selatan bermula pada tahun 1980-an apabila Malaysia menekankan 'Dasar Pandang ke Timur', khususnya pada 8 Februari 1982, yang melibatkan Korea Selatan dan Jepun terutamanya aspek ekonomi. Jalinan hubungan ini adalah untuk menjadikan negara-negara tersebut sebagai contoh terbaik dari aspek nilai dan etika kerja yang positif dalam konteks pembangunan negara Malaysia. Walaupun Malaysia dianggap sebagai peneraju negara-negara yang sedang membangun di rantau ini, namun hubungan erat yang terjalin antara Malaysia dan Korea Selatan bukan sahaja dari aspek ekonomi, politik dan sosial, tetapi juga aspek kebahasaan, iaitu hal dan sebagainya tentang bahasa atau yang berkaitan dengan bahasa (*Kamus Dewan* 2007:107). Sebuah Majlis khas, iaitu Majlis Antarabangsa Bahasa Melayu (MABM)[1] yang ditubuhkan pada tahun 1997 adalah untuk menyelaraskan kegiatan-kegiatan kebahasaan yang menjurus kepada matlamat pengembangan bahasa Melayu di peringkat antarabangsa.

Permasalahan dan Objektif Kajian

"Wawasan 2020" merupakan satu gagasan hebat yang pernah dikemukakan oleh Tun Mahathir Mohamad (mantan Perdana Menteri Malaysia) dalam satu Majlis Perdagangan Malaysia dengan judul "Malaysia Melangkah ke Hadapan" pada 28 Februari 1991. Gagasan ini adalah untuk menjadikan Malaysia

1 Terdiri daripada Indonesia, Singapura, Brunei Darussalam, Perancis, Inggeris, Rusia, Jerman, Amerika Syarikat, India, Kemboja, Thailand, Australia, New Zealand, China dan Korea Selatan.

sebagai sebuah negara yang berjaya dan maju serta sebagai sebuah negara industri yang berasaskan sains dan teknologi. Dari perspektif bahasa dalam pembangunan industri di Malaysia, pelbagai langkah telah diusahakan dalam usaha mencapai Wawasan 2020 yang membawa negara maju ke arah negara perindustrian. Antaranya termasuklah penerokaan bidang-bidang baharu, pelbagai insentif daripada kerajaan dan pelbagai jenis galakan disediakan (Nik Safiah Karim 1994:6). Selama tempoh jalinan hubungan Alam Melayu-Korea sejak pertengahan abad ke-7 itu sehingga kini, terutamanya jalinan hubungan antara Malaysia-Korea Selatan dalam aspek kebahasaan, apakah bentuk dan aspek kegiatan kebahasaan yang telah diusahakan antara kedua-dua negara dan apakah ada potensinya pada masa hadapan demi faedah kedua-dua buah negara?

Untuk menjawab persoalan-persoalan di atas, kajian ini mengemukakan dua objektif utama. Pertama, adalah untuk meneliti aspek-aspek kebahasaan yang telah diusahakan oleh kedua-dua buah negara, iaitu Malaysia dan Korea Selatan; dan kedua, dengan berdasarkan kegiatan-kegiatan kebahasaan yang telah dilakukan, kajian ini cuba meninjau masih adakah potensi atau prospek bidang ini pada masa hadapan untuk faedah dan kebaikan bersama.

Metodologi

Kajian ini dibuat berdasarkan kajian kepustakaan dengan rujukan kepada bahan-bahan yang terdapat dalam internet, bahan-bahan dalam bentuk buku, makalah di dalam jurnal, dan laporan kajian lepas yang pernah dilakukan oleh penyelidik lain. Kajian kami juga menggunakan kaedah temu bual santai dengan penyusun kamus khususnya dari DBP, guru, pensyarah dan pegawai kerajaan yang pernah berkhidmat di Korea Selatan, yang difikirkan dapat memberikan data linguistik yang berkaitan dengan aspek-aspek yang dikaji. Data mentah yang diperoleh melalui temu bual, lebih dahulu ditranskripsikan dan kemudian dianalisis menurut pendekatan kualitatif.

Dapatan Kajian

Aspek-Aspek Kebahasaan - Perspektif Masa Kini dan Masa Hadapan

Perkamusan/Leksikografi

Seperti yang dinyatakan sebelum ini bahawa bahasa Indonesia telah lama berkembang di Korea Selatan yang diusahakan oleh beberapa orang tenaga pengajar dan ahli leksikografi Indonesia dan hasil penelitian kebahasaan dari aspek kesarjanaan ini terbitnya dua buah kamus dwibahasa, iaitu *Kamus Indonesia-Korea* (1988) susunan Ahn Young Ho yang diterbitkan di Seoul oleh *Hankuk University of Foreign Studies Press*, dan *Kamus Korea-Indonesia* (1998). Kedua-dua kamus ini memainkan peranan yang penting dan amat berfaedah untuk para pelajar bahasa Melayu sebagai bahasa asing di Korea Selatan. *Kamus Dwibahasa Melayu-Korea* (KDMK), diterbitkan di Korea lebih dari 20 tahun dahulu, yang memuatkan 769 kata masukan (Chun 2003). Prof. Chun telah membuat kajian dan penilaian terhadap terjemahan nama-nama haiwan dan tumbuh-tumbuhan yang terakam dalam kamus ini. Hasil kajiannya menunjukkan bahawa terdapat perbezaan fungsi kamus ekabahasa Melayu dengan kamus dwibahasa di samping beberapa masalah penterjemahan yang dihadapi dalam kerja perkamusan, dan menjelaskan usaha-

usaha para penyusun kamus dalam usaha mencari padanan atau pemerian takrif yang paling sesuai dalam perkamusan dwibahasa, terutama yang berkaitan dengan makna konteks budaya. Walaupun banyak kelemahan yang terdapat dalam KDMK, keperluan untuk melengkapkan nama-nama saintifik misalnya, amat perlu diteruskan demi aspek kesarjanaan.

Dewan Bahasa dan Pustaka (DBP) sebagai sebuah agensi kerajaan yang dipertanggungjawapkan untuk membina dan mengembangkan bahasa Melayu telah memulakan kerja-kerja penyusunan kamus bahasa Melayu bermula pada tahun 1963 (Noresah 2006), dan terhasil *Kamus Dewan* (1970), kemudian perancangan penyusunan kamus-kamus dwibahasa, selain bahasa Inggeris, DBP juga menyusun perancangan untuk menghasilkan Kamus Melayu-Korea. Hasil temu bual dengan penyusun kamus[2] di DBP, pengkaji dimaklumkan bahawa DBP sejak beberapa tahun kebelakangan mempunyai perancangan untuk menyusun kamus dwibahasa Bahasa Korea-Bahasa Melayu dan sebaliknya, tetapi disebabkan oleh faktor-faktor yang tidak dapat dielakkan, projek ini tertangguh dan kemudian digugurkan. Demi kepentingan para pelajar yang sangat berminat mempelajari bahasa Melayu khususnya variasi Malaysia, menurut pandangan Dr. Hasnah Mohamad[3], kamus seperti ini penting untuk memperluas kosa kata dalam kalangan pelajar di Korea Selatan.

Penyusunan kamus dwibahasa, antara lain adalah untuk meningkatkan penguasaan bahasa Melayu dalam kalangan pelajar asing dan sekali gus dapat mengembangkan bahasa Melayu ke peringkat antarabangsa, di samping meningkatkan penguasaan

2 Temu bual dengan Dr. Fadilah Jasmani, Ketua Bahagian Perkamusan, DBP.

3 Pensyarah di Fakulti Bahasa Moden dan Komunikasi, Universiti Putra Malaysia yang dilantik sebagai Pensyarah Tamu di HUFS, dari Mac 2011 hingga Mac 2012.

bahasa asing, dalam konteks ini bahasa Korea dalam kalangan pelajar Malaysia. Dengan kehadiran pucuk pimpinan baharu DBP sekarang ini, DBP mungkin dapat menimbangkan semula pelaksanaan projek ini sebagai usaha meningkatkan dan memartabatkan bahasa Melayu di peringkat antarabangsa, khususnya di semua institusi pengajian tinggi di Korea Selatan, yang menawarkan kursus atau jurusan bahasa Melayu. Sekiranya projek ini diteruskan, banyak pihak yang akan menerima faedahnya, baik di Malaysia mahupun di Korea Selatan. Kesempatan ini juga memberi peluang kepada para intelektual atau pakar Pengajian Melayu di Korea menyumbangkan kepakaran masing-masing untuk menjayakan projek penting ini.

Apabila kita melihat gelagat anak-anak muda kini, baik di Malaysia, apatah lagi generasi muda Korea Selatan, mereka sentiasa hidup dalam perkembangan teknologi maklumat yang serba pantas sehingga mereka dilabelkan sebagai generasi pantas (*Fast Generation*). Sesuai dengan era teknologi maklumat dan komunikasi kini, DBP sejak tahun 1997 lagi telah memperkenalkan *Quicktionary*[4] atau pena kamus yang beresolusi tinggi untuk kegunaan para pelajar, guru dan yang lain-lain. Walaupun setakat ini, antara bahasa yang termuat ialah terjemahan dari bahasa Inggeris kepada bahasa Korea, dengan penuh optimis dapat dibayangkan bahawa dengan adanya Kamus bahasa Melayu-Korea dan sebaliknya, bahasa Melayu dapat dimanfaatkan oleh khalayak yang lebih luas. Selain itu, kini sudah ada juga projek kerjasama Glosbe dengan semua penutur asli semua bahasa dalam talian untuk membangunkan dan menghasilkan kamus

---

4 Kamus ini telah dilancarkan pada tahun 1997. Antara terjemahan dua hala (dengan suara) yang termuat dalam kamus ini ialah bahasa Inggeris dengan bahasa Belanda, Perancis, Jerman, Itali, Portugis dan Sepanyol. Terjemahan satu hala, iaitu daripada bahasa Inggeris kepada bahasa ibunda, antaranya termasuklah bahasa Jepun, Cina, Korea dan lain-lain.

Glosbe, yang antaranya termasuklah ruang Bahasa Melayu-Korea. Tugas mengembangkan bahasa Melayu atau bahasa Korea, bukan sahaja tertumpu kepada para intelektual atau pakar Pengajian Melayu, malah semua pengguna bahasa natif dapat menyumbang kepada korpus bahasa dalam talian ini.

Aspek Pengajaran dan Pembelajaran Bahasa Melayu

Selain penerbitan kamus dwibahasa yang dijelaskan di atas, aspek yang berkaitan dengannya ialah aspek pengajaran dan pembelajaran bahasa Melayu dalam kalangan pelajar Korea Selatan. Seperti yang dikatakan oleh Awang Sariyan (2012), terdapat dua variasi bahasa Melayu yang dominan, iaitu variasi Malaysia dan variasi Indonesia. Melalui kajiannya terdapat fakta yang menunjukkan bahawa bahasa Melayu yang dipelajari dan diajarkan kepada penutur asing di sebahagian besar pusat pengajian di negara asing ialah bahasa Melayu variasi Indonesia yang dikenal sebagai bahasa Indonesia. Demikian juga dengan nama jurusan pengajiannya lebih dikenal sebagai pengajian Indonesia. Antara luahan hati yang disuarakan oleh Prof. Dr. Koh Young-Hun (2011) dari Universiti Hankuk, Korea Selatan ketika membentangkan kertas kerjanya di Universiti Frankfurt, Jerman 30 Mac 2011 ialah kekeliruan dan ketidakpastian istilah atau variasi bahasa Melayu dan variasi bahasa Indonesia yang diajar di Korea Selatan. Mungkin melalui persidangan ini nanti akan dapat memberikan penjelasan yang lebih kukuh.

Aspek pengajaran dan pembelajaran bahasa Melayu variasi Malaysia turut disemarakkan melalui pertukaran pelajar Korea ke IPT di Malaysia dan demikian juga sebaliknya. Antaranya, termasuklah kajian yang pernah dibuat terhadap 10 orang pelajar Korea dari Universiti Woosong, Taejon, Republik Korea yang mengikuti Program Bahasa Melayu sebagai bahasa asing di

Universiti Kebangsaan Malaysia (UKM) dari 27 Mac 2000 hingga 14 Februari 2001 (Zulkifli Ahmad 2001:120). Kajian ini dapat memaparkan pengaruh bahasa ibunda pelajar Korea yang disebut sebagai Han-geul dalam sebutan kata dalam bahasa Melayu. Dapatan kajian seperti ini dapat dijadikan panduan kepada penulis buku teks dan pengajar bahasa Melayu sebagai bahasa asing dalam usaha pengajaran dan penyediaan bahan pengajaran dan pembelajaran untuk pelajar asing, khususnya pelajar dari Korea Selatan. Buku teks yang disediakan untuk pelajar Korea ini akan dapat membaiki dan meningkatkan kemahiran mendengar dan bertutur dalam kalangan pelajar Korea. Demikian juga dengan penulis buku teks akan menyediakan latihan-latihan yang yang bersifat interaktif, yang lebih menarik untuk mengatasi masalah seperti kesilapan sebutan. Disebabkan oleh selama ini para pelajar di Korea mempelajari bahasa Melayu variasi Indonesia, maka dari segi sebutan perkataan, banyak mirip sebutan orang Indonesia, berbanding dengan sebutan penutur bahasa Melayu di Malaysia, baik dalam ujaran lisan mahupun tulisan. Antara contohnya adalah seperti yang berikut:

Sebutan variasi bahasa Indonesia	Sebutan variasi Bahasa Melayu di Malaysia
ijin	izin
Pebruari	Februari
jaman	zaman
komplek	kompleks
paskasarjana	pascasarjana

Atas alasan tersebut menyebabkan pihak universiti, bukan sahaja di Republik Rakyat China, malah di Korea Selatan memerlukan pengajaran dan pengajian dalam bahasa Melayu variasi Malaysia. Keperluan seperti ini menyebabkan tenaga pengajar bahasa

Melayu dari Malaysia dimohon berkhidmat di Korea, sebagai contoh di Universiti Hankuk, Korea Selatan. Atas kesedaran pentingnya kerjasama Malaysia-Korea Selatan dalam bidang pendidikan yang melibatkan pengajaran dan pengajian, pemimpin kedua-dua buah negara telah merestui penubuhan Kursi Pengajian Melayu, yang kini disandang oleh Prof. Dr. Zaharani Ahmad dari UKM bermula pada tahun 2010. Keberadaan beliau di sini telah menampakkan hasil yang baik, iaitu penerbitan buku sebagai melunaskan tanggungjawab dan melestarikan perancangan pengajaran dan mengembangkan ilmu pengajian Melayu di Korea Selatan, di samping mengadakan kegiatan kebahasaan seperti seminar dan persidangan antarabangsa dengan menemukan para sarjana dan penyelidik dari Malaysia, Indonesia, Korea Selatan mahupun dari negara-negara lain bagi membincangkan pelbagai aspek kebahasaan untuk dikongsi bersama.

Dalam situasi hari ini, apabila pendidikan bahasa Inggeris menjadi salah satu tarikan Korea terhadap Malaysia, terutamanya bagi mereka yang datang bekerja di syarikat pemotoran Hyundai, restoran dan sebagainya (lihat Lim Pay Loo (2011:194-197), telah menyusutkan minat pelajar Korea untuk mempelajari bahasa Melayu variasi Malaysia. Kebimbangan penyusutan jumlah pelajar Korea ini juga pernah disuarakan oleh Prof. Chung Young-Rhim (petikan daripada Wan Mohd Saophy 2007:12) berbanding dengan suatu masa dahulu, yang memberi peluang kepada pelajar yang memiliki pengetahuan dan kemahiran bahasa Melayu sebagai bahasa kedua akan lebih mudah mendapat pekerjaan di syarikat Korea di Malaysia. Walau bagaimanapun, kita tetap positif dan optimis bahawa bahasa Melayu tetap diperlukan di Malaysia, terutama apabila Dewan Bahasa dan Pustaka kini telah diberikan kuasa untuk mengaudit bahasa Melayu di sektor awam sebagai langkah lanjut untuk memartabatkan bahasa Melayu. Peranan DBP kini semakin besar dan mencabar dalam menjamin kedudukan dan masa depan bahasa kebangsaan negara. Pihak swasta juga turut terlibat dalam usaha menyemarakkan penggunaan bahasa kebangsaan, iaitu bahasa Melayu. Dalam hal ini penggunaan bahasa Melayu amat penting dalam risalah penerangan bagi barangan yang dieksport ke Malaysia. Keperluan risalah penerangan dalam bahasa Melayu penting untuk pembeli daripada masyarakat Melayu khususnya kerana ada yang tidak memahami bahasa Inggeris atau bahasa Korea. Oleh sebab itu, dengan permintaan dan keperluan seperti itu dapat menarik minat pengeluar produk tersebut melatih pekerja atau karyawannya mempelajari bahasa Melayu di sesebuah industri. Tenaga pengajar untuk tujuan ini amat diperlukan. Syarikat-syarikat besar seperti Samsung melatih para pekerjanya mempelajari bahasa Melayu variasi Malaysia di Korea Selatan. Dengan perkataan lain, bahasa Melayu penting dipelajari dan dikuasai kerana mempunyai peranan dan nilai ekonomi dalam sektor awam mahupun swasta kini dan masa hadapan.

Melalui temu bual secara santai dengan guru yang mengajar di institusi pengajian tinggi swasta (IPTS), didapati pelajar Korea yang mempelajari bahasa Inggeris di IPTS di Malaysia, berusaha mempelajari bahasa Melayu kerana mereka memikirkan kemanfaatannya bukan sahaja semasa berada di Malaysia tetapi juga faedahnya pada masa hadapan. Di samping itu terdapat juga para isteri ekspatriat yang menunjukkan minat mempelajari bahasa Melayu untuk tujuan berkomunikasi dengan warga tempatan dalam situasi yang tertentu. Walaupun bahasa Melayu kurang meluas penggunaannya berbanding dengan bahasa Inggeris, yang memang sudah terkenal sebagai bahasa antarabangsa, tetapi dalam situasi-situasi tertentu, bahasa Melayu mempunyai nilai ekonomi dan masih relevan dengan kemajuan hari ini.

Aspek Penyelidikan dan Penerbitan

Selain penerbitan kamus, panduan pengajaran dan pembelajaran, dan sebagainya, penyelidikan dan penerbitan buku, sama ada karya asli yang berdasarkan penyelidikan mahupun karya terjemahan amat penting dalam usaha meningkatkan hubungan kebahasaan antara Malaysia dan Korea Selatan. Salah seorang sarjana Tulisan Jawi dari Korea yang juga seorang penyelidik telah berjaya menghasilkan dan menerbitkan sebuah buku dalam tulisan Jawi tentang tulisan Jawi dalam masyarakat Melayu (1990), iaitu Prof. Gang Geong-Seouk[5]. Dengan memperbanyak penerbitan judul buku untuk bacaan umum melalui projek bersama antara Malaysia dan Korea Selatan, akan dapat menambahkan jumlah penerbitan buku asli dan terjemahan untuk kelangsungan hubungan kebahasaan kedua-dua buah negara kini dan masa hadapan.

Aspek Terjemahan

Seperti yang dijelaskan sebelum ini, hasil penyelidikan ilmiah atau separa ilmiah yang kemudian diterbitkan, merupakan usaha bukan sahaja menggerakkan dan menyemarakkan bahasa Melayu, tetapi juga menambahkan jumlah kepustakaan pengajian Melayu. Antara kegiatan kebahasaan yang dimaksudkan ialah kegiatan terjemahan.

Bahasa, sastera dan budaya, sifatnya saling melengkapi. Karya-karya terjemahan pelbagai genre yang berfokus kepada ketiga-tiga unsur ini dapat mewujudkan dan memberikan gambaran

5 Bermula dengan peranannya sebagai profesor dan Ketua Jabatan Pengajian Melayu/Indonesia di Pengajian Bahasa Asing di Universiti Pusan, Korea Selatan, telah menjalankan penyelidikan tentang tulisan Jawi yang dipelopori W. J. Shellabear, melalui pendeta Za`ba. Hasil penyelidikan ini telah dibentangkan di Persidangan Antarabangsa Tamadun Melayu I (1986), dan Persidangan Antarabangsa Tamadun Melayu II (1989).

persamaan, perbezaan dan persefahaman bersama. Kini sudah ada novel-novel dalam bahasa Korea yang telah diterjemahkan ke dalam bahasa Melayu, dan sebaliknya, seperti *Ku Dakap hatinya di bawah langit Seoul* dan *Cinta ditepi Geumho, Cerita-Cerita Rakyat Korea*[6] dan *68 Soneta Pohon Ginkgo*[7] (bahasa Korea). Demikian juga dengan novel yang berjudul *Nyawa di Hujung Pedang*[8], karya Ahmad Murad Nasaruddin, yang diterbitkan semula pada tahun 2011 dalam dwibahasa, iaitu bahasa Melayu dan bahasa Korea. Kegiatan terjemahan sentiasa dirancang untuk menyebarluaskan bahasa dan sastera Melayu ke Korea Selatan. Sebelum ini banyak puisi Malaysia dan sastera Korea yang diterjemahkan dalam bahasa Melayu dan juga bahasa Korea oleh Prof. Dr. Chung Young-Rhim. Sebagai contoh, ITNM dengan kerjasama Persatuan Penulis Nasional (Pena) merancang dan menyusun atur pelancaran rasmi antologi terjemahan puisi-puisi Malaysia ke bahasa Korea, yang disebut "Puisi Malaysia Menyusuri Pantai ke Korea Selatan" (http://bahazain.blogspot.com). Perancangan dan kegiatan ini sesuai dengan kenyataan yang dibuat oleh Prof. Kang (http://itnm.com.my), iaitu "Di Korea, kami terjemah banyak buku ke bahasa dan tulisan Korea kerana kami mahu rakyat kami lebih menguasai bahasa dan tulisan Korea berbanding dengan bahasa-bahasa lain. Bagi kami (orang Korea) bahasa dan tulisan Korea adalah jati diri rakyat kami." Kerjasama kedua-dua buah negara pada masa

6 Buku ini diterbitkan oleh Insitut Terjemahan dan Buku Malaysia (ITBM) 2009. Cerita-cerita tentang masyarakat tradisional Korea sebagai panduan untuk menyampaikan ajaran dan garis panduan kepada anak-anak tentang hidup berbudi mulia dan berbudi pekerti.

7 Karya Sasterawan Negara, A. Samad Said, diterbitkan di Kuala Lumpur oleh ITBM, 2010.

8 Tajuk asal buku ini telah diterbitkan oleh Dewan Bahasa dan Pustaka, dan kemudian telah diterjemahkan dalam dwibahasa, iaitu Melayu-Korea, dan diterbitkan semula oleh Institut terjemahan Negara Malaysia (ITNM) pada tahun 2011.

hadapan harus diberikan perhatian dan kerajaan akan memberikan sokongan kepada ITNM bagi memperkaya kepustakaan berbahasa Melayu sebagai wahana pemikiran bangsa Malaysia, di samping mengantarabangsakan karya kebangsaan secara berterusan aktiviti penterjemahan supaya setanding dengan kajian yang diiktiraf dunia (http://itnm.com.my). Melalui aktiviti terjemahan yang diusahakan dahulu dan kini, akan dapat menjalin hubungan kebahasaan yang berterusan pada masa hadapan untuk kebaikan bersama.

Pidato Antarabangsa Bahasa Melayu

Selain kegiatan kebahasaan dan intelektual seperti simposium, forum, ceramah, diskusi dan wacana bahasa, sastera dan budaya, usaha menyerlahkan para pelajar seluruh dunia yang mempelajari bahasa Melayu dibuat melalui pertandingan Pidato Antarabangsa Bahasa Melayu. Melalui pidato ini, kebolehan dan keterampilan pelajar asing dapat mempamerkan kefasihan mereka berbahasa Melayu. Usaha baik ini harus dilestarikan demi meningkatkan dan memartabatkan bahasa Melayu di persada antarabangsa di samping menerapkan konsep kenali Malaysia. Seperti ujaran Perdana Menteri Malaysia, Dato' Seri Mohd. Najib Tun Razak, "Kerajaan akan memastikan dasar-dasar yang digubal sentiasa menyokong ke arah usaha memartabatkan, mengembangkan dan memperkasakan bahasa Melayu." (http://agendadaily,com/nasional/kerajaan). Minat dan kesungguhan mereka mempelajari bahasa Melayu akan menyerlahkan diri individu di peringkat antarabangsa melalui pelibatan mereka dengan Pertandingan Pidato Bahasa Melayu Antarabangsa Piala Perdana Menteri Malaysia (PABM) yang diadakan secara tahunan[9].

Penggunaan Bahasa Melayu dalam Industri Hiburan

Dua dekad yang lalu, kita mengenali orang Korea melalui sukan, tetapi kini industri dunia hiburan seperti K-Pop dan drama-drama Korea amat diminati oleh semua peminat dan penontonnya di seluruh dunia, dan tidak terkecuali remaja dan orang dewasa di Malaysia. Apakah istimewanya K-Pop dan drama-drama tersebut yang menarik perhatian rakyat Malaysia? Daripada beberapa temu bual yang dibuat secara santai dengan golongan suri rumah dan warga dewasa Malaysia, mereka mengatakan bahawa terjemahan dalam bahasa Melayu yang dibuat itu menarik perhatian mereka. Ungkapan yang digunakan dan dialog-dialog dalam bahasa Melayu itu menepati selera penonton di Malaysia. Menurut mereka lagi, sekurang-kurangnya mereka dapat mengetahui cara hidup, budaya, sosial, dan adat resam orang Korea. Kedua-dua negara memainkan peranan yang penting dalam memperkenalkan dan mengembangkan bahasa dan budaya masing-masing. Gejala K-Pop yang digilai remaja, yang mempengaruhi masyarakat belia di Malaysia dalam industri muzik dan seni di Malaysia secara tuntas telah dibincangkan oleh Nor Hashimah (2011). Dalam waktu yang sama, ada manfaatnya juga jika pihak Malaysia berusaha mempopularkan lagu-lagu Melayu yang memperkenalkan bahasa, kehalusan budi dan budaya Melayu dalam kalangan pelajar khususnya dan remaja Korea umumnya, terutamanya lagu-lagu seperti 'Kurik Kundi' dan lagu-lagu yang memperlihatkan budi dan kesantunan bangsa

9 Pelajar yang mengambil bahagian terdiri daripada para pelajar IPT jurusan Bahasa Melayu di seluruh dunia. Pada tahun 2012 (Kategori Antarabangsa) sebanyak 62 orang peserta mewakili 62 buah negara dari 6 buah benua. PABM kali ke-5, sebanyak 140 buah IPT yang mewakili pengajian bahasa Melayu lebih daripada 50 buah negara, termasuklah Korea Selatan, yang diwakili oleh Kim So-Yeon (http://pabm.com.my) dan untuk Piala Timbalan Perdana Menteri 2007, tempat ketiga ialah Ah Min-Suk dari Universiti Hankuk, Korea Selatan.

Melayu, bukan sahaja yang dinyanyikan oleh Dato' Siti Nurhaliza, seorang diva yang ramai peminatnya di seluruh dunia, tetapi penyanyi-penyanyi yang lain juga.

Penggunaan Bahasa Melayu dalam Industri Pelancongan

Melalui kempen yang dibuat dalam industri pelancongan yang disebarkan melalui media cetak dan elektronik, termasuklah internet telah menarik banyak individu baik di Malaysia mahupun di Korea untuk melancong ke tempat-tempat yang signifikan dan bersejarah, baik di Malaysia mahupun di Korea.Dengan kemampuan kewangan dan pengangkutan yang ada pada hari ini, memudahkan lagi mobiliti warga kedua-dua buah negara. Kedatangan pelancong Malaysia ke Korea semakin meningkat, terutama apabila Korea dan Malaysia menandatangani pengecualian visa untuk lawatan tanpa visa selama 90 hari dari tarikh kemasukan ke negara masing-masing (Kim Yoo-Mi, 2011:297). Tidak dapat dinafikan bahawa industri pelancongan mampu menjana pendapatan yang menggalakkan, dan dalam waktu yang sama meningkatkan peluang pekerjaan dalam kalangan warga Korea Selatan. Para pelajar yang mengikuti kelas bahasa Melayu di universiti-universiti yang menawarkan kursus ini perlu diberikan peluang sebagai pemandu pelancong di negara sendiri dengan menggunakan bahasa Melayu, terutama apabila menerima pelancong dari Malaysia yang terdiri daripada orang-orang Melayu. Pengalaman ini membolehkan mereka menjana pendapatan, sama ada bekerja dalam profesion ini atau pun sebagai nasi tambah dalam menyara hidup keluarga.

Rumusan dan Cadangan

Walaupun ada aspek-aspek yang dibincangkan sebelum ini telah menyentuh prospek masa hadapan, yang berikut ini merupakan rumusan yang mungkin dapat dikongsi bersama.

1. Kerjasama kepakaran dalam kedua-dua bahasa amat penting untuk meneruskan kesarjanaan dalam aktiviti kebahasaan, khususnya bidang perkamusan. Para sarjana dari Universiti Hankuk, Korea Selatan banyak memberikan sumbangan dalam bidang kebahasaan, terutamanya perkamusan, penterjemahan dan juga kesusasteraan, seperti Prof. Chun Tai-Hyun, Kim Chin-Woo (1995) dan Ahn Young-Ho (1988), dan Chung Young-Rhim, dan Prof. Gang Geong-Seouk.
2. Warga Malaysia, selain Indonesia dan Brunei Darussalam mempunyai kuasa beli yang tinggi terhadap barangan keluaran Korea. Dalam hal ini penggunaan bahasa Melayu amat penting dalam risalah penerangan bagi barangan yang dieksport ke Malaysia. Permintaan dan keperluan seperti itu dapat menarik minat pengeluar produk tersebut melatih pekerja atau karyawannya mempelajari bahasa Melayu di sesebuah industri.
3. Potensi dan prospek bahasa Melayu dalam kalangan warga Korea Selatan masih ada. Apa yang telah ada pada masa sekarang ini harus dilestarikan supaya usaha sama bidang kebahasaan misalnya penganjuran program pertukaran pelajar antara negara harus digalakkan, dan melaksanakan konsep keluarga angkat supaya mereka dapat mengenali budaya Malaysia dengan lebih dekat berdasarkan situasi sebenar. Dengan cara ini mereka sebagai duta kecil negaranya dengan lebih mudah mempelajari dan menghayati

bahasa Melayu. Dalam situasi ini mereka dapat mengenali dan mempelajari nama-nama makanan Malaysia, pakaian kebangsaan dan cara berfikir anggota masyarakat kedua-dua buah negara ini.

4. Kini telah ada pertukaran tenaga pengajar antara universiti-unversiti di Malaysia-Korea Selatan, sebagai contohya ialah antara UPM-HUFS. Program seperti ini dapat menyebarluaskan pengajaran dan pembelajaran bahasa dan budaya Melayu dalam kalangan pelajar di universiti tersebut. Keberadaan penutur natif bahasa Melayu sebagai pensyarah atau tenaga pengajar di Korea amat penting dan bermanfaat kepada para pelajar di universiti ini. Melalui penutur asli bahasa Melayu, gaya bahasa, sebutan dan permasalahan bahasa dan budaya Melayu dapat dijelaskan secara langung, tepat dan berkesan. Di samping itu, persatuan-persatuan yang terlibat dengan program bahasa dan Linguistik serta DBP memainkan peranan penting dalam memperkenalkan program atau kursus bahasa Melayu secara meluas.
5. Walaupun bahasa Inggeris menguasai penggunaan bahasa di dunia, tetapi kita masih positif dan optimis bahawa bahasa Melayu mempunyai prospek masa depan yang cerah, khususnya di Malaysia. Tenaga akademik dan penyelidik perlu menggiatkan lagi kajian dan penyelidikan dalam pelbagai bidang dalam bidang seni kecantikan, perubatan yang dapat diguna sama antara kedua-dua negara dengan penghasilan buku dalam dwibahasa.

Kesimpulan

Jalinan hubungan kebahasaan Malaysia-Korea Selatan telah

berlangsung dekad demi dekad melalui pelbagai aktiviti keintelektualan. Walaupun hubungan kebahasaan ini menghadapi cabaran bahasa-bahasa lain, terutama bahasa Inggeris, tetapi bahasa Melayu masih tetap relevan dan mempunyai potensi masa hadapan kerana bahasa Melayu memainkan peranan yang penting dalam proses pembangunan negara, iaitu bahasa kebangsaan sebagai bahasa penyatuan, bahasa kebangsaan sebagai bahasa saluran ilmu, dan sebagai jentera pembangunan negara. Pelaksanaan dan kejayaan aspek-aspek kebahasaan yang telah dibincangkan di dalam kertas kerja ini harus dibanggakan dan dihargai kerana usaha dan kegiatan kebahasaan tersebut dapat menyokong perkembangan pengajian Melayu di Korea, khususnya pendidikan bahasa Melayu di Korea pada masa hadapan.

Pentingnya kerjasama Malaysia-Korea Selatan dalam bidang pendidikan yang melibatkan pengajaran dan pengajaran, dan juga penubuhan Kursi Pengajian Melayu yang selama ini kosong, dan bermula pada tahun 2010, Kursi ini telah diisi oleh Prof. Dr. Zaharani Ahmad dari UKM untuk melestarikan hubungan kebahasaan yang telah terjalin sekian lama. Dengan terlaksananya pelbagai program kebahasaan yang meliputi pengajaran dan pembelajaran bahasa Melayu, penyelidikan dan penerbitan buku karya asli dan terjemahan, aspek perkamusan dan leksikografi, dan penekanan terhadap penggunaan bahasa Melayu dalam sektor awam dan swasta di Malaysia merupakan usaha untuk menjadikan bahasa Melayu penting di pentas dunia yang lebih global sifatnya demi kepentingan masa hadapan bersama, Malaysia- Korea.

Rujukan

- Asmah Haji Omar. 1985. *Susur Galur Bahasa Melayu dalam Gelombang Tamadun.* Kuala Lumpur: Dewan Bahasa dan Pustaka.
- Awang Sariyan. 2012. Strategi pengajaran bahasa kepada pelajar asing: isu varian Malaysia dan varian Indonrsia. Klik Web DBP 8 April.
- Aziz Deraman. 2001. *Masyarakat dan Kebudayaan Malaysia. Edisi Baharu.* Kuala Lumpur: Dewan Bahasa dan Pustaka.
- Chun Tai-Hyun. 2008. Penterjemahan nama haiwan dan tumbuh- tumbuhan dalam perkamusan dwibahasa Melayu-Korea. Dlm. Abdullah Hassan. et. al. (ed.) *Membina Kepustakaan dalam Bahasa Melayu.* Kuala Lumpur: Institut Terjemahan Negara Malaysia Berhad & PTS Publication & Distributors.
- Chun Tai-Hyun. 2003. Hubungan Korea-Arab-Alam Melayu dalam zaman kerajaan Silla. *Jurnal Peradaban Melayu.* Tanjong Maim: Institut Peradaban Melayu, Universiti Pendidikan Sultan Idris.
- Chun Tai-Hyun. 2003. Kekuasaan maritim dunia Melayu dan kerajaan Sillah di Korea. Seminar Za`ba Mengenai Alam Melayu 1, 12-14 Ogos 2003.
- Chun Tai-Yun. 2003. Penterjemahan dan perkamusan dwibahasa: Bahasa Korea dan Bahasa Indonesia. Dlm. Abdullah Hassan. *Terjemahan dalam Bidang Pendidikan.* Tanjong Malim: Universiti Pendidikan Sultan Idris.
- Gang Geong-Seouk. 1990. *Tulisan Jawi dalam Masyarakat Melayu (Jawi).* Kuala Lumpur: Dewan Bahasa dan Pustaka.
- http://bahazain.blogspot.com (dicapai pada 26 Jun 2012)
- http://dbp.gov.my/prpm (dicapai pada 26 Jun 2012)
- http://ms.glosbe.com/ms/ko/ - Bahasa Melayu Korea Kamus talian (dicapai pada 26 Jun 2012)
- http://pabm.com.my (dicapai pada 26 Jun 2012)
- http://utusan.com.my (dicapai pada 26 Jun 2012)
- http://www.agendadaily.com (dicapai pada 26 Jun 2012)
- http://www.bernama.com (dicapai pada 26 Jun 2012)
- http://www.itnm.com.my (dicapai pada 26 Jun 2012)
- Ismail Hussein. et. al. 1989. *Tamadun Melayu. Jilid Dua.* Kuala Lumpur: Dewan Bahasa dan Pustaka.

- *Kamus Dewan* Edisi Keempat. 2007. Kuala Lumpur: Dewan Bahasa dan Pustaka.
- Kim Yoo-Mi. 2011. Kesan Industri Pelancongan di Malaysia dan di Korea Selatan. Dlm. Yang Seung-Yoon dan Zaharani Ahmad (ed.). *50 Tahun Hubungan Malaysia-Korea Selatan.* Seoul: Hankuk University Press. hlm. 291-309.
- Koh Young-Hun alibentang. 2011. Pemantauan Pramoedya Ananta Toer: Antara dua kenyataan dan dunia impian. Kertas kerja yang dibentang di Persidangan Merantau, Goethe Universitat, Frankfurt Am Main pada 30-31 Mac.
- Lim Pay Loo. 2011. Hubungan Malaysia-Korea Selatan (Republik Korea) dalam konteks perubahan sosiobudaya. Dlm. Yang Seung-Yoon dan Zaharani Ahmad (ed.). *50 Tahun Hubungan Malaysia-Korea Selatan.* Seoul: Hankuk University Press. hlm. 185-210.
- Min Seon-Hee. 2011. Perkembangan pengajian Korea di Malaysia: Masalah dan cabaran. Dlm. Yang Seung-Yoon dan Zaharani Ahmad (ed.). *50 Tahun Hubungan Malaysia-Korea Selatan.* Seoul: Hankuk University Press. hlm. 247-265.
- Nik Safiah Karim. 1994. Potensi bahasa Melayu dalam bidang industri. Seminar Bahasa Kebangsaan dalam Pengindustrian, 15-16 November 1994.
- Noresah Baharom. 2006. Memupuk sikap megah bahasa selayang pandang aktiviti perkamusan di DBP. *Berita Harian.* 20 September.
- Pensyarah Korea khuatir tulisan Jawi dilupakan. *Berita Harian.*30 Januari 2012.
- Wan Mohd Saophy Amizul Wan Mansor. 2007. Bahasa Melayu di persada dunia pengajian bahasa Melayu di Korea. *Berita Harian.* 24 Januari, hlm. 12.
- Yang Seung-Yoon dan Zaharani Ahmad (ed.). 2011. *50 Tahun Hubungan Malaysia-Korea Selatan.* Seoul: Hankuk University Press.
- Zaharani Ahmad. 2011. Pengajian Melayu di Korea: Perkembangan dan pencapaiannya. Dlm. Yang Seung-Yoon dan Zaharani Ahmad (ed.). *50 Tahun Hubungan Malaysia-Korea Selatan.* Seoul: Hankuk University Press. hlm. 211-245.
- Zulkifli Ahmad. 2001. Sebutan kata bahasa Melayu pelajar Korea. *Jurnal Bahasa.* 1(1):119-136.

BAB 4

Pengantarabangsaan Bahasa Melayu di Korea:

Perkembangan dan Perancangan Masa Depan

Siti Khariah Mohd Zubir

Pengenalan

Abad ke-19 adalah abad kebanjiran pendatang luar ke Asia Tenggara. Pada masa ini pelbagai bangsa terutama dari Barat datang untuk menguasai Asia Tenggara. Orang-orang Belanda menguasai sebahagian besar kepulauan Melayu yang kemudiannya dikenali sebagai Indonesia, manakala orang Inggeris mula menguasai negeri-negeri Melayu terutama di Semenanjung Tanah Melayu, Brunei, Sarawak dan Borneo Utara. Orang Perancis menguasai Indo-China, orang Portugis di Timor-Timor, sedangkan Sepanyol dan kemudian Amerika menguasai Filipina.

Bangsa-bangsa Barat ini bukan sahaja menguasai perdagangan, tetapi juga politik. Bahkan negara-negara yang telah mereka kuasai itu telah ditakluki terus dijadikan tanah jajahan mereka. Bagi meneguhkan penguasaan mereka, pihak penjajah telah mengkaji bahasa dan budaya peribumi, sehingga dengan itu timbul pusat-pusat pengajian tentang bahasa, sastera dan budaya pribumi terutama Melayu di universiti-universiti di Barat.

Contohnya, di negara Belanda dan Inggeris. Amat Juhari Moain (1990) menjelaskan bahawa manuskrip-manuskrip Melayu dan bahan-bahan tinggalan sejarah, budaya dan sastera Melayu telah dikumpulkan di perpustakaan-perpustakaan Barat. Pada masa yang sama, penjajah Barat memperkenalkan beberapa teknologi moden seperti alat cetak, kapal api dan lain-lain termasuk penerbitan akhbar, majalah dan jurnal serta percetakan buku-buku dan kitab-kitab. Perkataan-perkataan dari bahasa Barat seperti Inggeris dan Belanda mula meresap ke dalam bahasa Melayu sedikit demi sedikit tetapi pasti. Akibat daripada itu semua, maka pusat kegiatan penulisan Melayu mula berubah dari istana-istana raja seperti dalam zaman bahasa Melayu klasik ke dalam masyarakat umum. Dengan kata lain, kegiatan penulisan dalam bahasa Melayu sudah mula memasyarakat dan merakyat. Keadaan ini berlaku kerana alat-alat cetak yang dibawa masuk oleh orang-orang Barat telah dapat menjadikan harga satu-satu tulisan menjadi murah dan dapat dijangkau oleh rakyat yang sederhana pendapatannya. Alat komunikasi juga mula diperkenalkan sehingga memberi peluang kepada masyarakat untuk menerima maklumat dengan lebih cepat.

Pada awal abad ke-20 bahasa Melayu sudah menjadi bahasa anak jajahan yang penting di Semenanjung Tanah Melayu, Singapura, Sarawak, Brunei dan Borneo Utara. Hal yang sama berlaku juga di Indonesia. Negara Indonesia dijajah oleh Belanda, bahasa Melayu menjadi bahasa utama di kalangan peribumi. Pada tahun 1928, Kongres Pemuda seluruh Indonesia telah diadakan. Dalam kongres ini "sumpah pemuda telah diadakan dan menyatakan bahawa bahasa Melayu (yang ditukar namanya menjadi bahasa Indonesia) menjadi bahasa persatuan bagi negara dan bangsa Indonesia (baca: bahasa Melayu)". Kemudian pada tahun 1945 bahasa Indonesia menjadi bahasa negara dalam perlembagaan negara Indonesia Merdeka. Pada tahun 1957 bahasa Melayu pula menjadi salah satu antara dua bahasa rasmi negara Malaya Merdeka dan kemudian pada tahun 1967 ia menjadi bahasa rasmi yang tunggal bagi negara Malaysia. Di negara Brunei Darussalam, bahasa Melayu telah ditetapkan menjadi bahasa rasmi Brunei pada tahun 1959. Ketika Singapura dipisahkan dari Malaysia pada tahun 1965, bahasa Melayu dijadikan bahasa kebangsaan negara Singapura dan salah satu daripada empat bahasa rasmi negara berkenaan.

Zaitul Azma Zainon Hamzah (2012) menjelaskan bahawa menurut statistik *World Almanac*, penutur bahasa Melayu di dunia dianggarkan berjumlah melebihi 176 juta (termasuk penutur Indonesia). Bahasa itu merupakan bahasa ibunda bagi 200 hingga 300 juta orang penduduk dunia. Hal tersebut menjadi satu daripada faktor bahasa Melayu mudah tersebar di seluruh pelosok dunia dan diajarkan sebagai bahasa asing di beberapa buah universiti di Korea, Portugal, Jerman, Amerika Syarikat dan Great Britain. Di samping itu bahasa Melayu telah dianggap sebagai satu daripada "bahasa kerja" oleh beberapa buah negara. Hal tersebut ada kaitannya dengan perkembangan ekonomi, terutama dalam bidang penyelidikan sains dan teknologi antara Malaysia dengan beberapa buah negara seperti Korea, Jepun, Amerika Syarikat dan Jerman.

Awang Sariyan (2011) menjelaskan bahawa semangat untuk pengantarabangsaan bahasa Melayu kini sebenarnya merupakan kesinambungan suatu sejarah gemilang bahasa Melayu yang telah terbina. Upaya kita kini sebenarnya lebih merupakan salah satu upaya meningkatkan "taraf antarabangsa" yang telah dicapai oleh bahasa Melayu, untuk memenuhi keperluan perkembangan zaman. Hal ini selaras dengan kenyataan bahawa keantarabangsaan bahasa Melayu kini jika dibandingkan dengan keantarabangsaannya pada zaman gemilang tamadun Melayu sebelum datangnya penjajah masih jauh daripada yang kita dambakan. Meskipun bahasa Melayu tersebar dan dipelajari di mana-mana bahagian di dunia ini dan dengan demikian melayakkannya bertaraf antarabangsa, namun penamatnya sebagai wahana kehidupan moden dalam kalangan masyarakat antarabangsa masih agak samar. Bahasa Melayu dalam era ini belum dapat dilihat sebagai bahasa perdagangan, bahasa ekonomi, bahasa ilmu dan bahasa teknologi di peringkat antarabangsa. Pengajian bahasa Melayu kepada penutur asing mudah-mudahan dapat beransur-ansur meningkatkan peranan bahasa Melayu di peringkat antarabangsa.

Bagi mengukuhkan usaha-usaha ini, maka pelbagai kongres dan seminar tentang bahasa dan sastera Melayu telah diadakan. Sebagai contoh, di Indonesia diadakan Kongres Bahasa Indonesia yang dimulai pada tahun 1938 di Solo, kemudian diadakan Kongres Bahasa Indonesia Kedua pada tahun 1954, Kongres Ketiga pada tahun 1978, Kongres Keempat pada tahun 1983, Kongres Kelima pada tahun 1988 dan Kongres Keenam pada tahun 1993. Di Malaysia, Kongres Bahasa dan Persuratan Melayu dimulai pada tahun 1952 hingga Kongres Keenam pada 2002.

Dengan adanya kegiatan-kegiatan ini, maka bahasa Melayu terus melonjak naik kemampuannya sehingga menjadi bahasa moden yang digunakan sebagai bahasa pengantar di institusi-institusi pengajian tinggi, dalam tulisan-tulisan ilmiah dan dalam kesempatan yang lain. Penggunaan bahasa Melayu semakin meningkat lagi apabila diadakan kerjasama kebahasaaan terutama antara Malaya dengan Indonesia yang dimulai pada tahun 1959, dan kemudian diperkukuhkan lagi pada tahun 1972 apabila diwujudkan Majlis Bahasa Indonesia-Malaysia (MABIM). Pada 1985, kedudukannya semakin meningkat lagi apabila MABIM menjadi MABBIM atau Majlis Bahasa Brunei Darussalam-

Indonesia-Malaysia dan Singapura menjadi negara pemerhati yang setia. Peningkatan mutu bahasa Melayu semakin jelas terserlah apabila bahasa ini digunakan dalam pelbagai laras dan wacana dalam pengajaran pelbagai ilmu dari peringkat rendah hingga peringkat tinggi, iaitu universiti. Jurnal-jurnal pelbagai ilmu banyak diterbitkan seperti cendawan tumbuh selepas hujan di institusi-institusi di Malaysia dan juga di Indonesia.

Konsep Pengantarabangsaan

Kamus Bahasa Melayu Nusantara (2003:119) mendefinisikan pengantarabangsaan sebagai proses, perihal atau pengantarabangsaan yang melibatkan dua atau lebih negara. Bahasa Melayu memang telah mencapai taraf antarabangsa sejak lebih seribu tiga ratus tahun lalu (Collins 1999), dengan memperhitungkan Kerajaan Sriwijaya sebagai titik tolak pengantarabangsaan bahasa Melayu. Pada zaman itu bahasa Melayu telah berinteraksi dengan bahasa Sanskrit yang mewakili kebudayaan India.

Konsep pengantarabangsaan adalah sesuatu usaha dalam memartabatkan dan mendapatkan pengiktirafan dunia. Kita berbalik kepada konsep pengantarabangsaan bahasa Melayu. Kini, penggunaan bahasa Melayu bukan sekadar pada bangsanya sahaja, malah terdapat bangsa dan penduduk negara lain yang boleh menuturkan bahasa Melayu. Tambahan lagi, terdapat sekolah- sekolah dan institut pengajian tinggi yang menyediakan pengajaran mengenai subjek bahasa Melayu. Oleh itu, pengantarabangsaan bahasa Melayu yang dibuat secara sistematik, terancang dan terarah amat perlu bagi memastikan martabat bahasa Melayu yang turut melambangkan bangsanya di pandang tinggi di mata dunia.

Konsep Perkembangan

Menurut Crow dan Crow (1983) perkembangan merupakan perubahan secara 'kualitatif' serta cenderung ke arah yang lebih baik dari segi pemikiran, rohani, moral dan sosial. Perkembangan juga terhasil daripada tindakan yang saling berkait antara perkembangan jasmani dan pembelajaran. Semua perkembangan, sama ada berbentuk struktur, kemahiran satu siri tingkah laku ataupun keseluruhan sahsiah, adalah mengikut beberapa aturan semulajadi dan sifat-sifat yang sejagat. Secara ringkas, perkembangan boleh disifatkan sebagai pengaliran yang saling berkait antara perubahan kuantitatif dan perubahan kualitatif yang menuju ke arah tertentu.

Awang Sariyan (2006:22) menjelaskan bahawa perkembangan bermaksud mengembangkan hasil penyelidikan dan pendokumentasian semua aspek bahasa termasuk budaya dan tamadun Melayu dalam sisitem pendidikan, dari peringkat awal hingga pengajian tertinggi. Manakala menurut Kamus Bahasa Melayu Nusantara (2003:1271) perkembangan bermaksud perihal berkembang, pertumbuhan atau kemajuan. Perkembangan ialah satu proses atau tahap pertumbuhan ke arah yang lebih maju. Melalui pautan http://www.scrib.com/doc/53190176/maksud-perkembangan, perkembangan juga bermaksud kemunculan atau kematangan pola-pola dasar tingkah laku yang bukan hasil belajar. Perkembangan juga boleh dikatakan sebagai rentetan perubahan jasmani dan rohani manusia menuju ke arah yang lebih maju dan sempurna. Atan Long (1980) mengatakan bahawa perkembangan pada manusia ialah perubahan bersifat kualitatif. Sifat perubahan ini tidak dapat diukur, tetapi jelas berlaku jika dibandingkan dengan peringkat yang lebih awal. Secara kesimpulannya, perkembangan ialah aspek perubahan yang dialami individu yang bersifat kualitif, tidak dapat diukur tetapi jelas kelihatan berubah melalui peredaran masa. Perkembangan berlaku daripada peringkat permulaan percambahan sel sehingga akhir hayat organisma.

Konsep Perancangan

Perancangan masa kini telah dikenal pasti kepentingannya dalam pembangunan negara. Kepakarannya bukan sahaja dilihat dalam bentuk pembangunan fizikal tetapi juga pembangunan sejagat. Amalan perancangan yang sering diamalkan oleh setiap negara termasuk Malaysia sering kali diambil daripada negara Barat yang banyak memberi penekanan kepada pencapaian kebendaan yang sementara.

Menurut Kamus Bahasa Melayu Nusantara (2003:2212) perancangan didefinisikan sebagai proses, perihal atau perbuatan merancang. Menurut Abdullah Hassan (1999) pula, perancangan adalah proses penjadualan, perencanaan, pemprograman, penyusunan dan penyediaan sesuatu. Perancangan merupakan satu tatacara atau aturan bekerja untuk mendapat hasil yang dapat dinyatakan dengan jelas dan tersusun dalam satu sistem membuat keputusan yang bersepadu. Perancangan juga bermaksud berfikir tentang masa hadapan dan berusaha mengawal masa depan merupakan satu komponen penting dalam perancangan. Perancangan juga dianggap satu proses yang kompleks dan berterusan untuk perubahan sesuatu organisasi. Perancangan dilihat berdasarkan analisis sesuatu kejadian atau ramalan arah atau trend dan senario masa depan yang munasabah dan juga menganalisis data atau maklumat dalaman dan luaran.

Perancangan juga membina satu kerangka untuk mencapai kelebihan yang kompetetif melalui penganalisisan organisasi, persekitaran dalaman dan luaran serta potensinya. Perancangan perlu bagi membolehkan seseorang atau sesebuah organisasi bergerak balas terhadap trend-trend, peristiwa-peristiwa, cabaran-cabaran dan peluang-peluang yang baru timbul dalam kerangka kerja. Perancangan "membolehkan organisasi berfokus kerana ianya merupakan proses yang dinamik, aktiviti yang berterusan berasaskan analisis kendiri". Perancangan juga merupakan tulang belakang kepada pengurusan strategik. Kesimpulannya, perancangan merupakan satu proses yang berterusan yang bukan hanya terlibat dengan penyediaan pelan tetapi juga merumuskan cara-cara dan peringkat-peringkat ke arah penyelesaian masalah. Dengan kata lain perancangan adalah menentukan apa yang perlu dibuat pada satu masa oleh seseorang. Dan ini melibatkan beberapa peringkat kerja.

Bahasa Melayu di Korea

Bahasa Melayu telah menjadi bahasa *lingua franca*, iaitu bahasa perhubungan antara masyarakat, di Kepulauan Melayu dengan pedagang Eropah, Asia Barat, India dan China. Menurut Nik Safiah Karim et al. (2008), bahasa Melayu telah diterima sebagai bahasa yang mudah dibentuk dan dilentur serta sesuai dengan segala keadaan dan keperluan. Di samping itu, bahasa Melayu telah dianggap sebagai satu daripada "bahasa kerja" oleh beberapa buah negara. Hal tersebut ada kaitannya dengan perkembangan ekonomi, terutama dalam bidang perindustrian dan perkembangan dalam bidang penyelidikan sains dan teknologi antara Malaysia dengan beberapa buah negara seperti Korea, Jepun, Amerika Syarikat dan Jerman.

Bahasa Melayu bukan sahaja di pelajari di Malaysia tetapi

turut dipelajari di negara lain termasuklah Korea. Terdapat beberapa buah institusi Pengajian Tinggi di Korea Selatan yang mengajar bahasa Melayu dan ratusan mahasiswa yang mempelajari bahasa Melayu di Korea Selatan, terutamanya di dua buah cawangan *Hankuk University of Foreign Studies*, iaitu di Seoul dan di Yongin. Sehubungan dengan itu, pada tahun 2005 Kursi Pengajian Melayu ke-6 telah diluluskan oleh Kabinet Malaysia di *Hankuk University of Foreign Studies*, Korea Selatan. Kini kursi Pengajian Melayu di *Hankuk University of Foreign Studies* telah disandang oleh Profesor Dr. Zaharani Ahmad. Beliau beranggapan tugas yang disandangnya amat mencabar tetapi beliau sedia memikul beban tugas tersebut. Beliau akan membuat penyelidikan dalam semua bidang dan mengumpul sumber kajian dalam satu atau lebih bidang berkaitan pengajian Melayu. Tugas beliau termasuklah membantu mengukuhkan pemahaman dan kerjasama di antara kerajaan Malaysia dengan Republik Korea melalui penganjuran seminar, persidangan, syarahan, jemputan serta pertukaran maklumat, tenaga pengajar atau pelajar dalam kalangan IPT (sumber diambil daripada Abdul Ghani Nasir http://pkukmweb.ukm.my/news/index.php/ms/berita-kampus/512-malay).

Selain *Hankuk University of Foreign Studies*, terdapat dua buah institusi lagi yang menawarkan pengajaran bahasa Melayu, iaitu *Pusan University of Foreign Studies* dan *Sungshin College of Foreign Studies*. Menurut laporan Prof. Chung Young-Rhim (1998), antara tahun 1964 hingga 1991 lebih kurang 1150 pelajar yang major dalam bahasa dan kebudayaan Melayu telah menamatkan pengajian mereka di *Hankuk University of Foreign Studies* dan *Pusan University of Foreign Studies*. Purata setiap tahun seramai 43 orang pelajar Pengajian Melayu menyempurnakan pengajian mereka di Korea Selatan.

Ketua Jabatan Pengajian Melayu-Indonesia *Hankuk University of Foreign Studies*, Prof. Chung Young-Rhim melahirkan kebimbangannya terhadap kurangnya minat dan daya tarikan bagi pelajar Korea untuk mempelajari bahasa Melayu pada masa ini berbanding masa dahulu. Ini disebabkan pada suatu ketika dahulu pelajar Korea yang mengkhusus dalam bahasa Melayu sebagai bahasa kedua akan lebih mudah mendapat pekerjaan dengan syarikat Korea di Malaysia. Selain itu, Program Pengajian Bahasa Melayu ditawarkan di beberapa institusi pengajian tinggi di Korea. Kebanyakan pelajar yang mendaftar untuk mempelajari bahasa Melayu di *Busan University of Foreign Studies*, *Hangkuk University of Foreign Studies* dan *Youngsan University* ialah pelajar bidang pengurusan perniagaan.

Di samping itu, bahasa Melayu diterima sebagai satu bahasa asing di dunia kerana bahasa itu lebih mudah dipelajari berbanding bahasa Thai atau bahasa Vietnam. Hal ini jelas dapat dilihat pada kemuncak Pertandingan Pidato Antarabangsa Bahasa Melayu Piala Perdana Menteri baru-baru ini di PICC Putrajaya Malaysia, yang berlansung pada 29 Februari hingga 15 Mac 2012. Korea turut tidak ketinggalan menghantar wakilnya yang bernama Lee Eun-Gyeong untuk menyertai pertandingan pidato itu. Walaupun berbangsa Korea namun dia petah bertutur dalam bahasa Melayu dengan baik dan lancar sekali.

Rumusannya, bahasa Melayu bukan sahaja dipelajari di Malaysia tetapi turut di pelajari di luar negara termasuklah di Korea. Penerimaan bahasa Melayu sebagai bahasa asing di luar negara membuktikan kemampuannya setanding dengan bahasa utama dunia.

Perkembangan Bahasa Melayu di Korea

Bahasa Melayu turut berkembang di negara-negara luar seperti di Jepun, United Kingdom, Australia dan termasuklah negara Korea. Perkembangan bahasa Melayu yang merentas benua secara langsung mempunyai kaitan dengan pendidikan bahasa, khususnya dalam strategi pengajaran bahasa Melayu kepada penutur asing. Bahasa Melayu mempunyai kedudukannya yang tersendiri dalam perkembangan bahasa-bahasa utama dunia sehingga memang ada keperluan pengajarannya kepada penutur asing meskipun tidak seluas keperluan pengajaran bahasa Inggeris.

Di Korea bahasa Melayu diajarkan di *Hankuk University of Foreign Studies* di Seoul, di *Busan University of Foreign Studies* di Kota Busan dan di *Woosong University*. Dari *Busan University of Foreign Studies* inilah munculnya sarjana pengagum dan peneliti sejarah tulisan jawi, iaitu Professor Dr Kang Kyoung-Seouk. Di Universiti Pengajian Asing Beijing dan Universiti Penyiaran Beijing terdapat pelajar yang mempelajari bahasa Melayu untuk tujuan ilmiah tetapi terdapat juga pelajar yang mempelajarinya untuk mendapatkan kerja di sektor pelancongan dan penyiaran. Di samping itu, tenaga pengajarnya perlu berusaha untuk memenuhi dua keperluan yang diingini oleh para pelajar. Dalam situasi yang lain, pengajaran bahasa Melayu kepada golongan professional pula memerlukan strategi yang berlainan daripada strategi pengajaran yang digunakan kepada pelajar di institusi pengajian.

Selain *Hankuk University of Foreign Studies*, terdapat dua buah institusi lagi yang menawarkan pengajaran bahasa Melayu, iaitu *Pusan University of Foreign Studies* dan *Sungshin College of Foreign Studies*. Menurut laporan Prof. Chung Young-Rhim (1998) antara tahun 1964 hingga 1991 lebih kurang 1150 pelajar yang major dalam bidang bahasa dan kebudayaan Melayu telah menamatkan pengajian di Universiti Hankuk dan *Pusan University of Foreign Studies*. Walau bagaimanapun, Ketua Jabatan Pengajian Melayu-Indonesia Universiti Hankuk, Prof. Chung Young-Rhim tetap melahirkan kebimbangannya terhadap semakin berkurangnya minat dan daya tarikan bagi pelajar Korea untuk mempelajari bahasa Melayu pada masa ini berbanding dengan masa dahulu. Hal ini demikian kerana, pada masa dahulu pelajar Korea yang mengambil kursus bahasa Melayu sebagai bahasa kedua akan lebih mudah mendapat pekerjaan dengan syarikat Korea di Malaysia. Hal ini sudah berubah dan sejak akhir-akhir ini, pihak syarikat Korea di Malaysia menganggap bahasa Melayu sudah tidak penting lagi untuk dipelajari kerana di Malaysia sendiri bahasa yang lebih diutamakan dalam sektor swasta bukan lagi bahasa Melayu tetapi bahasa Inggeris. Namun, pusat-pusat pengajian bahasa Melayu di Korea Selatan masih terus berjalan seperti biasa. Oleh itu, usaha daripada pihak swasta dalam menarik perhatian penutur asing untuk mempelajari bahasa Melayu harus dipergiat untuk menarik minat mereka mempelajari bahasa Melayu sekali gus memekarkan perkembangan bahasa Melayu di persada dunia.

Perancangan Masa Depan Bahasa Melayu di Korea

Dewan Bahasa dan Pustaka telah mengambil langkah menubuhkan Majlis Antarabangsa Bahasa Melayu (MABM) dengan kelulusan Jemaah Menteri pada tahun 1997 dan memulakan operasinya dalam tahun 2000 dan antara bidang yang ditanganinya termasuklah pengajaran bahasa Melayu kepada penutur asing. Di samping mengutus tenaga pengajar seperti ke

Republik Rakyat Cina, Korea, Eropah, Thailand dan Sri Lanka, usaha menyusun buku dan modul pengajaran bahasa Melayu kepada penutur asing telah dimulakan. Pelbagai program telah dirancang untuk mengembangkan bahasa Melayu ke peringkat antarabangsa seperti Program Minggu Bahasa dan Persuratan Melayu.

Perancangan untuk mengukuhkan lagi perkembangan bahasa Melayu di Korea telah digiatkan dengan Program Minggu Bahasa dan Persuratan Melayu. Program tersebut telah diadakan untuk meneguhkan aspek pedagogi bahasa Melayu kepada penutur-penutur asing. Di samping itu, program ini turut mempromosikan karya-karya persuratan Melayu kepada institusi-institusi ilmiah sedunia dan telah digerakkan mengikut perancangan, misalnya pada tahun 2004 telah dilakukan di Korea Selatan. Kerjasama penyelidikan bahasa dan persuratan telah dimulakan seperti kajian etimologi dan pengantarabangsaan bahasa Melayu serta penerbitan Jurnal Melayu.

Majlis yang dikenali sebagai Majlis Antarabangsa Bahasa Melayu atau pun singkatannya MABM (*International Council for Malay*) dengan rasminya dilancarkan pada 21 Ogos 2000, serentak dengan sidangnya yang pertama yang dihadiri oleh wakil 20 buah negara anggota dari seluruh dunia. Majlis ini bermatlamat untuk menyelaraskan segala aktiviti yang menjurus kepada pembinaan dan perkembangan bahasa Melayu di peringkat antarabangsa dan menaungi jawatankuasa-jawatankuasa bahasa yang ada pada pelbagai peringkat. Majlis yang menuruti rancangan kerjanya bersidang mengikut jadual tertentu perlu mengatur dan menyelaraskan pelbagai program dan aktiviti untuk mengisi dan meyokong rancangan pembinaan dan perkembangan bahasa Melayu pada peringkat antarabangsa. Jawatankuasa khusus perlu bermesyurat sekurang-kurangnya sekali setahun untuk mengatur strategi pelaksanaan program dalam bidang kuasa masing-masing. Antara aktiviti yang perlu diselaraskan termasuklah:

1. Penubuhan dan pengukuhan pusat pengajian Melayu di institusi pengajian di luar negara atau menyelaraskan kurikulum dan skopnya.
2. Program pertukaran sarjana, pelajar, penyelidik pengajian Melayu dalam kalangan negara anggota.
3. Skim pertukaran dan pemberian bahan berbahasa Melayu atau bahan tentang tamadun Melayu dalam kalangan negara anggota.
4. Penerbitan makalah berbahasa Melayu atau penerbitan tentang tamadun Melayu.
5. Persidangan, seminar atau kolokium bahasa Melayu di peringkat antarabangsa sebagai wadah untuk menyemarakkan bahasa.
6. Program galakan pengembangan dan penggunaan bahasa seperti anugerah, hadiah, sumbangan dan sebagainya.

Keanggotaan majlis ini terbahagi kepada tiga kategori, iaitu anggota majlis, anggota pemerhati dan anggota undangan. Anggota majlis merupakan tokoh bahasa Melayu atau tokoh pengajian bahasa Melayu atau sarjana yang berwibawa dari pusat pengajian tinggi atau penyelidikan mana-mana negara yang dilantik oleh Menteri Pendidikan Malaysia.

Anggota pemerhati pula dilantik sebagai pemerhati mewakili institusi masing-masing. Anggota pemerhati tidak mempunyai hak untuk mengundi. Walau bagaimanapun, mereka boleh memberikan pandangan dalam persidangan. Anggota undangan ialah orang perseorangan atau wakil institusi yang diundang oleh majlis atau urus setia untuk hadir dalam sidang tertentu berasaskan kepakaran atau kepentingan majlis. Sekretariat tetap majlis ini ialah Dewan Bahasa dan Pustaka. Dalam sidang pertama MABM pada 21 Ogos hingga 23 Ogos 2000. 20 buah negara telah menghantar wakil yang terdiri daripada anggota majlis dan pemerhati. Negara tersebut ialah Afrika Selatan, Amerika Syarikat, Australia, Belanda, China, India, Indonesia, Jepun, Jerman, Kemboja, Korea Selatan, Malagasi, New Zealand, Rusia, Sri Lanka, Singapura, Tanzania, Thailand, dan United Kingdom, di samping Malaysia sebagai tuan rumah. Setiap wakil negara telah membentangkan laporan perkembangan pengajian Melayu atau pengajaran bahasa Melayu di negara masing-masing

Dengan usaha-usaha ini, perancangan bahasa telah lahir untuk mengantarabangsakan bahasa Melayu. Manusia telah meletakkan nilai tertentu untuk bahasa dengan merancang langkah-langkah untuk membolehkan semua penutur menggunakan bahasa Melayu dalam kehidupan mereka. Di samping itu, Dewan Bahasa dan Pustaka turut mempunyai perancangan untuk menerbitkan kamus bahasa Melayu-bahasa asing, misalnya bahasa Rusia-bahasa Melayu dan bahasa Korea-bahasa Melayu, untuk tujuan pengajaran dan pengembangan bahasa Melayu.

Kesimpulan

Semangat untuk mengantarabangsakan bahasa Melayu merupakan kesinambungan suatu sejarah gemilang bahasa Melayu yang telah terbina. Segala usaha yang dilakukan sebenarnya merupakan usaha sedaya upaya untuk meningkatkan "taraf antarabangsa" yang telah dicapai oleh bahasa Melayu untuk memenuhi keperluan perkembangan zaman. Meskipun bahasa Melayu tersebar dan dipelajari pelosok dunia dan melayakkan bahasa Melayu untuk mencapai bertaraf antarabangsa, namun peranannya sebagai wahana kehidupan moden dalam kalangan masyarakat antarabangsa masih samar. Pengajaran bahasa Melayu kepada penutur asing khususnya di Korea merupakan satu cara untuk mengembangkan bahasa Melayu kepada penutur asing.

Perancangan yang sewajarnya juga telah dilakukan oleh badan-badan tertentu untuk memastikan bahasa Melayu dapat dikembangkan di Korea. Hal ini sejajar dengan usaha untuk menarik minat warga-warga penduduk dan mahasiswa di Korea untuk mendalami bahasa Melayu dan menuturkannya dalam kehidupan seharian mereka. Justeru, perkembangan bahasa Melayu sehingga ke persada antarabangsa perlu diketengahkan supaya konsep bahasa Melayu yang unggul, iaitu bahasa Melayu yang menjadi rujukan dan asas bagi pengajaran dan pembelajaran kepada generasi muda berbangsa Melayu dan juga warga dari wilayah bukan Melayu, iaitu penutur-penutur asing yang sejak dahulu menunjukkan minat yang besar untuk mempelajari bahasa Melayu seperti penduduk-penduduk Korea.

Pada ketika ini, Kementerian Pengajian Tinggi (KPT) sedang mengkaji impak penubuhan kursi-kursi bahasa Melayu dan sejauh mana kewujudannya perlu dimantapkan agar usaha mengantarabangsakan bahasa Melayu dapat dipertingkatkan di samping melaksanakan tanggungjawab lain. Dalam konteks tempatan pula, Jabatan Bahasa Melayu dan Akademi Pengajian Melayu dalam universiti awam perlu memperhebatkan usaha mereka untuk mengantarabangsakan bahasa Melayu. Dalam hal ini, mereka tidak boleh berpuas hati dengan pencapaian sedia ada atau sekadar menumpukan usaha memartabatkan bahasa Melayu dalam konteks negara sahaja. Sebaliknya, mereka perlu mempunyai sasaran agar menjadi pusat perkembangan bahasa Melayu pada peringkat antarabangsa. Hal ini boleh dilakukan melalui pelbagai program seperti menyediakan guru bahasa untuk memenuhi keperluan pelajar asing mahupun menjayakan program mobiliti pensyarah bahasa Melayu untuk belajar di luar negara.

Rujukan

- Abdul Rahim Bakar dan Awang Sariyan (ed.). 2005. *Suara Pejuang Bahasa.* Kuala Lumpur: Persatuan Linguistik Malaysia dan Dawama.
- Abdullah Hassan (ed.). 1999. *Perancangan Bahasa di Asia Tenggara.* Kuala Lumpur: Dewan Bahasa dan Pustaka.
- Abdullah Hassan. 2007. *Teori perancangan bahasa.* Diperoleh pada Mei, 13 2012 daripada file:///C:/Users/acer/Pictures/PERANCANGAN%20BAHASA.htm.
- Abdullah Hassan. 2011. *Tesaurus Bahasa Melayu.* Selangor: PTS Professional.
- Amat Juhari Moain. 1990. *Sejarah dan Rumpun Bahasa Melayu.* Serdang: Penerbitan Universiti Putra Malaysia.
- Atan Long. 1980. *Saikologi Pendidikan.* Kuala Lumpur: Dewan Bahasa dan Pustaka.
- Awang Sariyan. 2012. Merealisasikan bahasa Melayu sebagai bahasa Dunia melalui jaringan kerjasama yang terancang dan berkesan. Diperoleh pada Mei 14, 2012 daripada http://www.slideshare.net/smklunas2011/konsep-perancangan-dan-pengurusan-strategik
- Awang Sariyan. 2009. *Mencari Makna Diri Melayu: Renungan untuk Bangsaku.* Kuala Lumpur: Persatuan Linguistik Malaysia.
- Awang Sariyan. 2011. Strategi pengajaran bahasa kepada pelajar asing. Diperoleh pada Mei 12, 2012 daripada kembarabahasa.blogspot.com/2011/06/strategi-pengajaran bahasa-kepada_16html
- Collins J. T. 1999. *Wibawa Bahasa: Kepiawaian Dan Kepelbagaian.* Kuala Lumpur: Dewan Bahasa dan Pustaka.
- Crow & Crow. 1983. *Psikologi Pendidikan untuk Perguruan.* Kuala Lumpur: Dewan Bahasa dan Pustaka.
- *Kamus Bahasa Melayu Nusantara.* 2003. Bandar Seri Begawan: Dewan Bahasa dan Pustaka.
- Nik Safiah Karim et.al. 2008. *Tatabahasa Dewan.* Kuala Lumpur: Dewan Bahasa dan Pustaka.
- http://jalantelawi.com/2010/05/perkembangan-bahasa-melayu-moden

BAB 5

Peranan Pengajar Penutur Natif dalam Pengajaran Bahasa Asing di HUFS*

Chun Tai-Hyun

Pengenalan

Pada umumnya, tiada siapa dapat menafikan bahawa kita memperolehi ilmu pengetahuan melalui bahasa. Pemerolehan bahasa pula, pada prinsipnya melibatkan empat kategori kemahiran yang terpenting, iaitu kemahiran mendengar, bertutur, membaca dan menulis. Dalam konteks pengajaran bahasa asing, khususnya pengajaran bahasa Melayu (atau bahasa Malaysia) di *Hangkuk University of Foreign Studies* (HUFS), keempat-empat kemahiran ini sentiasa diberi perhatian dan keutamaan.

Antara keempat-empat kategori kemahiran berbahasa ini, sering terdapat dakwaan yang menyatakan bahawa kemahiran mendengar dan bertutur merupakan kategori yang paling utama yang perlu dikuasai oleh para pelajar dalam mempelajari sesuatu bahasa asing. Sehubungan dengan itu, bagi memastikan sesuatu proses pengajaran dan pembelajaran bahasa asing kepada penutur-penutur

* Bab ini asalnya adalah makalah yang bertajuk "The role of native-speaker teaching staff at HUFS, Peranan pengajar penutur asli di HUFS" yang telah diterbitkan dalam *Bilingualism*, Jil. 19, November 2001, hlm. 53-77.

asing itu, terutamanya bagi kemahiran mendengar dan bertutur berjalan dengan baik dan berkesan, peranan seseorang pengajar penutur natif adalah sangat mustahak.

Dalam bab ini, penulis akan membincangkan beberapa persoalan yang berkaitan dengan peranan pengajar penutur natif bahasa Melayu yang mengajar bahasa Melayu sebagai bahasa asing di HUFS, terutama dari sudut pengajaran yang bertujuan untuk meningkatkan kemahiran mendengar dan bertutur pelajar.

Misi HUFS dalam Konteks Pengajaran Bahasa Asing

Berdasarkan nama yang tertera pada HUFS, secara sepintas lalu kita dapat menanggapi bahawa matlamat sebenar HUFS bukan hanya terbatas kepada penyelenggaraan kursus-kursus pengajaran bahasa asing semata-mata, tetapi ia juga mengandungi implikasi yang lebih luas. Sekiranya kita meneliti salah satu perenggan yang mencatatkan misi serta objektif HUFS, maka dengan jelas kita dapat memahami matlamat sebenar penubuhannya semenjak didirikan pada tahun 1954. Misi tersebut adalah seperti berikut:

> *Our Mission*
>
> *To enhance interest and knowledge in a vast array of fields according to our philosophy of education, while simultaneously teaching the actuality and theory of the political, economic, social and cultural dimensions of diverse international areas* ***based on linguistic proficiency****, a prominent feature of HUFS* ***(Hankuk University of Foreign Studies)*** *in order to train creative and independent global citizens that contribute to the cultural exchange and development (www.hufs.ac.kr).* (perkataan yang dihitamkan adalah catatan penulis).

Berdasarkan pernyataan misi di atas, secara umum dapat difahami bahawa matlamat pengajaran dan pembelajaran di HUFS adalah bertujuan untuk membimbing para pelajarnya dalam berbagai-bagai disiplin ilmu pengetahuan bagi mewujudkan ilmuwan yang berpandangan luas serta mengamalkan ilmu pengetahuan dengan berkesan. Oleh hal yang demikian, sejak awal penubuhannya lagi, HUFS berterusan menekankan betapa pentingnya pengajaran bahasa-bahasa asing sebagaimana yang terkandung di dalam misi penubuhannya bagi merealisasikan matlamat tersebut. Bagi tujuan itu, setiap jurusan bahasa asing yang ada di HUFS sentiasa berusaha menjemput tenaga pengajar dari luar negara terutama dari kalangan penutur natif bahasa sasaran berkenaan. Dalam perkataan lain, HUFS sejak awalnya lagi menekankan betapa pentingnya pengajaran kemahiran lisan atau percakapan secara aktual menerusi kaedah secara langsung (*direct method*) dalam pengajaran bahasa asing. Berhubung dengan hal ini, Jurusan Bahasa Melayu-Indonesia (JBMI) juga sebenarnya tidak terlepas daripada melaksanakan misi ini, semenjak ia ditubuhkan pada tahun 1964.

Pengajaran Bahasa Indonesia (BI) atau Bahasa Malaysia (BM)

Menyorot sejarah perkembangan JBMI dalam jangka masa antara tahun 1964-1969, maka tidak dinafikan bahawa JBMI hanya cenderung mengajar bahasa Indonesia sahaja dalam tempoh tersebut. Pada tahun 1966, Universitas Gadjah Mada (UGM), Jogjakarta, Indonesia mula menghantar tenaga pengajar bahasa Indonesia (BI) ke HUFS untuk pertama kalinya. Hubungan HUFS dan UGM tersebut berlanjutan terus sampai tahun 1974, sehinggalah HUFS mula menjalinkan hubungan rasmi dengan Universitas Indonesia (UI), Jakarta, Indonesia.

Pada tahun 1995, barulah hubungan HUFS dan UGM dijalinkan secara rasminya. Berlandaskan hubungan rasmi tersebut, kedua-dua pihak mula mengadakan hubungan yang lebih erat lagi dalam bidang pengajaran mahupun penyelidikan. Setahun kemudian iaitu pada tahun 1996, HUFS telah menandatangani hubungan kerjasama secara rasmi dengan Universti Malaya (UM), Kuala Lumpur, Malaysia. Lanjutan daripada hubungan rasmi tersebut, seorang pensyarah dari UM telah dipinjamkan untuk mengendalikan pengajaran bahasa Malaysia (BM) di HUFS. Dalam perkataan lain, BM hanya diajar secara rasmi di HUFS bermula pada tahun tersebut, walaupun JBMI telah ditubuhkan jauh lebih awal.

Sesungguhnya memang diakui bahawa BM dan BI berasal dari satu keluarga atau rumpun bahasa yang sama, namun sebenarnya kedua-dua bahasa tersebut telah berkembang dalam konteks sosiolinguistik yang berbeza dan dituturkan di dua buah negara yang berlainan. Justeru, tidak dapat dinafikan bahawa kedua-dua bahasa tersebut sedikit sebanyak memiliki perbezaan dalam beberapa aspek tertentu, misalnya dari segi lafaz atau kaedah sebutan kata, kosa kata, struktur atau gaya bahasa mahupun makna. Sehubungan itu, pandangan seorang pensyarah, iaitu Encik Mat Zaid (1999) yang pernah mengajar BM di HUFS perlu diberi perhatian. Pandangan beliau itu adalah seperti berikut:

> Hal-hal sebeginilah barangkali sedikit mempengaruhi tanggapan pelajar-pelajar yang merasakan BM berlainan daripada BI. Malah, bagi pelajar-pelajar yang pernah mengikuti mata pelajaran BI sebelumnya, secara jujur berpendapat bahawa BM agak asing dan lain serta

menyulitkan daripada apa yang pernah dipelajari sebelum ini. Selain itu, pada anggapan saya, faktor permulaan yang kurang memberangsangkan semasa pengajaran BM mula dilaksanakan secara langsung di HUFS, sedikit sebanyak mempengaruhi tanggapan negatif pelajar terhadap BM kemudiannya.

Pandangan ini mengandungi implikasi bahawa perbezaan linguistik antara BM dengan BI menimbulkan beberapa masalah dan persoalan kepada para pelajar di samping mewujudkan kekeliruan sehingga menghilangkan minat dan motivasi mereka. Secara umum pandangan tersebut seolah-olah lebih memberikan tumpuan terhadap persoalan sikap pelajar serta pensyarah di dalam kelas. Namun, persoalan yang lebih parah lagi pada dasarnya terletak kepada butir-butir sukatan pelajaran di HUFS. Pelajar-pelajar terpaksa mempelajari kedua-dua bahasa berkenaan, iaitu BM dan BI hanya dalam masa dua sesi atau dua tahun sahaja.

Sebagaimana yang telah dinyatakan, tugas utama HUFS adalah mengajar berbagai-bagai disiplin ilmu pengetahuan yang mencakupi pelbagai teori serta amalan di dalam bidang tertentu misalnya politik, ekonomi, sosial, dan budaya antarabangsa menerusi kemahiran bahasa asing berkenaan. Walau bagaimanapun, pada hakikatnya apa yang dapat diperhatikan dari segi realitinya berdasarkan lintasan sejarah yang berlalu, semakin lama dasar pengajaran bahasa asing ini dilaksanakan, perkembangannya semakin menguncup. Oleh yang demikian, hal ini dengan sendirinya akan menjadikan peranan pengajar penutur natif bahasa asing, seperti BM juga, semakin berkurangan dalam pengajaran bahasa. Pada masa yang sama, timbul pula satu paradoks, iaitu semakin besar pengaruh globalisasi, semakin besar peranan yang dimainkan oleh pengajar bahasa Inggeris.

Dalam suasana yang tidak menguntungkan itu, pensyarah asing penutu natif BM yang mengendalikan pengajaran BM, berhadapan dengan permasalahan kekurangan kelas pengajaran. Hal ini dengan sendirinya meletakkan mereka dalam dilema untuk sekurang-kurangnya memenuhi syarat minimum 9 jam pengajaran seminggu, sebagaimana yang ditetapkan oleh pihak pengurusan HUFS. Malah pada masa tertentu, pensyarah berkenaan menghadapi masalah kekurangan jumlah kelas minimum tersebut sehingga membawa kepada implikasi yang lain pula. Persoalannya mengapakah hal yang sedemikian berlaku?

Pensyarah Asing sebagai Pengajar Kelas Percakapan yang Terasing

Secara umumnya, pensyarah asing yang mengajar sesuatu bahasa asing di HUFS selama ini dianggap sebagai pengajar bahasa semata-mata. Ini bermakna mereka hanya bertanggungjawab mengajar bahasa sahaja atau mengendalikan kelas kemahiran percakapan semata-mata. Oleh yang demikian, pengendalian kelas-kelas kemahiran percakapan sesuatu bahasa asing hanya dipertanggungjawabkan kepada pensyarah penutur natif. Malah mereka tidak diberi peluang atau kesempatan untuk mengajar mata pelajaran yang lain selain daripada kursus kemahiran berbahasa. Sila perhatikan kursus-kursus yang ditawarkan kepada pelajar-pelajar di JBMI, seperti yang tersenarai dalam jadual 1 di bawah.

Jadual 1 di bawah menunjukkan fakta berhubung dengan pembahagian kelas untuk sesi tahun 2000/2001. Mata pelajaran yang bertanda (*) di sebelah kanan menunjukkan kelas yang

Jadual 1. Senarai kursus program pengajian JBMI

Tahun	Kategori	Mata Pelajaran untuk Semester I
1	pilihan	Sejarah dan Budaya Malaysia
1	pilihan	Audio Visual Bahasa Melayu
1	pilihan	Bahasa Melayu Dasar
1	pilihan	Tatabahasa Bahasa Melayu (1)
1	pilihan	Percakapan dan Mengarang Tingkatan Dasar*
1	pilihan	Sejarah dan Budaya Indonesia
1	pilihan	Audio Visual Bahasa Melayu
1	pilihan	Bahasa Melayu Dasar
1	pilihan	Tatabahasa Bahasa Melayu (2)
1	wajib	Percakapan dan Mengarang Tingkatan Dasar*
2	pilihan	Masyarakat dan Kesusasteraan Melayu
2	pilihan	Bacaan dalam Bahasa Melayu (1)
2	pilihan	Sejarah Perkembangan Bahasa Melayu
2	pilihan	Masyarakat dan Agama di Malaysia $
2	wajib	Percakapan dan Mengarang Tingkatan Menengah*
2	pilihan	Sejarah Kesusasteraan Melayu
2	pilihan	Bacaan dalam Bahasa Melayu (2)
2	pilihan	Bahasa Melayu Praktikal
2	pilihan	Masyarakat dan Agama di Indonesia $
2	wajib	Percakapan dan Mengarang tingkatan Menengah*
3	pilihan	Maklumat Terkini Bahasa Melayu
3	pilihan	Perbandingan Bahasa Malaysia dan Bahasa Indonesia
3	pilihan	Kesusasteraan Moden di Indonesia
3	pilihan	Kajian Wilayah Indonesia
3	pilihan	Percakapan dan Mengarang Tingkatan Tinggi*
3	pilihan	Bahasa Melayu dalam Perniagaan
3	pilihan	Masyarakat dan Bahasa di Dunia Melayu $
3	pilihan	Kesusasteraan Moden di Malaysia
3	pilihan	Kajian Malaysia
3	pilihan	Percakapan dan Mengarang Tingkatan Tinggi*

Tahun	Kategori	Mata Pelajaran untuk Semester I
4	pilihan	Bacaan Karya Sastera Melayu (1)
4	pilihan	Mengenal Kebudayaan Melayu $
4	pilihan	Praktis Penterjemahan dalam Bahasa Melayu
4	pilihan	Kajian Kaum China di Dunia Melayu
4	pilihan	Politik Ekonomi di Indonesia
4	pilihan	Bacaan Karya Sastera Melayu (2)
4	pilihan	Cyber Kelas untuk Bacaan Karya Sastera Melayu (2)
4	pilihan	Linguistik dalam Kesusteraan Melayu
4	pilihan	Hubungan Antarabangsa di Dunia Melayu
4	pilihan	Politik Ekonomi di Malaysia

dikendalikan oleh pensyarah asing di JBMI. Lebih-lebih lagi, pensyarah dari Malaysia harus berkongsi kelas kemahiran percakapan dengan pengajar dari Indonesia. Untuk kelas percakapan bagi tahun 1, ia dikendalikan oleh pengajar Indonesia, manakala kelas percakapan tahun 2 dikendalikan oleh pensyarah Malaysia. Pembahagian kelas tersebut dilakukan, sebenarnya bukannya berdasarkan prinsip keperluan mengajar bahasa asing berkenaan tetapi ia dilakukan berdasarkan syarat pembahagian jumlah minimum pengajaran.

Perkara ini timbul semenjak tahun 1995 lagi ketika HUFS menekankan program pengajaran ilmu sosiologi, iaitu apa yang disebut sebagai *'regional studies'* untuk setiap jurusan bahasa asing. Gagasan awal berhubung pelaksanaan program tersebut adalah berdasarkan kepada matlamat untuk lebih mengembangkan atau memperluaskan pengajaran bahasa asing. Walau bagaimanapun, pada hakikatnya program tersebut telah memberi implikasi yang sebaliknya, iaitu telah mengakibatkan kekurangan kelas atau waktu pengajaran untuk tenaga pengajar asing.

Pada masa lalu, sebenarnya terdapat beberapa mata pelajaran

tertentu yang tidak berkaitan dengan pengajaran bahasa, misalnya mata pelajaran mengenai perkembangan sejarah, ekonomi, politik atau kesusasteraan yang pernah diberikan kepada pengajar asing. Dalam konteks pengajaran mata pelajaran di JBMI misalnya, mata pelajaran tentang 'Kebudayaan Melayu-Indonesia' juga pernah diajar oleh pengajar asing. Di samping itu, terdapat beberapa mata pelajaran yang lain lagi, seperti yang bertanda $ di dalam jadual 1 di atas juga pernah dikendalikan oleh pengajar asing. Dengan demikian, dapat disimpulkan bahawa kelas percakapan yang dikendalikan oleh pengajar asing pada masa lalu sebenarnya mempunyai kaitan yang erat dengan mata pelajaran yang lain juga. Dalam perkataan lain, dalam tahun-tahun 80-an peranan pengajar asing adalah lebih bermanfaat atau berkesan serta menepati gagasan dalam pengajaran dan pembelajaran bahasa asing.

Pada masa kini, keadaan tersebut menjadi sebaliknya. Kebanyakan mata pelajaran yang berteraskan ilmu sosiologi tidak lagi diajarkan dalam bahasa asing atau bahasa sasaran berkenaan tetapi telah diajar dalam bahasa ibunda, iaitu bahasa Korea. Dengan hal demikian, dapat kita bayangkan bagaimana situasi pengajaran bahasa asing yang wujud di HUFS pada masa kini. Pensyarah asing yang mengajar bahasa asing di HUFS, seperti dalam kes BM ini, seolah-olah wujud secara berasingan dalam dunia pengajaran bahasa yang tersendiri dan hanya bertanggungjawab untuk kelas percakapan bahasa sahaja. Mereka tidak diberi peluang malah diketepikan daripada hal pengajaran berkaitan dengan disiplin ilmu lain yang mulia, misalnya ilmu politik, ekonomi, sosial, budaya dan sebagainya yang ternyata saling berkaitan dengan pengajaran bahasa itu sendiri demi untuk faedah serta perkembangan pengajaran bahasa asing tersebut. Di samping itu, satu persoalan lain yang mungkin timbul adalah apakah sebenarnya bidang ilmu sosiologi yang perlu diajarkan di setiap jurusan bahasa asing di HUFS?

Program *'Regional Studies'* dan Fungsi Metabahasa

Pengendalian program *'regional studies'* di setiap jurusan bahasa asing di HUFS sebenarnya bertujuan untuk mencapai dua matlamat utama, iaitu,

1. pengembangan kemahiran bahasa asing
2. pengembangan perspektif *'top-down'*

Struktur program *'regional studies'* ini dapat dilihat dalam jadual 2 di bawah.

Jadual 2. Struktur pengajaran *'regional studies'*

<table>
<tr><td rowspan="2">Regional Studies</td><td>Struktur Atas : Ilmu Politik, Ekonomi, Sosial, Budaya</td></tr>
<tr><td>Struktur Bawah : Kemahiran Bahasa Asing</td></tr>
</table>

Jadual 2 di atas jelas menunjukkan apa yang sebenarnya dimaksudkan dengan program *'regional studies'* untuk jurusan bahasa asing di HUFS. Secara lahiriah, program tersebut sangat munasabah dan berfaedah untuk pengajaran bahasa asing. Namun, jika kita memikirkan tujuannya secara mendalam, maka terdapat berbagai-bagai masalah yang mungkin timbul yang perlu diberi perhatian. Antara permasalahannya yang paling utama adalah sejauh manakah tahap kemahiran bahasa asing yang dapat diterapkan oleh pihak perancang program tersebut kepada pelajar-pelajar. Bagi memperkuatkan lagi dakwaan berhubung persoalan tersebut, ada baiknya kita merujuk pendapat yang pernah dikemukakan oleh Halliday (1992:96) seperti yang dinyatakannya di bawah.

> *Most of what we learn, we learn through language. This is true even of our commonsense knowledge, all that we learn before, and outside of, our schooling; but it is especially true of educational knowledge.*

Berdasarkan pandangan Halliday (1992) dapat difahami bahawa salah faham tentang struktur bawah dan atas merupakan natijah daripada salah tafsiran mengenai pengajaran bahasa asing. Pada hakikatnya, proses pengajaran bahasa asing bukan sekadar proses melahirkan penutur yang mahir bercakap dalam sesuatu bahasa sasaran semata-mata tetapi juga mampu berfikir dalam bahasa berkenaan, sebagaimana yang ditegaskan oleh Halliday (1992:96) seperti yang berikut:

> *Language is so central to the whole of the educational process that its role was never even talked about, since no-one could conceive of education without it.*

Dakwaan tersebut mengandungi implikasi bahawa metabahasa memainkan peranan yang sangat penting dalam pengajaran bahasa apa sekalipun. Jika kita menerima dakwaan tersebut dengan sepenuhnya, maka dapat kita fahami bahawa perkara berhubung dengan pelaksanaan program pengajaran bahasa asing di HUFS pada dasarnya wujud dari gagasan yang sangat ideal dan berlandaskan prinsip-prinsip pengajaran bahasa asing yang berkesan. Namun, seperti yang ditunjukkan oleh Halliday, dalam melaksanakan gagasan yang telah dirancang oleh HUFS itu, pada hakikatnya, sesetengah pihak tidak pernah memikirkan betapa pentingnya peranan metabahasa dalam proses pengajaran dan pembelajaran.

Sebagaimana yang kita lihat dalam jadual 2 di atas, kecuali kelas percakapan, kebanyakan mata pelajaran yang diajar itu dilaksanakan dalam bahasa ibunda (asal) pengajar dan pelajar, iaitu bahasa Korea. Dengan demikian, pelajar-pelajar tidak berkesempatan mendapat pendedahan serta pengalaman yang secukupnya dalam mempelajari bahasa asing, terutama mengalami pembelajaran latih tubi berterusan dalam bahasa sasaran, iaitu bahasa asing yang mereka sedang pelajari.

Pengajaran Bahasa Lisan dan Tulisan

Jadual 3 di bawah menunjukkan angka nilai yang diperolehi oleh penuntut-penuntut dari kalangan kakitangan syarikat Samsung dan juga pelajar-pelajar HUFS dalam satu peperiksaan yang sama. Peperiksaan berkenaan dilangsungkan oleh HUFS pada bulan Mei 1996, untuk membuat perbandingan tentang tahap penguasaan kemahiran bahasa asing antara pekerja di syarikat Samsung dengan pelajar HUFS. Hasil penelitian tersebut jelas memperlihatkan bahawa terdapat jurang perbezaan dari segi kemahiran bahasa, khususnya dalam kemahiran mendengar di antara kedua-dua kelompok pelajar tersebut.

Angka-angka yang tercatat di dalam jadual 3 itu menunjukkan dengan jelas bahawa tahap kemahiran mendengar di kalangan pelajar HUFS lebih rendah berbanding tahap kemahiran yang dikuasai oleh pelajar-pelajar dari sebuah syarikat Samsung di Korea. Pelajar-pelajar HUFS yang terlibat di dalam peperiksaan tersebut terdiri daripada pelajar-pelajar tahun 3 pada ketika itu, sementara tempoh masa pembelajaran bahasa Melayu bagi kebanyakan kakitangan syarikat Samsung pula tidak melebihi satu tahun pada waktu peperiksaan dijalankan. Perkara ini dapat kita saksikan menerusi jadual berikut ini.

Jadual 3. Tahap penguasaan kemahiran bahasa Melayu

Nilai Angka	Syarikat Samsung	Pelajar HUFS
860 ke atas	0	0
730-859	4	6
620-729	4	4
520-619	4	11
450-519	8	4
449 ke bawah	12	1
Jumlah	32	26

Dari kalangan 32 orang kakitangan syarikat Samsung, 12 orang daripadanya terdiri daripada mereka yang paling sedikit tempoh masa pembelajaran bahasa yang dilaluinya. Manakala bagi pelajar-pelajar HUFS pula tempoh waktu pembelajaran mereka hampir sama rata. Namun, jika kita meneliti maklumat dalam jadual 4 pula, maka kita menemukan hal yang sangat menakjubkan dan bertentangan sekali, iaitu tahap pencapaian kemahiran mendengar antara pelajar HUFS dengan kakitangan syarikat Samsung agak berbeza sekali. Sila perhatikan jadual 4 di bawah.

Jadual 4. Tahap kemahiran mendengar dan membaca pelajar

Jumlah	Syarikat Samsung		Pelajar HUFS	
1000	Mendengar	Memahami	Mendengar	Memahami
	295.62	218.12	272.88	334.61

Jadual 4 di atas jelas menunjukkan bahawa pada keseluruhannya purata kemampuan mendengar pelajar HUFS jauh lebih rendah daripada purata kakitangan Syarikat Samsung, iaitu perbezaannya kira-kira 23 mata. Sebaliknya, bagi kemahiran memahami, pencapaian pelajar HUFS jauh lebih unggul mengatasi kakitangan syarikat Samsung, iaitu lebih kurang 110 mata. Berdasarkan perangkaan ini, kita tentu berasa hairan mengapakah terdapat masalah dalam hal kemahiran mendengar bagi pelajar-pelajar HUFS. Permasalahan ini sebenarnya berhubung rapat dengan proses pembelajaran bahasa Melayu mahupun bahasa Indonesia yang dikendalikan di HUFS.

Kesimpulan

Tidak dapat dinafikan bahawa bagi memastikan proses pengajaran bahasa asing dapat berjalan dengan baik dan berkesan, keempat-empat komponen kemahiran, iaitu mendengar, bertutur, membaca dan menulis tidak boleh dipisah-pisahkan. Berhubung dengan hal ini, Halliday (1992:97) mendakwa bahawa,

> *We learn by listening and speaking, as well as by reading and writing....reading/writing and listening/speaking are different ways of learning because they are different ways of knowing.*

Dakwaan tersebut dengan tegas menjelaskan bahawa pengajaran kemahiran mendengar/bertutur dan membaca/menulis merupakan kaedah-kaedah yang berlainan. Dalam hal ini, peranan pengajar penutur natif sesuatu bahasa dianggap sangat penting dalam memainkan tanggungjawab melaksanakan pengajaran bahasa sasaran terutama bagi memastikan pelaksanaan komponen kemahiran mendengar/bertutur dilakukan dengan lebih berkesan.

Berdasarkan jadual 4 juga, satu hal yang jelas yang dapat kita tanggapi adalah di dalam pengajaran BM di HUFS, terdapat kecenderungan yang kuat untuk meningkatkan kemahiran membaca. Dalam perkataan lain, dengan memberi penekanan terhadap kemahiran membaca, maka pelajar-pelajar di JBMI tidak berpeluang menikmati sepenuhnya pengajaran kemahiran bertutur (lisan) dan mendengar yang disampaikan oleh pengajar penutur natif bahasa sasaran. Berdasarkan pengamatan penulis, faktor utama yang menyebabkan terjadi fenomena tersebut adalah berhubung kait dengan perancangan serta pengelolaan sukatan pelajaran yang kurang bijak dan berkesan.

Memang benar bahawa di dalam sesuatu proses pengajaran dan pembelajaran bahasa, kita tidak mungkin mengabaikan salah satu komponen daripada keempat-empat komponen kemahiran yang dinyatakan di atas. Oleh yang demikian, berdasarkan perbincangan yang dibahaskan, adalah disarankan bahawa pengajaran untuk tujuan kemahiran mendengar dan bertutur perlu diberi penekanan kembali di HUFS selaras dengan misi dan matlamat asalnya. Dalam konteks yang sama, peranan serta tanggungjawab pengajar penutur natif di JBMI perlu dipertingkatkan lagi supaya matlamat tersebut dapat dicapai. Kebanyakan pelajaran yang berkaitan dengan apa yang disebut '*regional studies*', seperti Masyarakat dan Agama di Malaysia, Sejarah Malaysia dan sebagainya dapat dikendalikan oleh pengajar penutur natif dengan mengajar pelajaran-pelajaran berkenaan di dalam bahasa asing atau sasaran. Kaedah lain juga yang dapat dilaksanakan ialah dengan menggalakkan pengajar asing tersebut mengendalikan kelas-kelas yang pada umumnya diajar oleh pensyarah tempatan, misalnya kuliah tatabahasa, kesusasteraan, bacaan dan lain-lain. Dengan demikian, kita dapat melaksanakan kelas gabungan secara bersama menerusi kaedah gabung jalin atau kerjasama di antara pengajar asing dan pengajar tempatan. Jika hal ini dapat dilaksanakan, maka kita akan dapat mengetepikan belenggu tanggapan tradisi bagi kebanyakan orang bahawa tugas pengajar asing semata-mata hanya untuk kelas percakapan sahaja.

Rujukan

- Asmah Haji Omar .1984. *Pengajaran Bahasa Malaysia dalam Konteks Perancangan Bahasa Kebangsaan.* Kuala Lumpur: Dewan Bahasa dan Pustaka.
- Asmah Haji Omar. 1986. *Bahasa dan Alam Pemikiran Melayu.* Kuala Lumpur: Dewan Bahasa dan Pustaka.
- Halliday, M. A. K. 1975. *The Linguistic Science and Language Teaching.* London: Longman Group LTD.
- Halliday, M. A. K. 1992. *Spoken and Written Language.* Oxford: Oxford University Press.
- Kristeva, Julia. 1989. *Language, the Unknown, an Initiation into Linguistics.* New York: Columbia University Press.
- Mat Zaid Hussein. 1999. Persoalan serta pendekatan pengajaran dan pemelajaran bahasa Malaysia di HUFS: Suatu tinjauan sepintas lalu. Kertas kerja di Seminar Korea Association of Malay-Indonesian Studies, HUFS, Seoul: Korea.

BAB 6

Penggunaan Kamus dalam Pengajaran Bahasa Melayu di HUFS: Isu dan Cabaran*

Chun Tai-Hyun

Pengenalan

Hankuk University of Foreign Studies (HUFS) telah ditubuhkan pada bulan April 1954 dengan status sebagai sebuah kolej pengajian bahasa asing. Pada peringkat awalnya, HUFS memulakan pengajiannya dengan penubuhan lima buah jabatan, iaitu Jabatan Bahasa Inggeris, Jabatan Bahasa Perancis, Jabatan Bahasa China, Jabatan Bahasa Jerman dan Jabatan Bahasa Rusia. Dengan meningkatnya penglibatan Korea dalam persaingan masyarakat global sekitar tahun 1960-an, HUFS telah memainkan peranan yang semakin penting dalam menyediakan tenaga pakar dalam negara bagi membolehkan negara bergerak maju dalam arena antarabangsa serta meningkatkan kemajuan ekonominya. Berdasarkan momentum tersebut, pada sekitar tahun 1960-an dan 1970-an, HUFS telah mewujudkan lebih banyak jabatan

* Bab ini asalnya adalah kertas kerja yang bertajuk "The teaching of Malay language and culture in Korea" yang telah dibentangkan dalam *The Roundtable Mèeting Malay/Indonesian as a Language of Knowledge and Practical Communication Appraisal, Challenges and the Future*, Leiden: International Institute for Asian Studies, March 2008, hlm. 1-12.

pengajian bahasa asing, di peringkat pengajian ijazah sarjana muda, dan antaranya termasuklah Jabatan Pengajian Bahasa Melayu-Indonesia (JPBMI) yang telah ditubuhkan pada bulan Disember tahun 1963.

Pada masa yang sama juga HUFS telah mempertingkatkan kurikulum pengajian dengan menyediakan kurikulum universiti yang bersifat interdisiplin yang menjurus dalam pengajian antarabangsa berkaitan dengan pengajian bahasa asing, misalnya pengajian undang-undang, ekonomi, perniagaan dan lain-lain. Pada tahun 1980 kerajaan telah meningkatkan status universiti ini daripada sebuah kolej pengajian bahasa asing kepada status bertaraf universiti sepenuhnya. Bagi melengkapkan perkembangan tersebut, HUFS telah membuka kampus cawangan di Yong-in, berhampiran dengan kota Seoul pada tahun 1981. Seiring dengan kewujudan jabatan-jabatan pengajian bahasa asing yang sedia ada, beberapa jabatan baru diwujudkan seperti sains, falsafah, sejarah dan kejuruteraan.

Pada sekitar awal tahun 1990-an, HUFS telah berjaya menjadi sebuah institusi yang terulung dan pakar dalam pengajian asing di Korea. Seterusnya dengan sokongan kuat pihak kerajaan, HUFS telah menubuhkan *Graduate School of International Area Studies* pada tahun 1997. Menerusi perlaksanaan program tersebut, secara tidak langsung telah menjadikan HUFS sebagai institusi yang penting dalam bidang pengajian antarabangsa. Kini, HUFS menawarkan sebanyak 42 kursus bahasa asing di 30 buah jabatan bahasa asing, termasuklah bahasa-bahasa di Eropah Timur untuk dipilih oleh para pelajar.

Sejak penubuhannya pada tahun 1954, HUFS sebagai sebuah institusi pendidikan tinggi dalam bidang pengajian bahasa-bahasa asing secara konsisten memberi fokus kepada pembelajaran global. Justeru, HUFS telah menjalinkan hubungan dengan pelbagai institusi pendidikan tinggi terkenal di seluruh dunia. Bermula dengan perlaksanaan program pertukaran budaya di antara HUFS dengan Universiti Tenri, Jepun pada tahun 1963, HUFS kini telah mengadakan perjanjian persefahaman melibatkan pelbagai program pertukaran dengan 188 buah universiti di 63 buah negara termasuk Universiti Malaya (1997), Universiti Sains Malaysia (2005) di Malaysia dan Universitas Indonesia (1975), Universitas Gadjah Mada (1996), Universitas Hasanuddin (2007), Universitas Udayana (2007) di Indonesia.

Menyorot kembali sejarah perkembangannya dalam jangka masa antara tahun 1964-1969, maka tidak dinafikan bahawa JPBMI hanya cenderung mengajar bahasa Indonesia sahaja dalam tempoh tersebut. Pada tahun 1966, Universitas Gadjah Mada (UGM), Jogjakarta, Indonesia mula menghantar pengajar bahasa Indonesia (BI) ke HUFS untuk pertama kalinya. Hubungan HUFS dan UGM tersebut berlanjutan terus sampai tahun 1975 sehinggalah HUFS mula menjalinkan hubungan rasmi dengan Universitas Indonesia (UI), Jakarta, Indonesia.

Dalam pada itu, menerusi program pertukaran pelajar dan pensyarah berdasarkan MOU yang telah ditandatangani pada tahun 1997, UM telah mula menyumbangkan pengetahuan yang lebih luas dan berkesan kepada perkembangan pengajian Melayu-Indonesia di HUFS. Dalam usaha mengukuhkan lagi hubungan antara HUFS dengan universiti di Malaysia, khususnya Universiti Malaya, banyak program yang melibatkan penghantaran pelajar HUFS ke UM dilaksanakan. Antara program yang dilakukan ialah program lawatan sambil belajar pelajar JPBMI ke Fakulti Bahasa dan Linguistik, Universiti Malaya. Misalnya pada bulan Ogos 2003, sekumpulan pelajar telah mengadakan lawatan sambil belajar dengan mengikuti kursus bahasa Melayu intensif selama tiga minggu di sana. Di samping itu, pihak HUFS juga menggalakkan pelajar-pelajarnya mengadakan lawatan ke Malaysia amnya dan ke Universiti Malaya khasnya terutama pada waktu cuti semester musim panas atau musim sejuk untuk menimba pengalaman dan pengetahuan baik dari segi kemahiran bahasa mahupun budaya masyarakat tempatan. Malah ada juga pelajar yang telah mengikuti program pengajian sarjana. Dengan perkataan lain, sejak itu perbezaan linguistik dan budaya di antara kedua-dua bahasa Melayu (BM) dan bahasa Indonesia (BI) mula menimbulkan dampak yang cukup berkesan bagi para pelajar di JPMI.

Kursus yang Ditawarkan di JPBMI

Sejak JPBMI ditubuhkan di Korea Selatan pada tahun 1963, ia sering dikenali sebagai 'Maineokwa' atau 'Jabatan Bahasa Main' di kalangan masyarakat Korea Selatan. Istilah 'Main' tersebut merupakan kata singkatan yang bermakna 'Melayu dan Indonesia'. JPBMI menawarkan lebih kurang 20 jenis kursus bagi setiap semester kepada pelajar-pelajar yang meliputi pengajian tahun 1 hingga tahun 4, seperti yang tersenarai dalam lampiran 1.

Berdasarkan kurikulum ini, dapatlah kita disimpulkan bahawa kaedah pengajian di JPBMI berdasarkan disiplin 'gabungan BM dengan BI'. Secara lahiriah, program tersebut sangat munasabah dan berfaedah bagi para pelajar di JPBMI dalam usaha menguasai kedua-dua bahasa, iaitu BM dan BI. Namun, kenyataannya adalah sebaliknya. Berdasarkan pengalaman penulis di JPMI selama hampir 30 tahun ini, perlaksanaan kursus tersebut mendatangkan berbagai-bagai masalah dari segi pengajaran bahasa dan budaya Melayu-Indonesia. Pendedahan kedua-dua bahasa, iaitu BM dan BI dalam satu kelas percakapan yang sama sering menimbulkan kekeliruan kepada para pelajar dalam proses pembelajaran mereka. Salah satu punca utama timbulnya kekeliruan itu adalah penggunaan kamus *Malay-Korean Bilingual Dictionary* (MKBD) yang pernah menjadi buku rujukan utama di JPBMI selama lebih dari tiga dasawarsa.

Gejala Percampuran BM dengan BI di dalam MKBD

Ibarat kata pepatah tak ada gading yang tak retak. Begitulah juga dalam hal perkamusan, tidak ada kamus yang tidak pernah ada kesilapan manusia di dalam penghuraiannya. Dalam hubungan ini, kamus dwibahasa, iaitu MKBD (Ahn 1988) juga tidak terkecuali. Sesungguhnya kamus tersebut merupakan kamus pertama yang diterbitkan di Korea Selatan selepas JPMI ditubuhkan pada tahun 1963. Dengan mengambil kira fakta bahawa penyusun kamus tersebut bukan penutur asli bahasa Melayu- Indonesia, maka kerja perkamusan dwibahasa yang dihasilkan itu adalah satu usaha ilmiah yang patut dipuji, khususnya dari sudut pandangan perkembangan pendidikan bahasa Melayu-Indonesia di negara asing. Dari segi bahasa, kamus yang bertajuk "Indonesiaeo Hangugeosajeon" (Kamus Bahasa Indonesia-Korea) ini menunjukkan keunikannya yang istimewa, iaitu percampuran sejumlah kata masukan BM.

Perlu ditegaskan bahawa walaupun BM dan BI itu berasal dari satu keluarga atau rumpun bahasa yang sama, namun dalam konteks sosiolinguistik kedua-dua bahasa tersebut telah berubah mengikuti jalan perkembangannya masing-masing dan dituturkan di dua buah negara yang berlainan. Justeru, tidak dapat dinafikan bahawa kedua-dua bahasa tersebut sedikit sebanyak memiliki perbezaan dalam beberapa aspek tertentu, misalnya dari segi lafaz, kosa kata, struktur atau gaya bahasa mahupun makna. Perbezaan ini dapat dilihat pada beberapa contoh kata masukan BM yang dimasukkan ke dalam MKBD, seperti berikut:

1. Kantong/Kantung
2. Uang/Wang
3. Tempo/Tempoh
4. Cermin Mata(Kaca Mata)/Kacamata
5. Angus/Hangus
6. lapan/delapan
7. fikir/piker
8. nafas/napas
9. Sama ada
10. ketimun/mentimun
11. tembikai/semangka
12. zirafah/zarafah
13. isteri/istri
14. kerusi/kursi

Berdasarkan contoh-contoh di atas, dapat disimpulkan bahawa MKBD merupakan kamus dwibahasa Indonesia-Korea yang mengandungi sejumlah kata masukan BM. Oleh yang demikian, dalam konteks penggunaan kamus tersebut, kebanyakan pelajar di JPMI dengan sendirinya dipengaruhi oleh percampuran kosakata antara BI dengan BM. Di samping itu, loghat yang digunakan oleh tenaga pengajar sebagai penutur natif di dalam kelas percakapan juga dengan sendirinya mempengarui proses percampuran antara BM dengan BI. Faktor-faktor ini secara tidak langsung menimbulkan kekeliruan dalam penulisan ejaan dan dalam pemahaman makna bagi perkataan-perkataan tertentu.

Tambahan lagi, oleh sebab MKBD digunakan bukan hanya

oleh pelajar di JPBMI, HUFS tetapi juga oleh pelajar-pelajar di beberapa universiti lain di luar Seoul, maka dampak dan pengaruh penggunaan MKBD memang lebih luas daripada apa yang kita bayangkan. Sejak awal tahun 2000, terdapat lebih daripada 5 buah universiti di Korea membuka kursus atau jabatan yang berkaitan dengan bahasa Melayu-Indonesia, termasuk *Seoul National University* (SNU) yang merupakan universiti terunggul di Korea.

Dampak Perbezaan BM dan BI bagi Pelajar di JPMI

Jika kita melihat perkembangan ilmu di Malaysia dan juga di Indonesia, maka perbezaan istilah di bidang ilmu tertentu menimbulkan jurang perbezaan yang ketara di antara kedua-dua bahasa, BM dan BI. Sebagai contoh, perbezaan istilah linguistik yang digunakan seperti yang disenaraikan di bawah ini.

1. Perbezaan Istilah dalam Bidang Ilmu Linguistik

Bahasa Inggeris	BM/BI
applied linguistics	linguistik gunaan/linguistik terapan
arbitrariness	kearbitrarian/kesemenaan
article kata	sandang/artikel
auditory feedback	maklum balas pendengaran/ umpanbalik auditoris
binarism	kededuaan(kebinarian)/kebineran
bound sentence	ayat terikat/kalimat terikat
breath group	kelompok nafas/gugus hirup
cadence	kadens/kadensa

causal conjunction	kata hubung sebab/konjungsi kausal
causative verb	kata kerja penyebab/verba kausatif
clipping	pemangkasan/pemenggalan
cognate language	bahasa seasal(bahasa kognat)/bahasa kerabat
comparative degree	darjah perbandingan/tingkat komparatif
complex sentence	ayat kompleks/kalimat kompleks
compound noun	kata nama majmuk/nomina majemuk
contrastive analysis	analisis bezaan/analisis kontrastif
cybernetics	sibernetik/kibernetika
declension	tasrif/deklinasi
deep structure	struktur dalaman/struktur batin
demonstrative pronoun	kata ganti penunjuk/pronomina demonstratif
devoicing	penyahsuaraan/pengawasuaraan
direct object	objek langsung/obyek langsung
direct speech	cakap ajuk/wacana langsung
domain	mandala/medan makna
dorso-velar	bunyi belakang velar/dorso-velar
encode	mengekod/mengkodekan
epenthesis	epentesis/epentetis
exclamation sentence	ayat seru/kalimat seruan
feedback	maklum balas/umpan balik
free alternant	kelainan bebas/varian bebas
fronting	pendepanan/pengedepanan

functional linguistics	linguistik fungsian/linguistik fungsional
grading	pemeringkatan/penjenjangan
grammar	n a h u (t a t a b a h a s a) / t a t a bahasa(gramatika)
grammatical meaning	makna ketatabahasaan/makna gramatikal
grammatical subject	subjek nahu(subjek tatabahasa)/ subyek gramatikal
grammatical unit	unit nahu(unit tatabahasa)/satuan gramatikal

Istilah-istilah di atas merupakan hasil terjemahan yang bersumberkan bahasa Inggeris. Walaupun sudah puluhan tahun berlalu sejak diterbitkan buku Pedoman Umum Pembentukan Istilah Umum (PUPI) dan Pedoman Khusus Pembentukan Istilah (PKPI) yang dipersetujui bersama di antara Malaysia dan Indonesia, namun masih terdapat perbezaan seperti yang dapat kita lihat di atas. Memang benar seperti yang ditegaskan oleh Asmah (2004:176) bahawa "keseragaman bahasa ialah satu keadaan yang ideal, tetapi sukar dicapai". Namun demikian, dampak kewujudan perbezaan seperti di atas merupakan beban yang berat bagi pelajar-pelajar di JPBMI yang mengkhusus dalam bidang ilmu linguistik. Bayangkanlah jika istilah-istilah seperti yang dipaparkan di atas sama sekali tidak disenaraikan di dalam MKBD. Semakin berkembang bahasa Melayu, semakin terasa kelemahan MKBD sebagai buku rujukan utama yang digunakan oleh pelajar bahasa Melayu-Indonesia di Korea.

2. Nama-nama Haiwan dan Tumbuh-tumbuhan (NNHT) dalam MKBD

Pada tahap permulaan pengajaran dan pembelajaran bahasa asing, NNHT memainkan peranan yang sangat penting. Oleh sebab itu, padanan kata yang sesuai dalam kamus dwibahasa sangatlah mustahak sebagai rujukan yang berfaedah bagi pengguna kamus tersebut. Lebih-lebih lagi bagi para pelajar bahasa asing cenderung menganggap kamus dwibahasa bukan hanya sebagai sumber rujukan untuk mencari perkataan baru tetapi juga sebagai buku rujukan dalam konteks budaya. Oleh sebab itu, kebanyakan pengguna kamus berasa tidak puas hati dengan huraian makna ataupun dengan takrif yang diberikan. Kerap kali makna yang ingin dicari tidak dapat ditemui. Malahan kadang-kadang takrif atau huraian yang diberikan itu tidak ada kena-mengena dengan makna yang diharapkan. Mereka mengharapkan huraian yang cukup terperinci dan jelas mengenai konteks budaya yang berkaitan dengan teks-teks yang mereka baca.

a. Percampuran NNHT dalam MKBD

Seperti yang kita telah lihat dalam kurikulum di JPBMI, para pelajar terpaksa menghadapi pelbagai teks dalam kedua-dua bahasa, iaitu BM dan BI. Oleh yang demikian, mereka kerap bertemu dengan perkataan-perkataan baru dalam teks berkenaan, misalnya NNHT. Sila perhatikan beberapa contoh di bawah.

BM/BI	Makna (Bahasa Inggeris)
arnab/kelinci	*rabbit*
cendawan/jamur	*mushroom*
ketam/kepiting	*crab*

papaya/pepaya	*papaya*
rama-rama/kupu-kupu	*butterfly, moth*
sepatung/capung	*dragonfly*
tupai/bajing	*squirrel*

Bagi pelajar, mereka tidak mampu malah tidak perlu membezakan adakah perkataan baru yang mereka temui itu adalah perkataan BM atau BI. Tatanama dalam BM dan BI tidak menjadi masalah bagi mereka. Yang penting adalah pencarian takrif atau padanannya yang paling mudah difahami untuk pembelajaran mereka. Menerusi proses pembelajaran seperti ini, lama-kelamaan pelajar akan terbiasa dengan percampuran NNHT dalam BM dengan BI.

Tambahan pula, sikap penyusun kamus yang mencampuradukkan nama-nama tersebut turut mempengaruhi sikap pelajar berkenaan. Berikut adalah beberapa contoh daripada sejumlah NNHT dalam BM yang termuat sebagai kata masukan utama ataupun sebagai kata sinonim dalam MKBD. Di sini terdapat masalah yang berkaitan dengan penterjemahan. Andai kata, pelajar bertemu dengan perkataan rama-rama dan kupu-kupu di dalam teks mereka secara serentak, maka bagaimana mereka dapat membezakan makna antara kedua-dua perkataan tersebut. Perkataan manakah yang bererti 'moth' atau 'butterfly'? Kamus yang sedia ada seharusnya berperanan memberikan padanannya masing-masing. Malangnya, kamus MKBD yang mereka gunakan tidak membezakan makna bagi kedua-dua perkataan dengan jelas.

b. Ketaksaan Makna NNHT dalam MKBD

Ketaksaan makna NNHT dalam MKBD seperti yang berlaku di atas dapat dilihat melalui perkataan beruk, kera dan monyet. Takrif atau padanan di dalam MKBD kadang-kadang menimbulkan kekeliruan kerana ia berlandaskan hasil terjemahan daripada kamus yang lain. Salah satu contoh adalah seperti yang di bawah.

Beruk k.o. *monkey*
Kera *monkey*
Monyet *monkey*

Dalam MKBD, beruk ditakrifkan sebagai 'sejenis *wonsungi*'. Dalam bahasa Korea *wonsungi* merupakan kata umum yang merujuk kepada pelbagai jenis monyet. Oleh sebab itu terdapat beberapa kata masukan yang kerap kali menimbulkan kekeliruan makna antara satu dengan yang lain, iaitu kera, monyet, dan beruk. Ketiga-tiga kata masukan ini ditakrifkan sebagai '(sejenis) *wonsungi*' dalam MKBD. Padanan kata dalam bahasa Korea untuk istilah *monkey* dalam bahasa Inggeris adalah *wonsungi*. Dengan demikian hasil terjemahan bagi ketiga-tiga kata masukan di atas adalah seperti yang berikut:

Beruk *wonsungi-ui iljong* (sejenis *wonsungi*)
Kera *wonsungi*
Monyet *wonsungi*

Akan tetapi menerusi perbandingan antara nama umum dengan nama saintifik, dapatlah kita simpulkan bahawa beruk adalah sejenis monyet yang berekor pendek, sedangkan kera merujuk kepada haiwan yang berekor panjang. Pembezaan ciri antara beruk, kera dan monyet merupakan dasar pelajaran yang sangat mustahak bagi pelajar yang menumpukan perhatiannya kepada selok-belok penterjemahan. Satu hal lagi, misalnya, pelajar ingin menterjemahkan perkataan *jamjari* yang bermakna *'dragonfly'* ke dalam BM ataupun BI, dan padanan kata manakah yang harus mereka pilih daripada contoh-contoh di bawah ini?

BM	BI
sepatung (sibur-sibur), pepatung	**capung (sipatung)** ***dragonfly***

Memandangkan NNHT adalah sebagai warisan budaya, maka kita seharusnya memberi tumpuan dan perhatian yang lebih mendalam terhadap masalah perbezaan NNHT seperti di atas. Apa lagi jika nama-nama tersebut menjadi lambang budaya masing-masing, misalnya sebagai unsur dalam peribahasa. Dalam hal ini kerumitan pengajaran dan pembelajaran baik BM mahupun BI di JPMI menjadi semakin sukar.

c. NNHT dalam Peribahasa dan Penterjemahannya

Seperti lazimnya, NNHT sering digunakan dalam peribahasa. Untuk memahami peribahasa seperti yang di bawah ini, pelajar wajar menumpukan perhatian kepada perkataan-perkataan, seperti terung, kelapa dan tupai. Ini disebabkan nama-nama haiwan dan tumbuh-tumbuhan ini memainkan peranan penting dalam memberikan makna peribahasa berkenaan. Tanpa memahami makna metafora di dalam peribahasa, pelajar sudah memahami makna yang tersirat di dalam ungkapan tradisional itu.

tua-tua terung asam
tua-tua kelapa
tua-tua tupai tidak tidur di atas tanah

Sehubungan dengan itu, dapat difahami bahawa memberi pentakrifan ataupun pencarian padanan kata yang sesuai dengan kata masukan seperti yang dipaparkan di atas merupakan kerja perkamusan yang sangat mustahak.

Satu lagi contoh kata yang menunjukkan betapa pentingnya hasil terjemahan NNHT dalam kerja perkamusan adalah kata 'katak'. Dalam bahasa Korea kata *'gaeguri'* dan *'dukkeobi'* merujuk kepada kedua-dua jenis haiwan yang berbeza. Ia dapat dibezakan dengan istilah Inggeris, iaitu *'frog'* dan *'toad'*[1]. Jika kita perhatikan contoh dalam MKBD seperti yang di bawah ini, maka dapatlah diketahui bahawa takrif yang diberikan oleh MKBD adalah hasil terjemahan daripada *Malay-English Bilingual Dictionary* (MED).

> katak 1 frog, toad. 2 stocky. - *betung* k.o. bullfrog. - *dlm tempurung* narrow-minded.
>
> (MED: 168)

Di sini timbul masalah, iaitu perbezaan antara *'frog'* dengan *'toad'* dalam bahasa Korea. Dalam bahasa Korea, *frog* disebut sebagai *'gaeguri'*, sedangkan *toad* ialah *'dukkeobi'*. Perbezaan kedua-dua kata ini, iaitu gaeguri dan *dukkeobi* dapat kita fahami melalui contoh peribahasa yang sangat kerap digunakan dalam kehidupan seharian di Korea.

> 우물 안 **개구리**
> Umur-an-gaeguri
> Sumur dalam katak (Katak di dalam sumur (orang) yang sangat picik pengetahuannya)

Peribahasa Korea di atas hampir sama maknanya dengan peribahasa BM, iaitu seperti 'katak di bawah tempurung'. Jika

---

1 Perhatikan hasil terjemahan Asmah Haji Omar (2000:733, 2008).

demikian, mungkinkah wujudnya ungkapan '*Dukkeobi* di bawah tempurung'? Dalam masyakarkat bahasa Korea, '*gaeguri*' sama sekali tidak boleh digantikan dengan '*dukkeobi*' dalam peribahasa tersebut. Tidak pernah wujud peribahasa '*umuranui dukkeobi*'. Satu lagi contoh yang menunjukkan betapa pentingnya sikap penterjemah terhadap NNHT adalah peribahasa '(seperti) toman makan anaknya'

Dalam MKBD, perkataan 'toman' hanya ditakrifkan sebagai '*badanmulgogiui iljong* (sejenis ikan laut)'. Akan tetapi, dalam Kamus Besar Bahasa Indonesia (KBBI), 'toman' ditakrifkan sebagai 'ikan yang suka makan ikan lain'. Dalam Kamus Dewan (KD) pula, 'toman' ditakrifkan sebagai 'ikan darat'. Jika dibandingkan ketiga-tiga takrif ini, timbul pertanyaan, takrif manakah yang tepat dan betul. Jawapan bagi pertanyaan ini hanya dapat kita temukan melalui makna daripada contoh peribahasa yang berdampingan dengan kata masukan 'toman' dalam KBBI, iaitu 'toman makan anaknya'. Peribahasa ini dihuraikan dalam kedua-dua kamus ekabahasa seperti 'orang yang berbuat sumbang' (KD) atau 'orang yang berbuat cabul (sumbang)' (KBBI).

toman		makan		anak
k.o fish	+	*to eat*	+	*child/offspring*

Dalam kerja penterjemahan peranan kata 'toman' dalam peribahasa di atas melampaui batasan makna leksis. Penterjemah sepatutnya memahami makna metafora daripada perkataan 'toman', iaitu 'orang yang sangat jahat ataupun sundal'. Hal ini jelas menunjukkan betapa pentingnya kerja penterjemahan NNHT dalam penyusunan kamus, terutama kamus dwibahasa seperti MKBD.

Kesimpulan

Sejak pertama kali diterbitkan pada tahun 1988, MKBD kini sudah berusia lebih kurang 24 tahun. Meskipun kamus tersebut pernah dikemaskini untuk edisi tahun 1995, namun masih terdapat kelemahan dan kekurangan seperti yang telah dibincangkan. Antaranya ialah pemerian takrif nama-nama haiwan dan tumbuh-tumbuhan. Sejumlah kata masukan seperti yang telah dipaparkan perlu disempurnakan dalam usaha mencari padanan kata atau takrif yang lebih sesuai. Pemilihan dan pemadanan nama-nama haiwan dan tumbuh-tumbuhan dalam kerja perkamusan memang merupakan tugas yang sangat sulit dan membebankan. Namun demikian, tugas tersebut sepatutnya diusahakan sedapat mungkin demi kejayaan kerja perkamusan.

Demikian pula, memandangkan perkembangan pesat yang berlaku dalam BM dan BI, perbezaan di antara kedua-dua bahasa perlu diperhatikan dan dikaji demi perkembangan pengajaran dan pembelajaran bahasa Melayu-Indonesia baik di JPMI, HUFS, Korea mahupun di institut-institut pengajian bahasa dan budaya Melayu-Indonesia di kancah dunia yang lain. Penilaian setakat ini dilihat dari segi teori perkamusan dan penterjemahan yang berhubung dengan pendidikan bahasa Melayu-Indonesia di Korea. Penilaian ini bertujuan untuk mencetuskan perbincangan mengenai pendekatan perkamusan yang lebih berfaedah bagi pelajar yang mempelajari bahasa Melayu sebagai bahasa asing, di Korea.

Lampiran 1

Semester 1

Year	1st Semester				2nd Semester			
	Course No.	Course Title	Units	Hours	Course No.	Course Title	Units	Hours
	B03111	Audio-Visual	1	1	B03126	Audio-Visual	1	1
		Malay-				Malay-		
	B03113	Indonesian	2	2	B03114	Indonesian	2	2
		Language (1)				Language (2)		
	B03109	History &	3	3	B03229	History &	3	3
		Culture of				Culture of		
	B03105	Indonesia	2	2	B03123	Malaysia	2	2
		Elementary				Elementary		
	B03110	Malay-	1	2	003114	Malay-	1	2
1		Indonesian (1)				Indonesian (2)		
		Elementary				Elementary		
		Malay-				Malay-		
		Indonesian				Indonesian		
		Grammar (1)				Grammar (2)		
		Elementary				Malay-		
		Malay-				Indonesian		
		Indonesian				Conversation &		
		Conversation &				Composition (2)		
		Composition (1)						
	B03216	Literature &	2	2	B03212	History of	2	2
		Society of				Malay-		
	B03217	Malay-Indonesia	2	2	B03121	Indonesian	2	2
	B03103	History of	2	2		Literature		
		Malay-			003208	Readings in		
		Indonesian				Malay-	2	2
	B03218	Readings in	2	2	003216	Indonesian (2)	2	2
	B03206	Malay-	1	2		Practical Malay-		
		Indonesian (in			003202	Indonesian	1	2
2		Malay-				Indonesian		
		Indonesian) (1)				Religion &		
		Malaysian				Society		
		Religion &				Intermediate		
		Society				Malay-		
		Intermediate				Indonesian		
		Malay-				Conversation &		
		Indonesian				Composition (2)		
		Conversation &						
		Composition (1)						

Year	1st Semester				2nd Semester			
	Course No.	Course Title	Units	Hours	Course No.	Course Title	Units	Hours
	B03311	Advanced	2	2	B03312	Advanced	2	2
		Malay-				Malay-		
		Indonesian				Indonesian		
	B03373	Conversation &	2	2	B03380	Conversation &	2	2
		Composition (1)				Composition (2)		
	B03360	Malay-	2	2	B03364	Society &	2	2
		Indonesian			B03362	Language of	2	2
	B03363	Current	2	2		Malay-Indonesia		
	B03361	Information	2	2	B03461	Malaysian	2	2
3		Comparative				Regional Studies		
		Studies of				Malaysian		
		Malay-				Contemporary		
		Indonesian				Literature		
		Indonesian				Business Malay-		
		Regional Studies				Indonesian		
		Indonesian						
		Contemporary						
		Literature						
	B03463	Readings in	2	2	B03482	International	2	2
		Malay-				Relation of		
	B03465	Indonesian	2	2	B03464	Malay-Indonesia	2	2
		Literature (1)				Readings in		
	B03467	Malay-	2	2	B03485	Malay-	2	2
		Indonesian				Indonesian		
		Culture in Malay			B03476	Literature (2)	2	2
	B03478	Language	2	2	B03479	Social	2	2
		Practice of				Linguistics in		
	B03475	Malay-	2	2		Malay-		
4		Indonesian				Indonesian		
		Interpretstion &				Malay Politics		
		Translation				& Economics		
		Studies of				Chinese Society		
		Malay-				in Indonesia		
		Indonesian						
		Overseas						
		Chinese						
		Indonesian						
		Politics &						
		Economics						

Rujukan

- Ahn Young-Ho. 1988. *Kamus Dwibahasa Indonesia Korea*. Seoul: Penerbit Hankuk University of Foreign Studies.
- Ainon Mohd. dan Abdullah Hassan. 1996. *Kamus Terjemahan Inggeris-Melayu English-Malay Translation Dictionary*. Kuala Lumpur: Utusan Publications & Distributors Sdn Bhd.
- Amdun Husain. 2005. *Kamus Pelajar Terbitan Khas KBSM*. Kuala Lumpur: Dewan Bahasa dan Pustaka.
- Asmah Haji Omar. 2004. *Muafakat Bahasa: Sejarah MBIM/MABBIM sebagai Pembina Bahasa*. Kuala Lumpur: Dewan Bahasa dan Pustaka.
- Asmah Haji Omar. 2000. *Oxford Fajar Advanced Learner's English-Malay Dictionary, A S Hornby*. Shah Alam: Penerbit Fajar Bakti.
- Chun Tai-Hyun. 2003. Penterjemahan dan perkamusan dwibahasa: Bahasa Korea dan bahasa Indonesia. Kertas kerja Persidangan Penterjemahan Antarabangsa Ke-9. Kuala Lumpur, Malaysia, 2-4 September, 2003, Dewan Bahasa dan Pustaka. Hlm. 225-234.
- Chun Tai-Hyun. 2005. Onomatopia dan penterjemahan karya sastera. Dlm. Abdullah Hassan (ed). *Terjemahan dan Pengglobalan Ilmu*. Kertas kerja Persidangan Penterjemahan Antarabangsa Ke-10, Kota Kinabalu, Sabah, Malaysia, 2-4 Ogos 2005. Kuala Lumpur: PTS Professional Publishing Sdn.Bhd. hlm. 141-147.
- Chun Tai-Hyun. 2007. Penterjemahan nama haiwan dan tumbuh-tumbuhan dalam perkamusan dwibahasa Melayu-Korea. Dlm. Abdullah Hassan (ed). *Membina Kepustakaan dalam Bahasa Melayu, Enriching the Repositoty of Knowledge in Malay*. Kertas kerja Persidangan penterjemahan Antarabangsa Ke-11, Kuala Lumpur, Malaysia, 21-23 November 2007. PTS Publications & Distributors Sdn. Bhd. dan Institut Terjemahan Negara Malaysia Berhad. hlm. 550-562.
- Echols J.M. and Shadily H. 1963. *Indonesian-English Dictionary. 2nd. Edition*. Ithaca, New York: Cornell University Press, Penerbit PT. Gramedia Jakarta.
- Noresah Baharom (ed.). 2005. *Kamus Dewan: Edisi Keempat, Cetakan Pertama*. Kuala Lumpur: Dewan Bahasa & Pustaka.

BAB 7

Pengantarabangsaan Bahasa Melayu:

Peluang dan Hambatan

Hasnah Mohamad
Junaini Kasdan

Pengenalan

Usaha mengantarabangsakan bahasa Melayu sentiasa dilaksanakan secara berterusan oleh pelbagai pihak memandangkan bahasa Melayu semakin diterima sebagai antara bahasa penting yang menjadi bahasa pertuturan ratusan juta masyarakat sejagat. Usaha tersebut termasuklah aktiviti pengajaran dan pembelajaran bahasa Melayu di peringkat antarabangsa. Kajian ini bertujuan untuk menilai usaha pengantarabangsaan bahasa Melayu, khususnya pengajaran bahasa Melayu kepada penutur asing di Korea Selatan. Aspek yang diteliti ialah peluang dan hambatan yang dihadapi dalam melaksanakan usaha tersebut. Peluang dalam kajian ini ditafsirkan sebagai pelbagai aspek yang dianggap mudah dan dapat menarik perhatian penutur asing dalam mempelajari bahasa Melayu. Manakala hambatan pula ialah pelbagai faktor yang menghalang kelancaran penguasaan bahasa Melayu dalam kalangan penutur asing. Penulis terpanggil untuk menjalankan kajian ini memandangkan belum ada silibus bahasa

Melayu yang benar-benar mantap di universiti ini khususnya. Ketiadaan silibus yang mantap ini kemungkinan akan mengurangkan keberkesanan proses pengajaran dan pembelajaran bahasa Melayu di universiti berkenaan. Oleh itu, kajian ini merupakan titik permulaan dalam rangka pembinaan cadangan silibus bahasa Melayu khususnya dan pengantarabangsaan bahasa Melayu amnya. Kajian menganalisis kaitan antara pemerolehan bahasa dalam kalangan mahasiswa HUFS dengan masalah yang dihadapi untuk mempelajari bahasa berkenaan. Teori sosiokognitif (Bandura 1989) diterapkan dalam menganalisis data. Dalam kajian ini, teori ini telah dieksploitasi dan diperluas, serta diterapkan ke dalam bidang linguistik, khususnya pengajaran dan penguasaan bahasa. Kajian dijangka dapat menyumbang kepada pengajaran bahasa Melayu di peringkat antarabangsa, khususnya kepada penutur asing di Korea Selatan, terutama dari segi penyediaan bahan pengajaran dan pembelajaran.

Penerapan Teori Sosiokognitif (Bandura 1989) dalam Menganalisis Dapatan Kajian

Bagi tujuan kajian ini, Teori Sosiokognitif (Bandura 1989), yang lebih popular dalam bidang psikologi dan pendidikan dimanfaatkan. Teori yang pada awalnya dikenali sebagai Teori Pembelajaran Sosial ini ada kalanya disebut juga sebagai Teori Pembelajaran Kognitif Sosial. Namun dalam perkembangan selanjutnya, iaitu pada tahun 1986 teori ini kemudian dinamakan semula sebagai Teori Kognitif Sosial (Bandura 1986).

> *In 1986, Bandura renamed his SLT, Social Cognitive Theory (SCT), as better description of what he had been*

advocating since the 1960's. This name change was also likely the result of an effort to further distance himself and his theory from the behaviorist approach.

Manakala istilah sosiokognitif pula, pertama kali dikemukakan oleh Atkinson (2002) sebagai hibrid atau gabungan daripada istilah sosial dan kognitif.

The term sociocognitive is proposed by Atkinson as the hybrid of the social and the cognivite. ... Sociocognitive, made up from socio and cognitive, covers both the social (including cultural) and cognitive phenomena, which are closely related to language and language learning.

Pelopor teori ini, Bandura (1997) berpendapat bahawa selain interaksi dengan persekitaran, faktor kesedaran dalaman individu yang mempengaruhi persepsi dan tindakan seseorang dalam sesuatu proses pembelajaran juga merupakan faktor yang perlu diberikan perhatian. Manusia belajar melalui pemerhatian, penilaian terhadap perilaku orang lain, dan membuat generalisasi tentang dunia di sekelilingnya. Oleh yang demikian, teori Sosiokognitif ini menekankan bahawa pembelajaran tidak semestinya berlaku melalui pengalaman langsung. Dalam kajian ini, teori Sosiokognitif dimanfaatkan untuk mengungkapkan persoalan tentang penguasaan bahasa, khususnya struktur ayat dalam kalangan remaja sebagai satu alternatif.

Metodologi Kajian

Kajian ini menggunakan kaedah kerja lapangan menggunakan

instrumen soal selidik. Borang soal selidik diedarkan secara rawak kepada mahasiswa *Hankuk University of Foreign Studies* (HUFS), tahun pertama dan tahun akhir yang dalam lingkungan umur 20 hingga 24 tahun. Kumpulan mahasiswa tersebut mewakili penutur natif bahasa Korea dan sedang mengikuti kuliah dalam jurusan bahasa Melayu di Jabatan Interpretasi dan Penerjemahan, HUFS Cawangan Yongin. Soal selidik (Sila lihat Lampiran) terbahagi kepada soalan berkaitan maklumat latar belakang diri dan maklumat berkaitan pengalaman serta proses dalam mengikuti kuliah bahasa Melayu.

Hasil Dapatan dan Perbincangan

Kajian mendapati bahawa 31.2% pelajar bersetuju bahawa proses pembentukan ayat merupakan aspek yang paling sukar dalam mempelajari bahasa Melayu. Hal ini disebabkan oleh perbezaan struktur ayat bahasa asal mereka dengan struktur ayat bahasa Melayu. Contohnya,

1. *Saya mahu menjadi bijak orang maka mahu memberi A+.*

25.0% pelajar pula berpendapat bahawa aspek dalam bahasa Melayu yang paling sukar dipelajari adalah membentuk kata. Kesukaran ini berlaku kerana sebilangan besar kata dalam bahasa Melayu dibentuk dengan imbuhan, baik awalan, akhiran, sisipan, mahupun apitan. Menariknya, kajian mencatatkan bahawa pelajar tidak menghadapi masalah untuk mempelajari dan memahami kata sapaan dalam bahasa Melayu. Dapatan ini juga disokong oleh pengamatan penyelidik yang menunjukkan bahawa pelajar sememangnya tidak bermasalah untuk memberikan ucapan *selamat pagi*, *selamat petang* dan sebagainya. Begitu juga dengan pemilihan kata ganti nama diri pertama, *saya* atau kata ganti diri kedua yang umum digunakan dalam bahasa Melayu. Kata ganti nama diri pertama yang menimbulkan sedikit kekeliruan ialah *kita* dan *kami*.

Walau bagaimanapun, kajian mencatatkan bahawa 25.0% pelajar mengakui bahawa mereka menghadapi kesukaran untuk menyebut kata dalam bahasa Melayu. Hal ini mungkin disebabkan wujudnya perbezaan fonem dalam kedua-dua bahasa. Misalnya, mereka menghadapi kesukaran untuk menyebut perkataan dengan suku kata tertutup, seperti bas disebut sebagai bas(e), kad disebut sebagai kad(e), begitu juga dengan perkataan seperti pasti, disebut sebagai pas(e)ti, Hasnah disebut sebagai Has(e)na(h). Kekeliruan penyebutan bentuk sama dalam bahasa Melayu dan bahasa Melayu Indonesia juga menyebabkan pelajar berhadapan dengan kesukaran untuk menyebut kata dalam bahasa Melayu. Misalnya bunyi "i" dengan "e taling". Pelajar didapati sukar untuk menyebut bunyi yang menggunakan vokal "i", contohnya *kasih*, *putih*. Dalam hal ini, pelajar memerlukan model peranan yang dapat membantu mereka memperbaik sebutan dalam bahasa Melayu. Sebutan pada huruf "t" dan "k" yang biasanya berada pada akhir kata didapati selalu mengelirukan pelajar. Misalnya, pelajar sering berhadapan dengan masalah untuk menyebut kata "sakit", "sedikit" atau "dekat" dalam bahasa Melayu berbanding dengan bahasa Melayu Indonesia. Sebutan "t" dalam bahasa Melayu cenderung disebut pada kedudukan *apiko dental* menyebabkan bunyi "t" tidak kedengaran. Hal ini ditiru oleh penutur asing dengan menyebut perkataan tanpa bunyi huruf "t", misalnya "sakik", "dekak" atau "sedikik". Keadaan ini berbeza dengan sebutan "t" dalam bahasa Melayu Indonesia disebut pada kedudukan *dental*, sekali gus memudahkan mereka menyebut dalam bahasa Melayu Indonesia.

Kajian juga mendapati bahawa hal yang perlu diberikan penekanan dalam pengajaran dan pembelajaran bahasa Melayu kepada penutur asing adalah pemahaman makna kata dan ayat. Hal ini diakui oleh 56.2% orang pelajar yang mengatakan bahawa aspek yang paling sukar dipelajari adalah memahami makna kata dan ayat dalam bahasa Melayu. Misalnya, apabila mempelajari ayat "*Enam ekor burung masuk dalam kuali*", mereka harus memahami dahulu bahawa maksud *ekor* dalam ayat itu ialah sebagai penjodoh bilangan bagi *burung* dan bukannya merujuk pada kata *ekor* sebagai anggota badan burung. Ini juga ditunjukkan daripada kesalahan pelajar dalam menjawab penjodoh bilangan bagi *durian*. Ramai yang menjawab *sebuah durian* dan bukannya *sebiji durian*, kerana mereka mengaitkan durian sebagai sejenis buah. Masalah ini dapat dijelaskan dengan mengaitkan penjodoh bilangan dalam bahasa ibunda mereka, kerana dalam bahasa mereka juga ada penjodoh bilangan bagi orang, haiwan, benda dan sebagainya.

Bagi membantu pelajar mengatasi masalah mereka dalam mempelajari bahasa Melayu, beberapa cadangan strategi dikemukakan kepada pelajar. Kajian mencatatkan bahawa 37.5% pelajar bersetuju bahawa strategi yang mereka amalkan untuk meningkatkan pengetahuan bahasa Melayu ialah dengan membaca buku dan makalah dalam bahasa Melayu. Selain itu, sejumlah 56.2% orang pelajar bersetuju bahawa lebih banyak latihan dalam bahasa Melayu akan membantu mereka meningkatkan penguasaan bahasa Melayu, dan 25.0% pelajar bersetuju bahawa kebiasaan merujuk kamus juga akan membantu mereka menguasai bahasa Melayu dengan lebih baik. Walau bagaimanapun, berdasarkan pengamatan penyelidik, kamus bahasa Melayu dalam bentuk kamus saku misalnya, boleh dikatakan tiada atau masih sangat terhad di pasaran. Yang banyak dan mudah didapati di pasaran ialah Kamus Bahasa Melayu Indonesia. Oleh itu, tidak hairanlah kebanyakan pelajar lebih menguasai kosa kata bahasa Indonesia berbanding dengan bahasa Melayu. Contohnya, mereka lebih mengenali kata sapaan *ibu* berbanding *puan*, *bapak* berbanding *tuan/encik*, *tas* berbanding *beg*, *pacar* berbanding *kekasih*, *sore* berbanding *petang*, *libur* berbanding *cuti*, dan sebagainya.

Melihat kemungkinan memperdengarkan lagu Melayu sebagai salah satu usaha untuk meningkatkan penguasaan bahasa Melayu penutur asing, kajian mendapati bahawa, strategi tersebut ternyata bukan pilihan pelajar. Hanya 12.4% pelajar bersetuju dengan kaedah tersebut. Pengamatan penyelidik mendapati bahawa pelajar tidak mempunyai masalah mendengar melodi lagu Melayu setelah diputarkan beberapa kali. Namun, yang menjadi masalah kepada mereka adalah untuk mengenal pasti sebutan sebenar perkataan yang diucapkan melalui lagu kerana melodi yang terlalu cepat atau akibat gangguan irama dalam lagu. Pelajar juga mengatakan bahawa mereka tidak dapat menghayati lagu kerana pilihan kata yang sukar difahami maksudnya dan mereka tidak dapat mengikuti jalan cerita dalam lagu yang diperdengarkan. Misalnya, *Lagu Tiga Kupang* yang dikatakan mempunyai melodi yang menarik, tetapi mereka menghadapi kesukaran untuk memahami cerita dalam lagu itu. Walau bagaimanapun, lagu tersebut sangat berkesan digunakan dalam mempelajari kosa kata berkaitan nombor, kerana di dalamnya terkandung kata-kata dalam domain angka, seperti *kira-kira*, *tiga*, dan *enam* yang seterusnya boleh dikembangkan lagi untuk mempelajari kosa kata dalam domain berkenaan.

Kajian juga mendapati bahawa mempertontonkan filem Melayu kepada pelajar atau penutur asing juga bukanlah strategi yang baik untuk meningkatkan penguasaan bahasa Melayu mereka. Hanya 12.4% peserta bersetuju dengan kaedah tersebut.

Suatu hal yang menarik untuk diberikan perhatian ialah peranan guru atau pensyarah dalam membantu meningkatkan penguasaan bahasa Melayu dalam kalangan penutur asing. Kajian mendapati bahawa bertanya kepada pensyarah bukan pilihan strategi yang baik untuk mereka meningkatkan penguasaan bahasa Melayu. Hal ini bukan suatu yang luar biasa. Kajian yang pernah dilakukan oleh Asmah Haji Omar (1982) mendapati pelajar Melayu tidak dapat menguasai bahasa Inggeris dengan baik kerana dipengaruhi oleh sikap malu. Jadi, bukanlah suatu yang baru sekiranya pelajar Korea juga didapati mempunyai sikap malu dalam mempelajari bahasa asing. Justeru, guru atau pensyarah perlu mencari pendekatan yang lebih efektif untuk menggalakkan murid bertanya. Misalnya, perbincangan bersemuka secara peribadi di luar waktu kuliah, khususnya bagi pelajar yang agak lemah dan ketinggalan.

Walau bagaimanapun, kajian mendapati bahawa 31.2% pelajar bersetuju bahawa langkah terbaik untuk meningkatkan penguasaan bahasa Melayu adalah dengan menggunakan bahasa Melayu dalam perbualan. Kesedaran ini dapat dimanfaatkan oleh pensyarah dengan mengambil langkah proaktif untuk melibatkan pelajar secara aktif dalam perbualan atau perbincangan, baik di dalam kelas mahupun di luar kelas.

Selanjutnya kajian mendapati bahawa kekangan yang dihadapi pelajar dalam mempelajari bahasa Melayu adalah disebabkan oleh kekurangan atau ketiadaan bahan rujukan, khususnya kamus bahasa Melayu untuk penutur asing. Dalam hal ini, kajian mencatatkan sejumlah 75.0% pelajar bersetuju dengan pernyataan tersebut. Berdasarkan pengamatan, pengkaji mendapati bahawa pelajar terpaksa menggunakan kamus dan buku-buku bahasa

Melayu Indonesia dan ini amat mempengaruhi penguasaan kosa kata bahasa Melayu. Selain kekurangan rujukan, bahan pengajaran bahasa Melayu yang kurang menarik juga merupakan faktor yang dapat mengurangkan minat pelajar asing untuk mempelajari bahasa Melayu. Bahan di sini khususnya merujuk pada buku rujukan bahasa Melayu yang sedia ada, didapati terlalu banyak memaparkan teks, dan kekurangan ilustrasi yang lazimnya dapat lebih menarik perhatian penutur asing untuk mempelajari sesuatu bahasa.

Antara faktor pendorong utama pelajar memilih untuk mempelajari bahasa Melayu ialah minat diri sendiri dan galakan atau pengaruh ibu bapa dan keluarga. Kajian mendapati bahawa 62.5% pelajar mempelajari bahasa Melayu atas pilihan mereka sendiri dan 31.2% pelajar menjadikan ibu bapa dan keluarga sebagai model peranan untuk mempelajari bahasa Melayu. Selanjutnya, kajian mendapati bahawa 37.2% pelajar memilih untuk mengikuti jurusan bahasa Melayu dengan harapan mudah mendapatkan pekerjaan. Dapatan ini menjadi bukti untuk menyokong pemantapan kursus bahasa Melayu di universiti ini khususnya memandangkan bahasa Melayu sudah pun dikenali dalam kalangan masyarakat di Korea.

Berdasarkan pengetahuan bahasa Melayu sebelum mengikuti kursus, kajian mendapati bahawa kumpulan pertama, 37.5% pelajar mengatakan mereka tidak tahu sama sekali tentang bahasa Melayu, kumpulan kedua, 43.8% pelajar mengatakan mereka sudah mengetahui sedikit tentang bahasa Melayu dan dapat menyebut beberapa kata mudah dalam bahasa Melayu, dan kumpulan ketiga, 12.5% pelajar mengatakan bahawa mereka sudah dapat memahami bahasa Melayu tetapi sukar untuk bertutur. Kumpulan pertama terdiri daripada pelajar tahun pertama, manakala kumpulan kedua dan ketiga pula merupakan pelajar senior yang telah mengikuti kuliah bahasa Melayu Indonesia pada semester sebelumnya.

Dalam usaha untuk mengenal pasti persepsi pelajar terhadap bahasa Melayu setelah mengikuti kursus bahasa Melayu, kajian mendapati bahawa 43.8% pelajar mengatakan mereka berminat untuk mempelajari bahasa Melayu pada peringkat tinggi, 25.0% pelajar mengatakan bahawa penguasaan bahasa Melayu mereka terus meningkat dari semasa ke semasa. Kajian turut mencatatkan bahawa bahasa Melayu bukanlah bahasa yang sukar untuk dipelajari oleh penutur asing. Hal ini terlihat daripada pengesahan pelajar sendiri. Kajian mencatatkan bahawa 56.2% pelajar mengatakan bahasa bahasa Melayu tidak begitu sukar dan tidak begitu mudah untuk dipelajari, dan 68.8% pelajar mengatakan bahawa mereka suka belajar bahasa Melayu. Dapatan ini memberi gambaran masa depan yang cerah kepada bahasa Melayu untuk terus berkembang di Korea, justeru usaha ke arah penambahbaikan kaedah pengajaran dan pembelajaran bahasa Melayu memang wajar diperkukuh dan dimantapkan lagi.

Cadangan Penambahbaikan Pengajaran dan Pembelajaran Bahasa Melayu

Hasil kajian ini telah berjaya mengenal pasti beberapa cadangan untuk menambah baik pengajaran dan pembelajaran bahasa Melayu di HUFS seperti yang berikut:

1. Penekanan terhadap aspek pembentukan kata khususnya imbuhan dan pembentukan ayat bahasa Melayu.
2. Memperbanyak latihan lisan dengan penekanan kepada aspek sebutan bahasa Melayu oleh model peranan.

3. Menyediakan lebih banyak saluran bagi membolehkan pelajar mengaplikasikan bahasa Melayu dalam bentuk lisan atau tulisan, misalnya pidato atau pertandingan menulis cerita dalam bahasa Melayu.
4. Memperuntukkan lebih banyak masa untuk latihan bertulis bahasa Melayu.
5. Menyediakan lebih banyak buku, kamus dan makalah dalam bahasa Melayu.
6. Mendapatkan buku-buku rujukan bahasa Melayu yang lebih menarik, misalnya yang mempunyai banyak ilustrasi bagi menjelaskan kosa kata berkaitan.

Kesimpulan

Pada umumnya kajian yang bertemakan pengantarabangsaan bahasa Melayu ini memfokus pada usaha untuk menambaik proses pengajaran bahasa Melayu kepada penutur asing di negara mereka sendiri. Hasil kajian ini telah berjaya mengenal pasti beberapa faktor yang menjadi daya penarik serta faktor yang menjadi hambatan dalam pembelajaran bahasa Melayu di kalangan penutur asing khususnya di *Hankuk University of Foreign Studies*. Strategi pelajar dalam menangani masalah pembelajaran bahasa Melayu juga turut dikenal pasti. Beberapa cadangan telah dikemukakan berdasarkan kajian bagi menambahbaiki proses pengajaran dan pembelajaran bahasa Melayu kepada penutur asing di Korea secara khusus dan di negara-negara lain amnya.

LAMPIRAN 1

SOAL SELIDIK

Kajian pemerolehan bahasa Melayu dalam kalangan penutur asli bahasa Korea.

Kajian dijalankan untuk melihat pengaruh bahasa ibunda dalam mempelajari bahasa asing, serta masalah dan strategi yang digunakan oleh pelajar dalam mempelajari bahasa asing.

BAHAGIAN A

1. Buat ayat menggunakan perkataan-perkataan yang berikut:
   a. Ini
   b. Itu
   c. Enak
   d. Bijak
   e. Ayam
   f. Buku
   g. Makan
   h. Berjalan
   i. Memasak
   j. Dibeli

2. Tulis esei dengan salah satu topik yang berikut. Panjang esei hendaklah tidak kurang daripada 50 patah perkataan.
   a. Ceritakan tentang ayah anda.
   b. Ceritakan tentang kawan baik anda.
   c. Ceritakan tentang makanan kegemaran anda.
   d. Ceritakan tentang tempat yang ingin anda lawati.

BAHAGIAN B

1. Apakah aspek dalam bahasa Melayu yang paling sukar anda pelajari? Anda boleh memilih lebih daripada satu jawapan. Sila tandakan dengan nombor mengikut darjah keutamaan (nombor 1 bagi masalah yang paling utama, diikuti 2, dan seterusnya).
   a. Membentuk kata (kata berimbuhan, kata dasar)
   b. Membentuk ayat (ayat mudah, ayat kompleks)
   c. Memahami kata sapaan
   d. Memahami kata ganti diri
   e. Menyebut kata
   f. Memahami makna kata dan ayat

2. Apakah strategi yang anda gunakan untuk menguasai bahasa Melayu dengan lebih baik? Anda boleh memilih lebih daripada satu jawapan. Sila tandakan dengan nombor mengikut darjah keutamaan (nombor 1 bagi masalah yang paling utama, diikuti 2, dan seterusnya).
   a. Membaca buku dan makalah dalam bahasa Melayu
   b. Membuat lebih banyak latihan dalam bahasa Melayu
   c. Sering menggunakan kamus bahasa Melayu
   d. Mendengar lagu Melayu
   e. Menonton filem Melayu
   f. Bertanya kepada pensyarah
   g. Menggunakan bahasa Melayu dalam perbualan harian dengan rakan-rakan sekelas
   h. Lain-lain (sila nyatakan)

   ____

3. Apakah masalah utama yang anda hadapi dalam mempelajari bahasa Melayu? Anda boleh memilih lebih daripada satu

jawapan. Sila tandakan dengan nombor mengikut darjah keutamaan (nombor 1 bagi masalah yang paling utama, diikuti 2, dan seterusnya).

a. Kekurangan/ketiadaan buku rujukan dalam bahasa Melayu
b. Kekurangan/ketiadaan kamus dalam bahasa Melayu
c. Bahasa Melayu sangat sukar dipelajari
d. Bahan pengajaran bahasa Melayu yang tidak menarik
e. Tenaga pengajar bahasa Melayu yang membosankan
f. Waktu pembelajaran yang singkat
g. Lain-lain (sila nyatakan)

____

4. Nyatakan sebab utama anda memilih jurusan bahasa Melayu. Anda boleh memilih lebih daripada satu jawapan. Sila tandakan dengan nombor mengikut darjah keutamaan (nombor 1 bagi masalah yang paling utama, diikuti 2, dan seterusnya).

a. Dipengaruhi oleh ibu bapa dan keluarga
b. Dipengaruhi oleh teman-teman
c. Keputusan sendiri
d. Jurusan ini mempunyai tenaga pengajar yang bagus
e. Supaya mudah mendapat pekerjaan yang bagus
f. Tiada pilihan lain
g. Sebab lain (sila nyatakan)

____

5. Pengetahuan bahasa Melayu anda sebelum mengikuti kuliah ini

a. Tidak tahu langsung
b. Dapat menyebut beberapa perkataan mudah dalam bahasa Melayu
c. Dapat berkomunikasi dengan orang lain menggunakan

bahasa Melayu yang mudah

d. Dapat memahami bahasa Melayu tetapi tidak dapat bertutur

6. Setelah mengikuti kuliah ini lebih daripada satu semester, saya berasa bahawa ....
   a. Penguasaan bahasa Melayu saya sudah meningkat
   b. Saya menyesal belajar bahasa Melayu
   c. Saya ingin mempelajari bahasa Melayu pada peringkat yang lebih tinggi
   d. Saya akan mencadangkan jurusan bahasa Melayu kepada rakan saya yang lain

7. Setelah mempelajari bahasa Melayu, apakah pendapat anda tentang bahasa tersebut?
   a. Bahasa Melayu sangat mudah
   b. Bahasa Melayu sangat sukar
   c. Bahasa Melayu tidak begitu mudah dan tidak begitu sukar
   d. Pendapat lain (sila nyatakan)

   ____

8. Adakah anda suka belajar bahasa Melayu dan mengapa?
   a. Ya, saya suka belajar bahasa Melayu kerana

   ____

   b. Tidak, saya tidak suka belajar bahasa Melayu kerana

   ____

   c. Tidak pasti kerana

   ____

Rujukan

- Asmah Omar. 1992. *Linguistic Scenery in Malaysia.* Kuala Lumpur: Dewan Bahasa dan Pustaka.
- Atkinson, Dwight. 2002. Towards a sociocognitive approach to second language acquisition. *The Modern Language Journal.* 86(iv):526-545.
- Awang Sariyan. Strategi pengajaran bahasa kepada pelajar asing: Faktor pengajar. http://Klikweb.dbp.my/ [01/05/2012]
- Baharom Mohamad dan Iliyas Hashim. 2010. *Gaya Pengajaran & Pembelajaran.* Batu Caves, Selangor: PTS Professional Publishing Sdn, Bhd.
- Bandura, Albert. 1995. *Social Foundations of Thoughts and Action: A Social Cognitive Theory.* Eaglewood Cliffs, NJ: Prentice-Hall.
- Zaharani Ahmad. 2011. Pengajian Melayu di Korea Selatan: Perkembangan dan pencapaiannya. Dlm. Yang Seung-Yoon & Zaharani Ahmad. (ed.). *50 Tahun Hubungan Malaysia-Korea Selatan.* Seoul: Hankuk University Press. Hlm. 211-245.

BAB 8

Antonim Bahasa Melayu Pelajar Korea

Normaliza Abd Rahim

Pengenalan

Pembelajaran bahasa Melayu dalam kalangan pelajar asing merupakan satu perkara yang baharu memandangkan bahasa Melayu adalah merupakan bahasa antarabangsa yang dipelajari oleh pelajar di seluruh dunia termasuk di Portugal, United Kingdom, Germany, Afrika Selatan, Amerika Syarikat, Netherland serta lain-lain. Bahasa Melayu yang juga mempunyai banyak persamaan dengan bahasa Nusantara yang berbaur bahasa Indonesia dan dipelajari bagi memudahkan sistem komunikasi di antara ahli masyarakat. Justeru bahasa ini dianggap sebagai penting dalam kehidupan masyarakat yang berbilang bangsa dari pelbagai negara (Lanlin 2005). Selain itu, bahasa Melayu ini dipelajari bukan sahaja dari aspek kemahiran bahasa itu sendiri tetapi juga dari aspek linguistik serta kesusasteraan Melayu. Adalah membanggakan apabila bahasa Melayu dianggap sebagai bahasa yang penting di persada dunia memandangkan negara seperti Malaysia, Indonesia, Singapura, Brunei serta selatan

Thailand menggunakan bahasa Melayu dalam kehidupan seharian malah bahasa Melayu ini digunakan sebagai bahasa utama di peringkat sekolah, universiti dan pejabat bagi negara di Malaysia dan Brunei serta bahasa yang dipelajari di sekolah dan universiti di Singapura. Bahasa Melayu ini lebih diperincikan dengan adanya Dewan Bahasa dan Pustaka di mana bahasa ini didokumentasikan dalam bentuk buku dan penggunaan bahasa ini diwajarkan sehingga kini.

Selain itu bahasa Melayu disebarkan melalui pelajar Melayu yang belajar di luar negara di mana pelajar ini masih menggunakan bahasa Melayu dalam perbualan harian (Normaliza Abd Rahim 2011). Walaupun ada di antara pelajar Melayu ini yang sudah bermastautin di negara lain, bahasa Melayu masih digunakan dalam keluarga. Walaupun ada di antara pelajar yang sudah berkahwin dengan bangsa lain namun bahasa Melayu masih diajar dan digunakan dalam keluarga. Kajian yang dijalankan oleh Normaliza Abd Rahim (2011) mendapati bahawa rakyat Malaysia yang menetap di Ireland masih menggunakan bahasa Melayu dalam perjumpaan masyarakat Melayu serta perjumpaan perayaan dan keagamaan. Kajian ini melibatkan tiga puluh lima keluarga Melayu yang menetap lebih daripada dua puluh tahun di Ireland. Mereka terdiri daripada doktor, akauntan dan chef di hotel. Keputusan kajian mendapati bahawa masyarakat Melayu ini masih menggunakan bahasa Melayu bersama pasangan serta anak-anak dan juga menggunakan bahasa Melayu ini semasa menghadiri majlis perjumpaan dengan masyarakat Melayu lain. Anak-anak kecil juga didapati menggunakan bahasa Melayu dengan betul walaupun mereka bersekolah bersama dengan pelajar Ireland dan pembelajaran juga melibatkan bahasa Inggeris dan tiada pembelajaran bahasa Melayu. Galakan dari pihak ibu dan bapa (Ellis 1997) Melayu ini dapat memberikan kesan yang positif kepada anak-anak mereka supaya tidak lupa akan bahasa ibunda mereka sendiri. Ini jelas membuktikan bahawa pemartabatan bahasa Melayu berlaku walaupun masyarakat Melayu ini sudah tidak berada di negara mereka sekian lama.

Menurut Normaliza Abd Rahim dan Siti Nur Aliaa Roslan (2011) pelajar Melayu juga mempunyai kekuatan dalam mempertahankan bahasa mereka sendiri. Ini terbukti daripada kajian yang melibatkan pelajar Melayu dalam menangani pembelajaran bahasa asing bersama dengan pelajar yang berasal dari tujuh buah negara yang lain. Adalah sukar pada mulanya untuk berkomunikasi di antara pelajar namun kekuatan yang terdapat di dalam pelajar Melayu ini dapat sedikit sebanyak mengatasi masalah yang timbul semasa berkomunikasi dengan pelajar lain. Kajian Normaliza Abd Rahim dan Siti Nur Aliaa Roslan (2012) ini melibatkan tujuh pelajar dari Poland, Malaysia, Ireland, Italy, Portugal, Greece dan Bosnia di mana mereka diberikan masa selama sebulan untuk berbincang mengenai topik perbualan yang mereka minati. Pelajar diberi masa untuk berbincang di dalam kumpulan masing-masing dan interaksi perbualan yang berkaitan dengan kajian ini dianalisis. Keputusan kajian mendapati bahawa walaupun pelajar berasal dari negara yang berlainan namun minat terhadap sesuatu perkara yang sama dengan pelajar lain dapat mengatasi masalah komunikasi serta bahasa yang digunakan. Oleh itu proses komunikasi telah dapat dijalankan dan pelajar berasa gembira dengan perbualan tersebut. Oleh itu pembelajaran bahasa kedua merupakan salah satu cara untuk memberi ruang kepada pelajar (Ellis 1997, Brown 2000) untuk meluahkan perasaan.

Zulkifli Hamid (2012) menyatakan bahawa bahasa Melayu merupakan bahasa yang menyatukan rakyat di Malaysia. Ini adalah kerana rakyat Malaysia yang terdiri daripada berbilang bangsa dan bahasa Melayu merupakan bahasa perantaraan di antara mereka. Oleh kerana bahasa Melayu ini dipelajari di peringkat sekolah rendah lagi, maka bahasa ini digunakan di dalam acara formal dan tidak formal serta semua masyarakat di Malaysia faham akan bahasa tersebut. Keputusan kajian Zulkefli Hamid (2012) ini memperlihatkan konsep pengetahuan bahasa Melayu yang menyeluruh untuk para perancang pendidikan bahasa dan yang penting adalah pengetahuan mengenai nahu bahasa Melayu dan kecekapan berbahasa Melayu. Di sini dapat dilihat bahawa bahasa Melayu merupakan bahasa yang penting di dalam kehidupan seharian masyarakat yang berbilang bangsa di Malaysia. Pengetahuan mengenai bahasa Melayu ini sebenarnya merangkumi pengetahuan mengenai budaya (Normalis Amzah et. al. 2012), masyarakat, hati budi (Hashim Hj. Musa 2008; Hashim Hj Musa et. al. 2012) serta pragmatik dalam berbahasa.

Kajian oleh Yong Chyn Chye dan Vijayaletchumy Subramaniam (2012) mendapati bahasa pelajar asing yang belajar bahasa Melayu mempunyai kesilapan dari aspek fonologi. Kajian ini dilakukan dengan pelajar dari Botswana, China, Iran dan Indonesia. Tujuh puluh lima pelajar asing yang mengikuti kelas Bahasa Kebangsaan iaitu bahasa Melayu di Universiti Multimedia di Malaysia telah dipilih. Kajian ini dilakukan selama empat belas minggu dan ujian penulisan dan pemerhatian selama lapan minggu dijalankan bagi tujuan kajian ini. Kajian ini menggunakan pendekatan analisis kontrastif dan kesilapan. Keputusan kajian mendapati bahawa terdapat 182 kesilapan ortografi atau ejaan dan digolongkan dalam lima aspek mengikut tahap kesukaran penguasaan iaitu angka asas, kata tanya, kata komunikasi asas, kata ganti nama diri dan kata sapaan. Selain itu keputusan kajian ini juga mendapati bahawa jenis kesilapan fonologi yang paling kerap direkod melibatkan penukaran huruf dengan huruf lain.

Kajian oleh Yong Chyn Chye and Vijayaletchumy Subramaniam mempunyai keputusan kajian yang hampir sama dengan kajian oleh Kholood dan Norbert (2012), Norehan Muhamad (2009), Suthanthiradevi (2004) dan Medan Sandra Kasih (2003) di mana kajian mereka tertumpu kepada pelajar berbilang bangsa dari pelbagai negara dalam mempelajari bahasa kedua. Menurut Khazriyati Salehuddin, Tan Kim Huat dan Marlyna Maros (2006) kesilapan yang dilakukan oleh pelajar dapat memberikan gambaran yang lebih teliti dalam proses pembelajaran bahasa. Pelajar yang mempelajari bahasa asing akan merasakan bahawa satu kesukaran dalam semua aspek termasuk tatabahasa. Ini merupakan kesilapan semasa proses pembelajaran dan merupakan satu perkara yang tidak dapat dielakkan. Oleh demikian, kesilapan kini dianggap sebagai wahana yang sangat penting untuk tujuan diagnostik dalam pengajaran bahasa. Lanlin (2005) pula menyatakan golongan penyelidik dan pelajar bahasa asing akan mengambil kira pendekatan analisis kontrastif dalam memberikan gambaran yang jelas di dalam proses pengajaran dan pembelajaran.

Menurut Aishah Md Kassim (2008) bahasa Melayu dianggap sebagai bahasa asing di Singapura. Ini adalah kerana bahasa Inggeris merupakan bahasa utama diikuti dengan bahasa China memandangkan majoriti dari masyarakat di Singapura terdiri daripada kaum China. Justeru bahasa Melayu dianggap sebagai bahasa asing memandangkan kurangannya tenaga pengajar dan keperluan di dalam mempelajarinya. Justeru, bahasa Melayu dianggap sebagai salah satu bahasa asing yang akan dipelajari seperti bahasa-bahasa asing yang lain. Peluang untuk menggunakan bahasa Melayu ini dianggap sebagai kurang memandangkan kebanyakan urusan secara formal dan tidak formal menggunakan bahasa Inggeris dan bahasa China. Sehubungan itu, penduduk di Singapura yang ingin mempelajari bahasa Melayu hingga ke peringkat yang tinggi mengalami masalah untuk memperoleh bahan pengajaran seperti buku teks bahasa Melayu serta kekurangan tenaga pakar di dalam bidang yang berkaitan. Kajian oleh Aishah Md Kassim (2008) menyarankan supaya lebih banyak kajian dilakukan untuk meletakkan bahasa Melayu sebagai bahasa yang boleh dipelajari serta memberi galakan kepada pelajar yang ingin belajar bahasa Melayu hingga ke peringkat yang lebih tinggi. Walaupun bahasa Melayu dianggap sebagai bahasa asing di Singapura, namun bahasa ini masih diperlukan oleh masyarakat di Singapura untuk tujuan komunikasi dan pembelajaran. Kajian oleh Ishii (2009) dalam Normalis Amzah et. al. (2012), mendapati bahawa belajar bahasa asing akan memberikan mereka satu daya tarikan dan motivasi di mana mereka berpeluang untuk belajar bukan sahaja bahasa baharu malah pada masa yang sama dapat mengenal budaya baharu dari negara tersebut. Ini sedikit sebanyak dapat memberikan ruang untuk masyarakat belajar bahasa asing yang baharu atau masyarakat luar yang ingin belajar bahasa ibunda negara yang mereka diami.

Berdasarkan maklumat kajian lepas, penyelidikan mengenai bahasa Melayu dalam kalangan pelajar asing yang mempelajari bahasa Melayu di negara lain masih kurang. Justeru, kajian ini memberi fokus kepada penggunaan antonim bahasa Melayu dalam kalangan pelajar Korea, di Korea. Ini adalah kerana pelajar Korea ini mengambil beberapa bahasa asing dalam satu masa dan agak sukar bagi mereka untuk mempelajari bahasa Melayu dengan bahasa lain. Kajian ini mempunyai dua objektif, iaitu untuk mengenal pasti serta membincangkan penggunaan antonim bahasa Melayu dalam kalangan pelajar Korea.

Metodologi

Sampel kajian terdiri daripada dua belas pelajar Korea lelaki dan perempuan di sebuah kelas peringkat awalan di *Hankuk University of Foreign Studies*, Korea. Pelajar berumur dari dua puluh hingga dua puluh lapan tahun. Pelajar diberi pendedahan mengenai antonim bahasa Melayu dan mereka diberi masa selama dua minggu untuk berbincang mengenai tiga puluh tujuh set antonim. Setelah penerangan diberikan kepada pelajar, mereka berbincang bersama ahli kumpulan untuk mencari antonim bagi tiga puluh tujuh perkataan tersebut. Pelajar juga diminta untuk membuat ayat dari perkataan antonim tersebut. Perbualan pelajar dirakam dan interaksi pelajar yang berkaitan dengan kajian ini dianalisis bagi tujuan kajian ini. Analisis kajian ini menggunakan kaedah analisis wacana oleh Brown dan Yule (1983).

Keputusan dan Perbincangan

1. Penggunaan Antonim dalam Soalan

Pelajar gemar menggunakan antonim di dalam bentuk soalan untuk membandingkan pasangan antonim. Ini adalah kerana pelajar dapat membezakan di antara kedua-dua antonim tersebut dan dari jawapan yang diberikan untuk soalan itu, pelajar lain dapat memahami dengan jelas akan penggunaan antonim tersebut. Pelajar menggunakan soalan berbentuk 'Mengapakah', 'Adakah', 'Bilakah', 'Bagaimanakah', dan 'Siapakah'. Ini adalah kerana pelajar merasakan dengan menggunakan soalan dari perkataan-perkataan di atas, akan lebih jelas maksud antonim tersebut. Soalan pelajar seperti, *Mengapakah budak lelaki itu tinggi dan budak perempuan itu rendah?, Mengapakah adik dia gemuk dan kakak dia kurus?, Mengapakah rumah itu besar dan rumah di belakang itu kecil?, Mengapakah perempuan itu cantik dan perempuan di sebelahnya hodoh?* dan *Mengapakah jalan itu licin dan batu di dinding ini kasar?* Penggunaan 'Mengapakah' di atas jelas menunjukkan bahawa pelajar memahami akan konsep antonim di mana mereka cuba membandingkan di antara budak lelaki, adik, rumah, perempuan dan jalan. Semasa perbincangan mengenai hal ini, pelajar telah cuba memberi penerangan kepada rakan yang lain mengenai antonim dalam soalan yang dikemukakan itu. Pelajar lain didapati bersetuju akan penerangan tersebut dan mereka dapat memahaminya dengan jelas. Penggunaan 'Mengapakah" di dalam soalan dari pelajar dapat dilihat bahawa pelajar inginkan jawapan pilihan. Ini jelas terbukti apabila pelajar dapat memberikan contoh gambar yang disediakan oleh mereka. Pelajar memberikan contoh gambar yang diperoleh dari internet dan melalui soalan yang mengandungi antonim ini, pelajar dapat menjawabnya dengan mudah. Justeru, melalui perbincangan yang dilakukan, penggunaan soalan 'Mengapakah' dalam ayat yang mengandungi antonim dapat difahami dengan baik.

Selain itu, pelajar juga menggunakan 'Adakah' di dalam ayat mereka. Soalan sebegini memerlukan jawapan samada 'ya' atau pun 'tidak'. Setelah perbincangan, pelajar didapati dapat membuat ayat yang mengandungi antonim. Soalan pelajar seperti, *Adakah dinding kedai itu hitam atau putih?, Adakah bilik itu gelap atau cerah?, Adakah buku itu tebal atau nipis?, Adakah kerusi itu keras atau lembut?* dan *Adakah jalan itu lurus atau bengkang bengkuk?* Soalan di atas menunjukkan bahawa pelajar boleh memberikan jawapan. Ini adalah kerana soalan pelajar tersebut telah disertakan sekali dengan gambar supaya pelajar lain boleh memberikan jawapan. Ini jelas menunjukkan bahawa pelajar telah bersedia memandangkan jika soalan tiada bukti gambar, pelajar lain mungkin tidak dapat membayangkan jawapan yang sebenarnya. Contoh soalan antonim hitam-putih, gelap-cerah, tebal-nipis, keras-lembut dan lurus-bengkang bengkuk adalah dari benda dan melalui perbincangan pelajar dapat membezakan di antara kedua-dua anotonim tersebut.

Soalan yang menggunakan perkataan 'Bilakah' juga digunakan oleh pelajar untuk membezakan antonim. Pelajar memberikan contoh berbentuk benda supaya pelajar lain dapat memahaminya dengan jelas. Gambar yang diberikan itu telah ditunjukkan kepada pelajar lain. Soalan pelajar seperti, *Bilakah tali panjang itu dipotong pendek?, Bilakah pisau tumpul itu akan menjadi tajam?, Bilakah jalan itu menjadi lurus kerana sebelum ini bengkang-bengkuk?, Bilakah akan berbau wangi kerana sekarang ini bunga itu busuk?* dan *Bilakah tali itu akan tegang kerana jika kendur tali itu akan reput?*. Soalan di atas menunjukkan penggunaan kata tanya 'Bilakah' di dalam ayat memberi penjelasan mengenai antonim. Soalan di atas dapat dikenal pasti apabila pelajar yang ingin menjawab dapat memilih jawapan yang betul memandangkan soalan tersebut ternyata jelas. Soalan ini agak berlainan dengan soalan yang menggunakan 'Mengapakah dan Adakah' kerana soalan ini telah tertera alasan mengapa perkataan itu mempunyai antonim. Seperti soalan pertama, pelajar harus memberikan jawapan 'Bilakah tali panjang itu dipotong pendek?'. Ini menunjukkan bahawa pada asalnya tali itu sememangnya panjang dan selepas dipotong baharulah tali itu menjadi pendek. Seperti juga soalan yang lain, pelajar boleh memahami dengan jelas akan apa yang diinginkan untuk jawapan.

Soalan yang menggunakan perkataan 'Bagaimanakah' juga

digunakan oleh pelajar. Pelajar inginkan jawapan dan penerangan bagaimana sesuatu benda atau perkara ini terjadi. Soalan pelajar seperti, *Bagaimanakah cara untuk membuatkan air panas itu menjadi sejuk?, Bagaimanakah anda mendapat banyak jawapan yang betul dari yang salah?, Bagaimanakah hidung dia mancung tetapi hidungnya kemek? Bagaimanakah beg dia yang ringan menjadi berat?* dan *Bagaimanakah kamu duduk di atas meja dan dia duduk di atas kerusi?*. Soalan di atas menunjukkan bahawa pelajar telah cuba menggunakan kedua-dua perkataan dalam memberikan penerangan antonim tersebut. Adalah jelas soalan tersebut memerlukan pelajar lain untuk memberikan jawapan yang jelas dan tepat. Soalan pertama di atas menunjukkan bahawa pelajar memberikan soalan mengenai bagaimana cara membuatkan air panas menjadi sejuk. Soalan ini dapat memberikan kefahaman kepada pelajar bahawa pada awalnya air itu panas dan air itu perlu menjadi sejuk. Soalan-soalan seterusnya yang tertera di atas jelas memberikan pemahaman tentang antonim di dalam setiap satu soalan tersebut. Oleh itu penggunaan 'Bagaimanakah' di dalam soalan dapat memberikan penjelasan yang jelas serta memperoleh jawapan yang mudah daripada pelajar.

Soalan dari kata tanya 'Siapakah' juga telah digunakan oleh pelajar semasa perbincangan di dalam kumpulan. Pelajar telah cuba menggunakan manusia dalam membezakan antonim yang diberikan. Ini adalah supaya pelajar dapat memberikan contoh yang jelas dan mudah difahami oleh pelajar lain. Soalan seperti, *Siapakah yang tampan dan buruk di antara mereka?, Siapakah yang kaya dan miskin di antara dua sahabat itu?, Siapakah yang hitam legam dan putih melepak di antara pelajar perempuan itu?, Siapakah yang kedekut dan pemurah di dalam keluarga itu?* dan *Siapakah yang selalu panas hati dan sejuk hati setelah bertengkar?*. Soalan di atas menunjukkan bahawa pelajar inginkan satu jawapan sahaja. Soalan yang dikemukan oleh pelajar setelah perbincangan adalah dengan memberikan contoh manusia, memandangkan antonim tersebut sesuai untuk membandingkan manusia dengan manusia yang lain. Tambahan lagi, soalan yang bermula dengan 'Siapakah' sememangnya memerlukan manusia untuk membezakan antonim tersebut. Oleh itu, adalah jelas bahawa kesemua pelajar memahami akan konsep penggunaan antonim dengan melibatkan manusia sebagai perbandingan.

2. Penggunaan Antonim dalam Ayat

Penggunaan antonim dalam ayat mudah juga kerap digunakan oleh pelajar semasa perbincangan. Pelajar didapati lebih gemar membina ayat kerana mereka berasa lebih yakin dan faham akan ayat yang diberikan. Pelajar juga menyatakan bahawa pelajar lain akan mudah memahami akan ayat yang mereka ujarkan itu. Ayat-ayat itu melibatkan penggunaan benda, binatang dan manusia dalam memberikan perbandingan di antara antonim tersebut. Kebanyakan daripada ayat yang mereka berikan disertakan dengan gambar supaya lebih mudah menunjukkan perbezaan bagi kedua-dua perkataan berkenaan. Ini jelas menggambarkan keyakinan yang tinggi oleh pelajar yang semasa perbincangan (Richards 1974) di dalam kumpulan tersebut.

Pelajar memberikan ayat yang melibatkan benda dalam membezakan antonim adalah seperti, *Kotak besar itu terletak di sebelah kiri manakal kotak kecil itu di sebelah kanan, Baju merah itu labuh manakala baju biru itu singkat, Kelapa tua itu berwarna cokelat manakala kelapa muda itu berwarna hijau, Kereta itu sangat laju manakala lori itu sangat lambat* dan *Kerusi itu terletak di depan manakala kerusi kecil itu terletak di belakang.* Ayat di atas menunjukkan bahawa pelajar menggunakan perkataan 'manakala' untuk membezakan penggunaan dua perkataan yang mengandungi makna antonim tersebut. Di sini, pelajar dapat membezakan benda yang dimaksudkan seperti kotak, baju, kelapa, kereta, dan kerusi dan pelajar lain juga dapat memahami perbezaan tersebut. Selain dari penggunaan gambar dalam memberikan penjelasan ayat, pelajar juga dapat memberikan contoh dengan cara melukiskannya di papan putih di hadapan kelas. Di sini dapat dilihat bahawa pelajar begitu yakin (Fries 1945) akan ayat yang diberikan itu jelas maknanya dan pelajar juga yakin bahawa pelajar lain juga memahami akan apa yang ingin diujarkan itu.

Ayat yang menggunakan binatang sebagai penjelasan juga gemar digunakan oleh pelajar semasa perbincangan. Binatang yang digunakan di dalam ayat merupakan binatang yang selalu didengar dan dilihat oleh pelajar di Korea. Selain dari belajar untuk mengenal pasti binatang yang tidak terdapat di Korea, pelajar juga telah cuba menggunakan binatang tersebut dalam memberikan contoh ayat. Ayat pelajar adalah seperti, *Kura-kura itu berjalan lambat manakala arnab itu berlari laju, Singa tua itu berjalan perlahan manakala anak singa itu berjalan cepat, Burung itu berkicau dengan girang manakala Kancil itu berasa sangat sedih, Monyet itu mencaci binatang lain manakala harimau itu memuji binatang lain* dan *Kucing itu sangat cerdik manakala anjing itu sangat bodoh.* Ayat di atas jelas menunjukkan bahawa pelajar lebih selesa memberikan contoh binatang dalam memberikan makna setiap antonim tersebut. Ini adalah kerana ada di antara antonim itu tidak sesuai digunakan ke atas manusia kerana pada pendapat mereka manusia akan berkecil hati jika digelar sebagai 'bodoh'. Pelajar mendapati bahawa penggunaan manakala juga amat sesuai digunakan dalam memberikan contoh ayat supaya perbezaan di antara dua perkataan yang berkaitan dengan antonim ini akan lebih mudah untuk difahami. Perbincangan yang dilakukan oleh pelajar didapati dapat memberikan keyakinan yang tinggi terhadap pelajar (Erton 2006) dalam memberikan pandangan dan komen kepada rakan di dalam kumpulan. Ini juga menampakkan kolaborasi yang positif di antara ahli kumpulan. Contoh yang menggunakan binatang yang lebih diminati oleh pelajar adalah lebih baik memandangkan mereka boleh membayangkan binatang tersebut, berbanding dengan benda atau manusia yang harus disertakan dengan gambar bagi penjelasan yang lebih jelas.

Penggunaan manusia di dalam ayat yang mengandungi antonim juga telah diberikan oleh pelajar. Pelajar menggunakan ahli keluarga atau pun rakan di dalam kelas supaya boleh mendapatkan penjelasan yang lebih teliti dan mudah untuk difahami. Selain dari penggunaan soalan untuk menjelaskan antonim, penggunaan ayat juga dapat menerangkan antonim dengan baik. Ini memandangkan perkataan yang mengandungi antonim itu dapat membezakan dua perkataan tersebut. Ayat yang mengandungi antonim adalah seperti, *Abangnya tinggi manakala adiknya rendah, Adiknya gemuk manakala kakaknya kurus, Pakciknya berbadan besar manakala makciknya berbadan kecil, Emaknya cantik manakala perempuan tua itu buruk, Kulit mukanya licin manakala kulit muka adiknya kesat* dan *Bapanya hitam manakala pakciknya putih.* Ayat di atas menunjukkan bahawa pelajar menggunakan ahli keluarga dan orang lain dalam memberikan contoh ayat mereka. Ini adalah supaya pelajar lain boleh membayangkan penjelasan di dalam ayat itu. Pelajar juga berupaya untuk membezakan ahli keluarga masing-masing kerana mereka melihat akan keadaan yang sebenar di hadapan mata mereka. Ini menunjukkan bahawa pelajar dapat memberikan contoh dengan penuh keyakinan tanpa sebarang soalan dari pelajar yang lain. Terdapat juga keraguan (Ting-Toomey 1999) di dalam memberikan ayat di mana pelajar tidak dapat membezakan orang yang cantik dan buruk. Walaupun pelajar sememangnya tahu akan makna cantik dan buruk, namun mereka tidak sampai hati untuk memberikan perkataan 'buruk' untuk seseorang yang mereka kenali. Ini adalah jelas di mana pelajar mempunyai daya sensitiviti yang tinggi (Erton 2006) dan menghormati orang lain adalah merupakan satu nilai yang baik. Namun mereka masih dapat memberikan ayat yang boleh difahami oleh pelajar lain.

Sebagai rumusan, keputusan kajian di atas jelas menunjukkan bahawa pelajar Korea berupaya untuk menjelaskan antonim bahasa Melayu dan berjaya berbincang mengenai antonim di dalam kumpulan masing-masing. Pelajar ini juga mempunyai keyakinan yang tinggi dalam menjelaskan makna setiap perkataan dan antonim dengan menggunakan soalan dan ayat. Pelajar merasakan contoh yang diberikan harus meliputi benda, binatang dan manusia kerana kesemua contoh ini berkaitan dengan kehidupan seharian mereka. Keputusan kajian ini hampir sama dengan kajian yang dilakukan oleh Normaliza Abd Rahim (2011, Normaliza Abd Rahim et. al. 2011) di mana perbincangan di dalam kumpulan kecil dapat memberikan keyakinan diri dalam kalangan pelajar. Selain itu keputusan kajian ini juga hampir sama dengan kajian yang dilakukan oleh Aishah Md Kassim (2008) dan Yong Chye Chye & Vijayaletchumy Subramaniam (2012) di mana bahasa Melayu adalah bahasa asing yang boleh dipelajari oleh semua orang dan penguasaan satu bahasa asing menambah keyakinan diri.

Kesimpulan

Kajian ini memberi implikasi kepada pelajar Korea yang belajar bahasa Melayu sebagai bahasa asing. Pelajar Korea memerlukan sebanyak mungkin perkataan baharu untuk dipelajari dan juga memerlukan contoh yang baik supaya mereka dapat memahami akan konsep yang ingin disampaikan. Selain itu, kajian ini juga memberi implikasi kepada penyelidik dalam menjalankan penyelidikan tentang pembelajaran bahasa Melayu dalam kalangan pelajar antarabangsa agar pelajar ini dapat manafaatkan pembelajaran dengan baik. Adalah diharapkan supaya kajian akan datang dapat memberi tumpuan kepada penggunaan antonim dalam penulisan karangan dalam kalangan pelajar Korea pula.

Rujukan

- Ainol Madziah & Isarji Sarudin. 2009. Motivation to learn a foreign language in Malaysia. *GEMA Online™ Journal of Language Studies.* 9(2):73-87.
- Aishah Md Kassim. 2008. Malay language as a foreign language and the Singapore's education system. *GEMA Online Journal of Language Studies.* 8(1):47-56.
- Brown, H. D. 2000. *Principles of Language Learning and Teaching.* New York: Longman.
- Ellis, R. 1997. *SLA Research and Language Teaching.* Oxford: Oxford University Press.
- Erton, I. 2006. Semiotic nature of language teaching methods in foreign language learning and teaching. *Journal of Language and Linguistic Studies.* 2(1):73-86.
- Fries, C. C. 1945. *Teaching and Learning of English as a Foreign Language.* Ann Arbor: The University of Michigan Press.
- Hashim Hj. Musa. 2008. *Hati budi Melayu: Pengukuhan Menghadapi Cabaran Abad ke-21.* Serdang: Penerbit Universiti Putra Malaysia.
- Hashim Hj. Musa, Normahdiah Sheik Said, Rozita Che Rodi dan Siti Sarah Ab Karim. 2012. Hati budi Melayu: Kajian keperibadian sosial Melayu ke arah penjanaan Melayu gemilang. GEMA Online™ Journal of Language Studies. 12(1):163-182.
- Ishii, E. 2009. The effects of task-based intercultural instruction on the intercultural competence of Japanese secondary EFL learners. *Asian Journal of English Language Teaching.* 19:159-181.
- Khazriyati Salehuddin, Tan Kim Hua, & Marlyna Maros. 2006. Definiteness and indefiniteness: A contrastive analysis of the use of determiners between the Malay language and English. *GEMA OnlineTM Journal of Language Studies.* 6(1):21-30.
- Kholood, S. & Norbert, S. 2012. Difficulties with vocabulary word form: The case of Arabic ESL learners. (Atas talian) Muat turun 20 Mei 2012, dari http://www.sciencedirect.com/science/article/pii/S1060374302000516
- Lanlin, Z. 2005. Language differences and communication: Contrastive analysis revisted. *Western Journal of Graduate Research.* 12(1):113-131.

- Medan Sandra Kasih. 2003. Analisis kontrastif dan keanekabahasaan. *Jurnal Bahasa*. 47(10):36-40.
- Norehan Muhamad. 2009. Analisis kesilapan: Satu kajian terhadap karangan murid-murid orang Asli. *Jurnal Penyelidikan DEDIKASI*. 1:119-136.
- Normalis Amzah, Natsue Hieda, Mimiko Nezu. 2012. Penyerapan unsur budaya dalam pembelajaran bahasa Jepun. *GEMA Online™ Journal of Language Studies*. 12(2): 407-425.
- Normaliza Abd Rahim. 2011. Pemartaban bahasa Melayu melalui perbualan di Kampung Melayu Lucan, Ireland. Prosiding Kongres Antarabangsa Bahasa dan Budaya. 17-18 September 2011. Pusat Persidangan Antarabangsa Berakas, Negara Brunei Darussalam.
- Normaliza Abd Rahim, Kamaruzaman Jusoff and Siti Nur Aliaa Roslan. 2011. Sustaining communication in collaborative learning environment. *Journal of Public Administration and Social Policy*. 3(2):51-58.
- Normaliza Abd Rahim dan Siti Nur Aliaa Roslan. 2012. Analisis perbualan pelajar dari tujuh negara di Sekolah St Patrick Limerick, Ireland. *Jurnal Linguistik*. 15:1-10.
- Richards, J. C. (ed.). 1974. *Error Analysis: Perspectives on Second Language Acquisition*. London: Longman.
- Suthanthiradevi J. N. Money. 2004. Pengaruh bahasa ibunda dalam proses pembelajaran bahasa Melayu murid India. Tesis Master, Universiti Pertanian Malaysia. (Atas talian) Muat turun pada 20 Mei 2012 dari,
- http://psasir.upm.edu.my/8943/1/FPP_1996_7_A.pdf
- Ting-Toomey, S. 1999. *Communicating Across Cultures*. New York: The Guilford Press.
- Yong Chye Chye dan Vijayaletchumy Subramaniam. 2012. Analisis kesilapan dalam pembelajaran bahasa Melayu oleh pelajar asing. *GEMA Online™ Journal of Language Studies*. 12(2):667-692.

BAB 9

Kesepakatan Dua Negara:
Penyusunan Kamus Korea-Melayu Dewan

Kamariah Yusof

Pengenalan

Kesepakatan ialah satu pendekatan Dewan Bahasa dan Pustaka (DBP) dalam usaha bekerjasama dengan pelbagai institusi dalam dan luar negara yang telah terjalin sejak sekian lama secara berterusan sehingga kini. Matlamat Dewan Bahasa dan Pustaka (DBP) ialah untuk menyebarluaskan bahasa Melayu pada peringkat serantau dan antarabangsa melalui kerjasama kebahasaan. Dengan adanya kerjasama ini pelbagai aktiviti kebahasaan telah dirancang dan dilaksanakan. Ini diperkukuh lagi dengan termaterainya Program Kerjasama Persefahaman (MOU) melalui Majlis Antarabangsa Bahasa Melayu (MABM).

Melalui MABM penyusunan kamus khususnya kamus dwibahasa merupakan aktiviti kodifikasi bahasa yang memainkan peranan penting dalam menyebarluaskan bahasa Melayu. Aktiviti ini bermula sejak abad ke-20 lagi melalui penyusunan kamus dwibahasa *Kamus bahasa Inggeris-bahasa Malaysia* untuk memenuhi keperluan masyarakat Malaysia yang pelbagai bangsa dan keturunan. Ini diikuti dengan terbitnya *Kamus Perancis-Melayu Dewan* hasil kerjasama dengan Kerajaan Perancis. Pada tahun 2008, DBP telah menerbitkan *Kamus Thai-Melayu Dewan* hasil kerjasama dengan Universiti Prince of Songkhla. Pada masa ini DBP sedang menyusun pelbagai kamus dwibahasa antaranya *Kamus Melayu-Khmer Dewan, Kamus Tamil-Melayu Dewan, Kamus Cina-Melayu Dewan, Kamus Perancis-Melayu Dewan Edisi Kedua,* dan *Kamus Arab-Melayu Dewan Permulaan.*

Berikutnya DBP merancang akan mengusahakan Kamus Korea-Melayu Dewan melalui kesepakatan antara DBP dengan institusi di Korea. Kesepakatan dalam kerja penyusunan kamus ini akan melibatkan penutur asli bahasa Korea sebagai penyusun, manakala DBP sebagai pakar bahasa Melayu dan perkamusan. Untuk memastikan data dalam kamus ini berwibawa, kedua-dua pihak akan bekerjasama dalam mengedit dan menyemak kamus ini. Kerjasama ini akan menghasilkan kamus untuk kegunaan para pelajar, penyelidik dan khalayak yang berminat untuk menguasai bahasa Melayu.

Pelaksanaan Projek Kamus Dwibahasa

Terdapat pelbagai kaedah melaksanakan projek kamus dwibahasa. Kesepakatan merupakan salah satu kaedah yang diamalkan oleh DBP dalam menghasilkan kamus dwibahasa terutamanya kamus dwibahasa bahasa asing bahasa Melayu, khususnya Kamus Korea-Melayu Dewan. Dari perspektif penyusunan kamus, kesepakatan merupakan usaha sama dalam menangani projek kamus dwibahasa yang dilaksanakan secara berkumpulan, sama ada usaha sama dengan institusi lain atau membentuk satu kumpulan pakar yang mewakili pelbagai bidang yang berkaitan. Bekerja secara berkumpulan sedemikian dapat membantu menyelesaikan masalah perbezaan pola bahasa dan budaya bahasa sumber dan bahasa sasaran.

Projek Kamus Korea-Melayu Dewan ini akan melibatkan tiga peringkat; peringkat pertama perancangan; kedua penyusunan; dan ketiga penerbitan. Usaha menerbitkan kamus boleh diibaratkan seperti membina sebuah bangunan. Pekamus akan memikirkan tentang entri kamus, samalah seperti seorang arkitek akan memikirkan tentang reka bentuk dan bahan binaan yang diperlukan. Bangunan yang akan dibina tidak sama dengan bangunan lain. Begitu juga kamus, tidak satu pun kamus yang diterbitkan mempunyai format, skop, tujuan dan jumlah entri yang sama. Pada dasarnya apabila merancang hendak menerbitkan kamus perkara-perkara yang perlu diambil kira antaranya, mengapakah kamus ini diterbitkan, siapakah pengguna sasarannya, berapakah jumlah entrinya, bagaimanakah formatnya, berapakah harganya, dan bilakah akan diterbitkan. Soalan-soalan ini perlu difikirkan pada masa perancangan awal.

Peringkat Perancangan

Sebagai sebuah badan penerbit, pertimbangan utama yang perlu diambil kira dalam melaksanakan projek perkamusan ialah perancangan. Selepas perancangan, perlu juga difikirkan pengguna sasaran, konsep kamus dan pasaran. Siapakah yang akan membeli kamus yang akan diterbitkan dan berapa besar pasarannya serta pulangannya. Selain itu, perlu dikenal pasti jenis kamus agar kamus yang akan diterbitkan terangkum dalam salah satu kategori kamus, dan kamus baru ini berlainan dengan kamus yang sedia ada. Yang paling utama ialah mengenal pasti kumpulan sasaran, dan pekamus hendaklah membayangkan keperluan mereka, dalam keadaan manakah kamus ini akan digunakan. Adakah digunakan semasa dalam perjalanan? Atau untuk tujuan pendidikan. Sekiranya itulah tujuannya, apakah tahapnya. Jika digunakan bagi tujuan pekerjaan, golongan profesional manakah yang akan menggunakannya. Jika kamus ini digunakan oleh pelajar, apakah tahap penguasaan bahasanya. Seterusnya bagaimanakah format atau sistem kamus yang akan diusahakan, dan dalam bentuk apakah kamus ini akan diterbitkan. Selanjutnya kata yang bagaimanakah akan dijadikan entri, dan apakah maklumat linguistik yang perlu dimasukkan.

1. Penentuan Jenis Kamus

Untuk menentukan jenis kamus dwibahasa yang akan dihasilkan, sama ada Kamus Korea-Melayu mahupun Kamus Melayu-Korea, pelbagai ukuran perlu dibuat. Antaranya ialah fungsi kamus dan sasaran. Mengikut Svensen, bentuk sesebuah kamus itu ditentukan oleh jenis aktiviti linguistik yang diperlukan oleh pengguna (Svensen 1993:4). Jika dari segi fungsi, kamus dwibahasa boleh dibahagikan kepada dua, pasif dan aktif. Kamus yang digunakan secara pasif ialah kamus dari bahasa asing ke bahasa pengguna. Manakala kamus aktif ialah dari bahasa pengguna ke bahasa asing (Svensen 1993:21).

Penentuan jenis kamus penting dalam penyusunan kamus dwibahasa kerana apabila sudah dipastikan jenis kamus yang akan diterbitkan, tugas penyusunan akan menjadi mudah. Seandainya tujuan penyusunan dan jenis kamus tidak jelas, perancangan dan penyusunan kamus akan menjadi lambat dan tidak mantap seterusnya menjejaskan tempoh terbit. Apatah lagi konsepnya juga berubah. Oleh itu, penting menentukan tujuan penyusunan kamus sama ada untuk pelajar asing mempelajari bahasa Melayu atau sebaliknya.

Sekiranya kamus itu bertujuan untuk kegunaan pelajar asing mempelajari bahasa Melayu maka kamus yang sesuai ialah kamus aktif, iaitu Kamus Korea-Melayu. Ini kerana kamus aktif dapat membantu pengguna meningkatkan penguasaan bahasa asing melalui penterjemahan dan penulisan. Kamus jenis ini juga dikenali sebagai kamus produktif. Sebaliknya, jika kamus yang akan diterbitkan ialah Kamus Melayu-Korea, ia merupakan kamus pasif kepada penutur bahasa Korea dan hanya untuk pemahaman sahaja. Kamus pasif membantu pengguna dalam pemahaman, pendengaran dan mungkin dalam terjemahan.

2. Jangkaan Terbit

Apabila jenis kamus telah dikenal pasti, timbul persoalan berapa lamakah tempoh untuk menerbitkan kamus tersebut? Persoalan ini merupakan cabaran yang selalu menghantui pekamus. Agak sukar untuk menjangkakan berapa lamakah sesebuah kamus itu akan terbit kerana faktor-faktor seperti skop kamus yang luas, keadaan kerja yang sukar dan penglibatan ramai orang. Berbanding projek kamus yang kecil, kajian keseluruhan projek dan masalahnya mudah untuk dianggarkan. Walau bagaimanapun, perancangan awal penting untuk menentukan jadual kerja supaya kamus yang dirancang dapat diterbitkan dalam tempoh yang dirancang. Seperti yang dikatakan oleh Svensen bahawa menyusun kamus mengambil masa yang lama dan kosnya mahal. Yang demikian, untuk menjimatkan masa dan wang, ia perlu dirancang dengan berhati-hati, dikawal dan dipantau (Svensen 1993:236).

Pada dasarnya penerbitan kamus melibatkan tugas merancang,

menyusun dan mencetak kamus. Berapa peratus yang perlu ditumpukan untuk merancang, menyusun dan mencetak? Ada pelbagai pandangan dan pendapat berhubung dengan perancangan projek kamus. Svensen mengatakan Mc Gregor (1985) telah membahagikan perancangannya kepada dua bahagian, iaitu perancangan dan pelaksanaan. Sebanyak 5% diperuntukan untuk perancangan yang meliputi mengenal pasti keperluan, perancangan awal, penganalisisan, kajian semula perancangan, penyediaan contoh perancangan, dan perancangan akhir. Sementara 95% diperuntukan untuk pelaksanaan. Ini merangkumi pengumpulan dan pemilihan data, pendrafan, penyemakan dan penerbitan (Svensen 1993:238). Manakala Landau memperuntukkan 30% untuk merancang, sekurang-kurangnya 50% untuk menulis dan bakinya untuk penerbitan sebelum adanya komputer. Selepas adanya komputer, perancangan masih mengambil masa lebih kurang 30%, penulisan menjadi 60% dan penerbitan 10% atau mungkin kurang kerana tugas mengatur huruf dilakukan secara serentak semasa proses penyusunan, dan bahan ini kemudian dipindahkan ke kod percetakan. Ini menjadikan peringkat pengeluaran lebih singkat berbanding peringkat penyusunan menjadi lebih lama. Bagaimanpun, kos perbelanjaan projek pula meningkat tinggi kerana pertambahan kos untuk membeli perkakasan dan perisian komputer serta khidmat pakar runding yang mahal (Landau 2001:343-344).

Hakikatnya sukar untuk menentukan berapa lama sesebuah kamus itu boleh diterbitkan. Kerana itu, perancangan menjadi perlu sebagai kawalan untuk memudahkan tugas pemantauan. Bagi memastikan projek perkamusan dapat disiapkan dalam jangka yang ditentukan Landau menyarankan perlu adanya margin keselamatan (*safety margin*) yang luas (Landau 2001:344). Anggaran keseluruhan masa yang diperlukan untuk menyiapkan kerja penyusunan boleh dibuat berdasarkan pengalaman lalu. Ini yang telah dibuat oleh Landau dengan menggunakan *minggu editor* untuk mengukur masa yang diperlukan, bermakna ukuran dibuat berdasarkan pengalaman pekamus sebelumnya secara kasar dengan menganggarkan berapa banyak draf yang dapat dihasilkan dalam seminggu oleh seseorang editor secara purata. Anggaran purata ini dapat dikira masa yang diperlukan untuk menyiapkan kamus. Kiraan ini termasuk hasil penyumbang luar yang biasanya sukar untuk diramalkan produktiviti mereka kerana sumbangan mereka bukanlah seratus peratus terhadap kerja perkamusan tetapi merupakan tugas sampingan.

Dari segi perancangan memanglah nampak cantik dan ideal. Namun berdasarkan pengalaman penerbit-penerbit kamus yang lain yang lebih lama terlibat dalam kerja penyusunan kamus jelas sekali seperti yang dikatakan oleh Zgusta (1971:348) "*I certainly do not know all lexicographic projects past and present; but of those I know not a single one was finished in the time and for the money originally planned.*" Sehubungan itu, Zgusta telah memaparkan analisis Casares terhadap perancangan empat buah kamus, iaitu *Oxford English Dictionary*, *The Dutch Dictionary* (*Dutch Woordenboek der Nederlandsche Taal*), *The Swedish Dictionary* (*The Swedish Ordbok över Svenska Spraket*) dan *The Danish Dictionary* (*Danish Ordbog over det Danske Sprog)* seperti yang berikut:

Judul	Rancang	Sebenar
Oxford English Dictionary	13 tahun	39 tahun, lewat 400%)
Dutch Dictionary	25 tahun	65 tahun, lewat 360 %
Swedish Dictionary	12 tahun	65 tahun , lewat 640%
Danish Dictionary	12 tahun	49 tahun, lewat 408%

(Zgusta 1971: 349)

Projek perkamusan berbeza dengan penerbitan novel, buku teks dan seumpamanya. Penerbitan kamus melibatkan kos yang tinggi kerana kos yang diperlukan melibatkan dua perkara pokok, iaitu kos penyusunan dan kos penerbitan. Memandangkan projek perkamusan ini memakan masa yang lama dan belanja yang besar, maka untuk meminimumkan tempoh masa dan seterusnya kos, setiap projek kamus hendaklah dirancang dengan baik, di samping sentiasa dikawal dan dipantau. Justeru projek Kamus Korea-Melayu Dewan yang akan disusun memerlukan kesepakatan dalam perancangan agar apa jua masalah, rintangan dan hambatan semasa penyusunan dapat diatasi bersama. Menurut Svensen pengawasan dan pemantauan terhadap masa sangat penting terutamanya semasa pengeditan (Svensen 1993: 239). Berikutan itu, Svensen mengatakan ada tiga perkara yang menyebabkan kamus mengambil masa yang lama, pertama tugas perkamusan meliputi bidang yang luas dan mengambil masa; kedua, tugasnya sukar dan rumit; dan ketiga tugas ini melibatkan ramai orang.

Peringkat Penyusunan

Peringkat penyusunan merupakan peringkat yang penting dalam penghasilan kamus. Tugas ini melibatkan kerja pengumpulan dan pemilihan entri, pendrafan, pengeditan dan penyemakan. Penyusunan kamus dwibahasa berlainan dengan kamus ekabahasa kerana kamus dwibahasa melibatkan dua bahasa yang berlainan: satu sebagai objek pemerian dan satu lagi sebagai instrumen pemerian (Henri Béjoint 1994). Aktiviti ini melibatkan pengalihan konsep dari satu bahasa ke satu bahasa yang lain dengan tujuan menyelaraskan unit leksikal sesuatu bahasa dengan unit leksikal bahasa yang lain yang sama dari segi makna leksikalnya (Zgusta

1971:294). Oleh sebab itu, penyusunan kamus dwibahasa bukanlah tugas yang mudah tetapi memerlukan kepakaran dalam bidang leksikografi, memahami dan menghayati kesamaan dan perbezaan budaya dan nilai antara bahasa sumber dengan bahasa sasaran, lebih elok lagi jika pekamus memiliki pengetahuan dalam bidang-bidang lain, penguasaan bahasa, pengalaman, di samping ketekunan, ketelitian dan kesungguhan.

Sebagai institusi yang dipertanggungjawabkan untuk menghasilkan kamus yang berwibawa, maka pendekatan penyusunan kamus di DBP dilaksanakan secara berkumpulan sama ada secara usaha sama dengan institusi lain atau membentuk satu kumpulan pakar yang mewakili pelbagai bidang yang berkaitan. Bekerja secara berkumpulan sedemikian dapat membantu menyelesaikan masalah perbezaan pola bahasa kerana makna leksikal sesuatu kata itu mengandungi banyak komponen yang berbeza dan terdapat banyak fenomena dan hubungan yang berkaitan yang perlu difahami dan ditangani bersama.

DBP tidak mempunyai kepakaran dalam pelbagai bahasa untuk menyusun kamus dwibahasa yang pelbagai bahasa. Kesepakatan adalah salah satu cara untuk menjaga kewibawaan kamus yang akan diterbitkan. Oleh itu, DBP melantik penyusun daripada kalangan mereka yang pakar dalam bahasa sumber atau bahasa sasaran yang terdiri daripada kalangan penutur asli. Penutur asli memainkan peranan penting dalam membantu menghasilkan entri yang lengkap dan berwibawa keran mereka lebih menguasai fenomena kata yang ditangani berbandingan mereka yang mahir dalam bahasa tersebut tetapi bukan penutur asli. Svensen mengatakan, "*..working on bilingual dictionaries the editors must always be able to consult a linguistically trained person who is a native speaker.*' (Svensen 1993:240).

Setiap kamus yang akan disusun perlu reka bentuk luaran dan

dalaman yang disebut struktur makro dan struktur mikro. Struktur makro termasuklah pemilihan kata yang berdasarkan kriteria-kriteria tertentu. Manakala struktur mikro ialah reka bentuk dalaman sesuatu unit rujukan yang menyediakan maklumat lengkap tentang entri berserta komen bentuk dan komen makna (Ibrahim Ahmad 2005:16). Kamus dwibahasa Korea-Melayu yang akan diusahakan ini merupakan kamus pelajar untuk kegunaan penutur yang bahasa ibundanya bukan bahasa Melayu. Pelajar dalam konteks ini ialah penutur asli bahasa sumber yang baru mempelajari bahasa sasaran pada pelbagai peringkat umur. Tujuan mereka mempelajari bahasa Melayu ialah untuk menguasai bahasa itu dengan lebih baik mengikut nahuan. Sehubungan itu, untuk membantu penutur asli bahasa Korea menggunakan bahasa Melayu, maka kamus yang sesuai ialah kamus aktif. Memandangkan kamus ini kamus aktif, maka metabahasa kamus ini ialah bahasa Korea.

1. Pemilihan Entri

Untuk edisi pertama dicadangkan jumlah kata masukannya ialah sebanyak 10,000 entri yang merangkumi kata umum yang kontemporari. Pemilihan entri ini amat penting agar menepati kehendak pengguna. Memandangkan kamus ini untuk kegunaan pelajar, maka kata masukan yang sesuai ialah kata teras bahasa tersebut, tidak termasuk istilah, peribahasa dan dialek. Pemilihan entri dibuat oleh penutur asli kerana merekalah yang mengetahui kata yang bagaimana yang patut dimasukkan. Namun editor haruslah sentiasa memantau agar jumlahnya tidak melebihi apa yang dirancang. Atribut kamus ini termasuklah kelas kata, padanan, contoh penggunaan dan terjemahan contoh penggunaan. Kamus ini ialah Kamus Korea-Melayu maka entri, subentri, kelas kata, keterangan dan contoh penggunaan adalah dalam bahasa Korea. Manakala padanan dan terjemahan contoh penggunaan dalam bahasa Melayu.

Seorang pekamus tentunya akan memberi tumpuan kepada sifat-sifat unit leksikal yang ditanganinya yang termasuk makna kata tersebut dari pelbagai aspek, termasuklah ciri-ciri tatabahasanya. Di samping itu pekamus sentiasa berfikir untuk menghasilkan kamus yang terbaik, maka dia sentiasa mengambil pertimbangan bukan sahaja keseluruhan struktur bahasa itu, malahan budaya masyarakat penutur bahasa tersebut. Bahasa berkembang dengan dinamik dan setiap masa akan wujud perkataan baharu atau makna baharu. Pekamus bekerja dalam lingkungan fenomena yang luas kerana jumlah kosa kata umumnya tidak ada batasan.

2. Perbezaan Struktur Bahasa

Struktur bahasa Korea tentunya berbeza dengan struktur bahasa Melayu dalam beberapa aspek. Pengalaman menangani kamus dwibahasa seperti *Kamus Thai-Melayu Dewan, Kamus Tamil-Melayu Dewan, Kamus Cina-Melayu Dewan, Kamus Perancis-Melayu Dewan Edisi Kedua, Kamus Melayu-Khmer Dewan* dan *Kamus Arab-Melayu Dewan Permulaan* memberi gambaran bahawa setiap bahasa itu mempunyai ciri-cirinya tersendiri baik dari segi pembentukan kata, struktur ayat dan makna leksikalnya. Ada bahasa yang pembentukan katanya bersifat fleksi dan ada yang bersifat derivatif. Bahasa Thai umpamanya ialah bahasa nadaan di mana setiap pola nada membentuk sebahagian daripada struktur kata. Terdapat lima nada dalam bahasa Thai, iaitu nada rendah, tinggi, menaik, pertengahan dan menurun. Setiap nada membawa makna yang berbeza yang ditentukan oleh intonasi.

Dalam sistem bahasa Melayu tidak ada penanda yang khusus untuk wanita atau lelaki. Walau bagaimanapun, terdapat akhiran yang menunjukkan jantina seperti akhiran –wan dan –wati. Tetapi akhiran ini tidak tekal kerana ada juga kata akhiran –wan yang tidak menunjukkan jantina seperti jelitawan. Penanda jantina dalam bahasa Thai, Perancis dan Arab merupakan penanda yang tekal untuk wanita dan lelaki. Contohnya dalam kata sapaan 'apa khabar'. Dalam bahasa Thai perkataan /sa?watdi:/ akan berubah mengikut jantina yang ditujukan sama ada wanita atau lelaki. Begitu juga dalam perkataan /phe:ngying/ khusus untuk doktor perempuan. Dalam bahasa Tamil perkataan /arakkaṉ/ ialah raksaksa jantan manakala /arakki/ raksaksa betina. Dalam bahasa Perancis dan Arab, setiap kata nama mempunyai gender, contohnya perkataan *fabrication* /fabrikasjõ/ ialah kata nama feminin yang membawa maksud pembuatan; perkataan *fabricant, fabricante* /fabrikã, fabrikãt/ ialah kata nama feminin dan maskulin yang membawa maksud pengilang; *face-à-face* /fasafas/ kata nama maskulin yang membawa maksud perdebatan; dalam bahasa Arab perkataan /abun/ ialah kata nama maskulin yang membawa maksud ayah, bapa, abah sementara perkataan perkataan /ibtun/ ialah kata nama feminin yang bermaksud ketiak.

Bahasa Melayu pula merupakan bahasa sasaran dalam kamus ini. Bahasa Melayu dari rumpun Austronesia yang diklasifikasikan sebagai bahasa aglutinatif atau bahasa yang bersifat derivatif. Pembentukan katanya melalui proses pengimbuhan atau penggabungan morfem kata dasar dengan morfem imbuhan secara mendatar yang disebut kata terbitan. Setiap bahasa mempunyai sistem pembentukan kata masing-masing. Contohnya bahasa Thai pembentukan katanya melalui penggabungan ekasuku dengan dua atau lebih unit leksikal yang membentuk satu kata lain dengan perubahan makna leksikalnya. Begitu juga bahasa Tamil pembentukan katanya daripada kata dasar akan membentuk kata majmuk. Perbezaan pola bahasa antara bahasa asing dengan bahasa Melayu merupakan permasalahan dalam penyusunan kamus dwibahasa ini kerana makna leksikal sesuatu kata itu mengandungi banyak unsur yang berbeza dan terdapat banyak fenomena dan hubungan yang berkaitan yang perlu difahami dan ditangani bersama. Apakah masalah leksikal yang mungkin timbul semasa penyusunan Kamus Korea-Melayu kelak?

Selain itu, dalam penyusunan kamus dwibahasa, budaya adalah satu aspek yang tidak boleh dipisahkan kerana bahasa mencerminkan budaya sesuatu bangsa. Oleh itu, kosa kata sesuatu bahasa itu bersifat 'khusus budaya' bahasa, lebih-lebih lagi melalui leksikonnya, yang mencerminkan cara hidup penuturnya (J. Tomaszczyk 1993). Perbezaan pola leksikal bahasa ini mencerminkan hubungan yang wujud antara satu kata dengan satu komponen dunia ekstralinguistik seperti yang digambarkan oleh penuturnya. Fenomena ini yang disebut oleh Zgusta sebagai *anisomorphisme* bahasa. Wujudnya perbezaan ini kerana terdapat perbezaan dari segi sosio-budaya, sejarah, agama, geografi dan lain-lain. Perbezaan budaya bangsa terutamanya dalam adat resam, pemakanan dan pegangan hidup merupakan perkara yang memerlukan keselarian fahaman antara penutur bahasa sumber dengan bahasa sasaran untuk mencari padanan yang tepat dan selaras dari segi makna leksikalnya. Contohnya apabila hendak menggambarkan seseorang itu sombong. Dalam budaya Melayu, orang yang sombong akan dikaitkan dengan ungkapan hidung tinggi berbanding dalam bahasa Perancis ialah leher panjang.

Permasalahan dan persoalan ini juga akan timbul dalam

penyusunan Kamus Korea-Melayu kelak. Kerana kedua-dua bahasa ini mempunyai perbezaan dari segi struktur bahasanya, pembentukan kata, dan golongan kata yang tidak sama dalam hal-hal tertentu. Masalah yang menjadi hambatan dan memerlukan pengalaman penutur asli ialah masalah silang budaya, yang melibatkan kata yang berkaitan dengan budaya (*culture-bound word*).

3. Padanan Leksikal

Permasalahan dalam penyusunan kamus hampir serupa, baik kamus ekabahasa mahupun kamus dwibahasa. Walau bagaimanapun, masalah yang utama dalam kamus dwibahasa ialah ketepatan padanan. Matlamat setiap penyusun kamus dwibahasa ialah memberikan padanan yang tepat, munasabah, mematuhi makna leksikal yang asal dan penggunaan yang tulen dalam bahasa sasaran. Bahkan perbezaan budaya menjadi rintangan kepada leksikostatik kerana ia mempengaruhi pemilihan dan pemberian padanan yang tepat. Tugas memilih dan memberi padanan yang tepat memang sukar, namun jalan penyelesaian untuk mengatasi masalah ini perlu difikirkan bersama. Antara kaedah yang diterapkan dalam menangani masalah padanan ialah melalui kaedah peminjaman leksikal bahasa sumber, terjemahan pinjaman, penyerapan kata asal melalui penyesuaian dengan struktur bahasa sasaran, dan menghuraikan makna asal.

Padanan entri bagi kamus dwibahasa boleh dibahagi kepada dua: pertama padanan terjemahan, dan kedua padanan huraian. Padanan terjemahan ialah unit leksikal yang membawa konsep dan makna yang sama, contohnya /k^{h}ra:p/ kulit, /krong/ sangkar dan sebagainya. Manakala padanan huraian ialah padanan yang tidak boleh disisipkan ke dalam ayat bahasa sasaran. Contohnya:

/koppa:k/ penuh dalam mulut: /kruatna:m/ menyiram air ke tanah dalam upacara menyampaikan pahala kepada si mati bagi penganut Buddha.

Faktor yang menyebabkan berlakunya kesukaran memberikan padanan yang tepat antaranya ialah konsep dalam bahasa sumber berbeza dengan bahasa sasaran, perbezaan medan makna dalam bahasa sasaran, dan kata yang khusus budaya yang mendenotasikan objek yang khusus kepada budaya bahasa sumber yang mungkin tidak mempunyai padanan dalam bahasa sasaran. Contohnya dalam bahasa Thai /k^hang/ merupakan proses bagaimana darah membeku di dalam otak seseorang. Tetapi dalam bahasa Melayu yang ditekankan ialah akibat berlakunya kemalangan maka darah membeku di dalam otak seseorang. Permasalahannya apakah padanan yang tepat bagi entri ini. Di sini berlaku perbezaan konsep antara bahasa sumber dengan bahasa sasaran. Dalam menangani entri yang sebegini, pemilihan padanan dilakukan secara menyesuaikan dengan keaslian penggunaan bahasa sasaran. Dalam bahasa Perancis, kata yang berkaitan dengan gelas sangat banyak. Tetapi bagi orang Melayu, hanya ada satu sahaja perkataan, iaitu gelas. Selain itu, kesukaran mencari padanan bagi kata yang sememangnya banyak dalam bahasa tertentu, seperti kata yang berkaitan dengan gajah, unta dan kutleri. Sedangkan kata ini tidak terdapat dalam bahasa sasaran kerana fenomena tersebut tidak melingkari budaya hidup penutur bahasa tersebut.

a. Padanan bersinonim

Dalam memilih padanan unsur kesejajaran semantik, kesamaaan mesej dan kesamaan kelas kata akan diberi keutamaan. Padanan yang dipilih hendaklah boleh saling bertukar ganti yakni sensa yang mempunyai pilihan kata yang bersinonim. Contohnya seperti yang berikut:

/ruang/ luruh, gugur: *Bunga **luruh** ke bumi setelah hujan lebat.*

/nga:p nga:p/ tercungap-cungap, terngap-ngap: *Lelaki itu bernafas **tercungap-cungap** sewaktu menerima rawatan daripada doktor.*

Dalam contoh di atas perkataan luruh dalam ayat *Bunga luruh ke bumi setelah hujan lebat* boleh bertukar ganti dengan *gugur* tanpa merubah makna leksikalnya. Begitu juga tercungap-cungap boleh bertukar ganti dengan terngap-ngap. Perkataan yang boleh bertukar ganti dimasukkan bertujuan untuk membantu pengguna bahawa padanan tersebut boleh bersilih ganti dengan tidak merubah makna leksikalnya. Banyak perbincangan dan analisis diberikan ketika mencari padanan yang tepat dan sesuai serta sepadan dengan semantik dan pragmatik. Kes seumpama ini berlaku dalam tiga situasi. Pertama apabila satu entri mempunyai satu padanan; kedua apabila satu entri mempunyai banyak padanan, dan ketiga apabila banyak entri mempunyai satu padanan.

b. Satu padanan lawan satu padanan

Dalam kes pertama, iaitu satu entri satu padanan, masalah yang dihadapi tidaklah begitu sukar kerana entri yang seumpama ini mempunyai padanan yang tepat dan sesuai. Padanan yang sedemikian merupakan padanan terjemahan. Contohnya:

/ngu:/ ular
fabrique /fabrik/ nf kilang
/ibratun/ kn p jarum
/akkā/ kakak

c. Satu padanan lawan banyak padanan

Kes kedua ialah satu entri mempunyai banyak padanan. Kes begini memang rumit untuk ditangani dan memerlukan banyak pemahaman dari segi budaya penutur bahasa sasaran. Penyusun perlu memikirkan kaedah yang sesuai untuk membantu pengguna memilih sensa yang betul dan tepat untuk digunakan dalam situasi yang betul. Kaedahnya ialah dengan memasukkan glos atau keterangan di samping memberikan contoh penggunaan. Contohnya seperti yang berikut:

1. /kra?t^{h}op/ 1 menyinggung, menyentuh: *Kata-kata pemimpin Amerika* ***menyinggung*** *perasaan orang Timur Tengah.* 2 menjejaskan: *Pencerobohan Amerika terhadap Iraq* ***menjejaskan*** *hubungan beberapa buah negara.*
2. fabuleux, fabuleuse /fabylø, fabyløz/ adj 1. (légendaire) mitos, dongeng, legenda; 2. (prodigieux) hebat
3. /ittihadun/ *kn 1* persatuan 2 pertubuhan

Dalam contoh pertama terdapat dua padanan. Padanan pertama ialah menyinggung, menyentuh dan kedua menjejaskan. Contoh penggunaan dimasukkan untuk membantu pengguna membuat pemilihan mengikut konteks yang sesuai. Sekiranya yang berkaitan dengan perasaan maka padanan yang sesuai ialah 'menyinggung' atau 'menyentuh'. Manakala yang berkaitan dengan kedudukan atau hubungan padanannya ialah menjejaskan.

d. Banyak entri lawan satu padanan

Dalam kes-kes yang tertentu terdapat juga entri yang mempunyai padanan yang sama dalam bahasa sasaran. Contohnya:

1. /cut sutyo:t/ kemuncak: *Kematian Romeo dan Juliet merupakan **kemuncak** drama ini.*
2. /cut su:ngsut/ kemuncak: ***Kemuncak** cita-cita seorang ahli politik ialah menjadi Perdana Menteri.*
3. /ce:/ bengkak *Bibirnya **bengkak** ditumbuk orang.*
4. /fok/ bengkak: *Sendi kaki kirinya **bengkak** kerana ditendang dengan kuat oleh pemain pasukan lawan.*
5. [buam] benjol, bengkak: *Dahinya **benjol** kerana ditumbuk oleh samseng*

Dalam contoh di atas perkataan 'kemuncak' boleh dipadankan dengan kata /cutsutyo:t/ dan /cutsu:ngsut/. 'Kemuncak' dalam bahasa Melayu boleh berkolokasi dengan pencapaian, cita-cita, drama, aksi dan sebagainya. Tetapi dalam bahasa Thai perkataan 'kemuncak' sekiranya berkolokasi dengan drama contohnya *Kematian Romeo dan Juliet merupakan **kemuncak** drama ini,* dalam bahasa Thai kata yang sesuai ialah /cutsutyo:t/. Apabila perkataan kemuncak berkolokasi dengan cita-cita seperti dalam ayat ***Kemuncak** cita-cita seorang ahli politik ialah menjadi perdana menteri* maka kata yang sesuai ialah /cutsu:ngsut/. Contoh 3, 4 dan 5 pula mempunyai padanan yang sama iaitu 'bengkak' tetapi berlainan kelas kata.

e. Memilih kata dialek atau kata klasik sebagai padanan

Padanan entri boleh diterjemahkan atau diberi huraian seperti dalam perbincangan awal tetapi tidak dinafikan ada kalanya sukar untuk mencari padanan yang sesuai. Walau bagaimanapun, dalam menangani kes yang sebegini kaedah yang diterapkan ialah dengan meminjam kata dialek atau kata klasik. Contohnya seperti di bawah:

1. /para?de:m/ bergori: *Pagi ini, dia **bergori** nasi kerabu di warung Mak Minah.*
2. /po:/ membiring : *Ayam jantan itu **membiring** ayam betina.*

Dalam masyarakat peniaga seperti masyarakat Cina dan masyarakat pantai Timur, Malaysia, jualan yang pertama amat penting bagi mereka sebagai titik keuntungan kepada perniagaan pada hari tersebut. Maka timbullah istilah *bergori* yang membawa maksud membeli atau menjual yang mula-mula sekali. Konsep ini menepati konsep dalam bahasa Thai. Oleh yang demikian penyusun meminjam istilah bergori dari dialek Kelantan untuk dipadankan dengan /pra?de:m/. Contoh kedua /po:/ membawa makna perbuatan ayam jantan yang mengais sebelah kakinya untuk memikat ayam betina. Tidak ada yang sepadu dengan /po:/. Perkataan mengusik dan menggoda biasanya berkolokasi dengan manusia, dan tidak sesuai bagi konteks ini. Oleh itu, dengan merujuk kepada teks lama bahasa Melayu perkataan 'membiring' ialah perkataan yang paling hampir dengan konsep /po:/. Unit leksikal yang berkaitan dengan jenis makanan dan sastera tradisional atau apa jua yang berkaitan dengan budaya setempat yang tidak ada padanannya dalam bahasa Melayu akan diserapkan dengan pengubahsuaian mengikut bentuk visual, yakni bentuk ejaannya disesuaikan dengan sistem ejaan bahasa Melayu. Terdapat juga kata yang dikategorikan sebagai kata prakategori atau *bound root word.* Kata seumpama ini tidak boleh berdiri sendiri tetapi apabila ditambah imbuhan atau digabungkan dengan kata lain akan menjana satu konsep lain. Bagi entri yang sedemikian, kata akarnya dimasukkan dan diberi padanan berdasarkan makna asalnya tetapi tidak diberikan contoh penggunaan. Contoh seperti yang berikut:

/pom/ simpulan
/do:y/ perasaan rendah diri
/den/ perasaan tinggi diri

Kata Homonim

Kata homonim mempunyai sama bunyi dan sebutan tetapi berbeza makna disebut yang dianggap sebagai unit berasingan atas anggapan berlainan etimologinya. Penyusun perlu membezakan kata homonim melalui nombor arab superskrip. Contohnya seperti yang berikut:

/kop/*1* katak
/kop/*2* ketam
/laudinso:/ pengasah pensel
/kop pa:k/ penuh dalam mulut: *Pemuda itu ditumbuk sehingga berdarah* ***penuh dalam mulut.***

Kata Polisemi

Mengikut Kamus Linguistik, polisemi ialah hubungan kata atau frasa yang mempunyai dua makna atau lebih, dan mempunyai etimologi yang sama. Terdapat banyak kata yang berpolisemi yang bentuk kata atau ungkapan mempunyai lebih daripada satu makna yang bertalian rapat antara satu sama lain. Kata yang sedemikian akan ditandai dengan nombor arab untuk membezakan antara satu makna dengan makna yang lain. Di samping itu akan disisipkan keterangan atau glos selepas nombor supaya pengguna boleh membuat pilihan mengikut konteks yang sesuai. Contohnya seperti di bawah:

/kon/ 1 punggung, buntut: *Dia memukul* ***punggung*** *anaknya.* 2 buntut: ***Buntut*** *kuali hitam kerana berjelaga.* 3 dasar: *Keladak telah mendap di dasar gelas. Orang laut mampu menyelam ke* ***dasar*** *laut tanpa menggunakan alat skuba.*

/kro:k/ 1 menuang: *Budak-budak* ***menuang*** *air ke dalam botol.* 2 mengisi: *Anda boleh* ***mengisi*** *borang pendaftaran seminar di sini.*

Ada kata berpolisemi yang mempunyai lebih daripada satu kelas kata. Untuk membezakannya simbol kelas kata akan diletakan sebelum nombor. Contohnya seperti yang berikut:

/ka?bot/ 1 pemberontakan: *Tentera darat Thai berjaya mematahkan* ***pemberontakan*** *itu.* 2 pemberontak. *Polis telah menangkap beberapa orang* ***pemberontak***. 3 memberontak: *Sekumpulan tentera* ***memberontak*** *terhadap raja.*

Dalam memilih padanan bahasa sasaran, selain unsur kesejajaran semantik, pragmatik, dan kesamaan mesej, aspek kesamaan kelas kata dan bentuk kata juga diberikan perhatian. Tidak semua kes dapat disejajarkan, kadang-kadang sukar untuk disekatakan kelas kata antara satu bahasa dengan satu bahasa. Tambahan pula faktor budaya yang mempengaruhi sesuatu kata itu. Selain itu, kesukaran mencari contoh penggunaan yang dapat menghasilkan padanan contoh penggunaan yang tepat, sejadi dan setara konteksnya dalam bahasa sasaran. Contoh-contoh di atas merupakan pengalaman yang dihadapi semasa menyusun kamus dwibahasa.

Peringkat Penerbitan

Dalam alaf teknologi pengkomputeran, tugas pekamus semakin mudah terutama pada peringkat penulisan. Editor akan memasukkan semua data ke dalam komputer, dan data ini kemudian akan dipindahkan dengan menggunakan kod-kod tertentu. Dalam perbincangan ini hal yang berkaitan dengan teknikal tidak dibincangkan tetapi lebih kepada proses penerbitan kamus.

Penggunaan komputer telah menukar kaedah kerja pengeluaran. Kalau dahulu, bahan untuk diatur huruf akan dihantar huruf demi huruf tetapi kini bahan dihantar sekali gus untuk diatur huruf. Teknologi komputer digunakan dalam proses pengumpulan data, penganalisisan data, pentakrifan dan penerbitan kamus. Pelbagai sistem perkamusan telah dibangunkan untuk membantu mempercepat proses penerbitan kamus. Peringkat pembacaan pruf tidak perlu mengambil masa yang lama tetapi dapat dipendekkan. Bahan akhir yang dihantar oleh editor merupakan bahan yang menggambarkan reka letak kamus sebenar. Hakikatnya atur huruf telah dilaksanakan oleh penyusun kamus bukan lagi pengatur huruf.

Biasanya sesebuah kamus mempunyai halaman yang tebal. Oleh itu kertas yang sesuai digunakan hendaklah jenis yang ringan, dan legap supaya sebelah bawahnya tidak nampak, dan kamus tidak terlalu tebal. Untuk mereka bentuk reka letak kamus, faktor yang perlu diambil kira ialah kos. Kos pengeluaran yang tinggi akan menyebabkan harga kamus mahal. Pada masa kini, edisi indeks jari (*thumb indexed edition*) semakin popular terutama di Amerika. Pengguna kamus lebih menyukai edisi indeks jari ini kerana mudah dirujuk. walaupun harganya mahal. Corak dan warna kulit kamus memainkan peranan penting untuk menarik pembeli. Reka bentuk kulit haruslah mempunyai nilai komersial yang dapat menarik pembeli. Contohnya pada jaket kulit akan ditulis sama ada nama penerbit yang telah mantap atau seperti di Amerika mereka menggunakan perkataan Webster, yang merupakan jenama perkamusan yang telah mantap (Landau 2001: 393).

Pada masa kini produk kamus tidak semestinya dalam bentuk buku, tetapi dalam bentuk elektronik seperti CD, atau dalam talian. Perkembangan teknologi yang pesat membawa kepada perubahan bentuk kamus. Walau apapun teknologinya, peringkat asas editorial masih melibatkan perancangan dan penulisan. Kamus komputer tangan (*hand-held dictionary*) misalnya semakin popular terutamanya kamus dwibahasa untuk kegunaan pelancong.

Kesimpulan

Kesimpulannya projek perkamusan melibatkan tiga proses utama, iaitu perancangan, penulisan dan penerbitan. Peringkat perancangan memerlukan jadual kerja yang tersusun dan sentiasa memerlukan pengawalan dan pemantuan untuk memastikan perancangan tercapai. Tugas menyusun kamus dwibahasa bukanlah sesuatu yang mudah tetapi memerlukan kepakaran, ketelitian, kesungguhan dan pengetahuan dalam pelbagai aspek. Di samping itu gabungan penutur asli bahasa sumber dengan penutur asli bahasa sasaran amat membantu dalam menyelesaikan permasalahan yang timbul terutama semasa sesi pengeditan. Masalah *anisomorphisme* bahasa adalah faktor utama yang mengekang kelancaran pemilihan padanan yang tepat dari segi makna leksikalnya.

Penyusun perlu mencari strategi untuk mengatasi pelbagai kerenah struktur dua bahasa yang berlainan ini. Pemahaman yang jelas terhadap dua budaya yang berlainan membantu penyusun mengatasi perbezaan ini. Mengikut Zgusta, leksikografi merupakan aktiviti linguistik yang paling susah. Kesusahan ini disebabkan, pertamanya pandangan masyarakat yang menganggap seorang pekamus seharusnya mengetahui segala-galanya. Keduanya, sebenarnya makna unit leksikal yang ditangani oleh pekamus menggambarkan kesusahan sendiri kerana keinginan pekamus untuk membuat apa yang dipanggil "*objectively verifiable statements*" untuk mengelak berlakunya pandangan atau tanggapan sendiri terhadap makna kata itu. Ketiganya, pengguna sentiasa memburu sesuatu yang lebih praktikal walaupun pengguna tidak akan membaca kamus dari awal hingga akhir tetapi apa yang penting ialah entri yang lengkap untuk dirujuk (Zgusta 1971:16). Svensen mengatakan tugas ini menuntut keupayaan yang tinggi, daya ketahanan dan tahap kesihatan yang baik. Seorang pekamus mesti bersedia menunggu beberapa tahun sebelum hasilnya menjadi kenyataan. Yang penting, kerja perkamusan merupakan kerja berpasukan, yang menuntut kebolehan bekerjasama, rendah hati dan bertolak ansur. Kemungkinan dalam tempoh menguruskan projek itu pelbagai perkara akan berlaku yang boleh menjejaskan jadual perancangan (Svensen 1993:236). Ini bermakna tugas menyusun kamus dwibahasa menuntut perancangan kerja yang strategik, terancang dan jelas dari segi falsafah penyusunan, prosedur kerja dan turut menuntut komitmen penyusun.

Rujukan

- *Pedoman Umum Pembentukan Istilah Bahasa Melayu, Edisi Baharu.* 2004.. Kuala Lumpur: DBP
- *Kamus Linguistik.* 1997. Kuala Lumpur: DBP
- *Kamus Thai-Melayu Dewan.* 2008. Kuala Lumpur: DBP
- Hartmann R.R.K. 1993. *Leksikografi: Prinsip dan Amalan.* Kuala Lumpur: Dewan Bahasa dan Pustaka.
- Ibrahim Ahmad. 2005. *Perkamusan Melayu, Teori dan Amali.* Kuala Lumpur: Penerbit Universiti Malaya.
- Ibrahim Ahmad. 1994. *Perkamusan Melayu: Suatu Pengenalan.* Kuala Lumpur: Dewan Bahasa dan Pustaka.
- Jackson, H. 2002. *Lexicography: An Introduction.* London & New York: Roultedge.
- Landau, Sidney. I. 2001. *Dictionaries The Art and Craft of Lexicography.* Cambridge: Cambridge University Press.
- Nik Safiah Karim. et. al. 1997. *Tatabahasa Dewan Edisi Baharu.* Kuala Lumpur: DBP.
- Noresah Baharom dan Fadilah Jasmani. 2003. *Penterjemahan dalam penyusunan kamus dwibahasa: Pengalaman DBP.* Kertas Kerja Persidangan Penterjemah, DBP.
- Noresah Baharom et. al. 2009. *Kamus dan Perkamusan Melayu.* Kuala Lumpur: DBP.
- Svensén, Bo. 1993. *Practical Lexicography, Principles and Methods of Dictionary-Making.* Oxford: Oxford University Press.
- Zgusta, L. 1971. *Manual of Lexicography.* Paris: Acamedia Publishing House.

BAB 10

Peluasan Makna MAKAN dalam Bahasa Melayu dan Bahasa Korea:

Analisis Semantik Kognitif

Nor Hashimah Jalaluddin
Lee Yang-Suk

Pengenalan

Kajian silang budaya telah mula menjadi popular dewasa ini. Kajian silang budaya selalunya melibatkan dua budaya yang berbeza. Pertembungan budaya dan bahasa dalam dunia tanpa sempadan ini memberi kesan kepada manusia sejagat. Banyak aspek yang dapat dikaji daripada dua budaya yang berbeza ini. Jika dahulu manusia terikat dengan sikap etnosentrik bahasa dan beranggapan hanya bahasa mereka sahaja yang terbaik, tetapi kini pendapat ini tidak relevan lagi. Dengan adanya kajian silang budaya manusia sudah lebih peka kepada budaya-budaya lain selain dari budaya mereka sendiri. Cara bercakap, menginterpretasi bagi bahasa A mungkin tidak sama dengan bahasa B, C, D dan seterusnya. Begitu juga formula interpretasi makna bagi bahasa di Barat pastinya akan berbeza dengan bahasa di timur.

Manusia sentiasa berinteraksi dan membuat persepsi tentang alam di sekelilingnya. Menurut Asmah (1986), melalui persepsi terhadap alam sekeliling manusia seterusnya menimbulkan penggolongan atau pengkategorian bagi apa-apa yang disaksikannya itu. Lantaran daripada persepsi timbullah konseptualisasi yang menjadi lambang bahasa untuk merakamkan fikiran serta pengalaman. Hassan (2003) pula menegaskan bahawa melalui proses konseptualisasi yang dibentuk oleh minda inilah manusia mentakrif dirinya, menanggapi alamnya, membentuk pandangan hidup sejagat dan mencipta tamadunnya. Hal ini bermakna bahawa bahasa mendukung *world view* dan keintelektualan penuturnya. Dari pendapat ini kita akan dapati bagaimana dua bangsa yang berbeza pastinya mempunyai persamaan dan perbezaan dalam mempersepsi dan mengkonseptualisasi alam ini.

Bab ini akan melihat perbezaan makna MAKAN dari sudut semantik kognitif dengan membandingkannya di antara bahasa Melayu dan bahasa Korea. Ekologi dan geografi yang berbeza bagi kedua-dua negara Asia ini pastinya akan dapat memberikan makna MAKAN yang berbeza. Perbezaan inilah yang akan dapat membantu kita memahami budaya asing dengan lebih baik lagi.

Kosa Ilmu Kajian Bahasa Silang Budaya

Kajian silang budaya banyak dilakukan dalam bidang sosiopragmatik. Kajian mengenai permintaan (*request*), permohonan maaf (*apology*), pertanyaan, (*interrogatives*) dan penolakan (*refusal*) antara budaya telah mula mendapat perhatian. Tannen dalam Wierzbieka (1985) menyatakan bahasa, '*the fate of the earth depends on cross cultural communication*'. Jika komunikasi tidak berjalan lancar, ini boleh menimbulkan masalah di peringkat perorangan mahupun antarabangsa. Ini dikukuhkan oleh Wolfson (1989) yang mengatakan, '*each culture has its own unique set of conventions, rules, and patterns for the conduct of communication and that these must be understood in the context of a general system that reflects the values and the structure of the society. No two societies are quite alike in this respect, and no group has a monopoly on 'correct' sociolinguistic behaviour'.*

Dalam konteks Malaysia, telah mula banyak kajian silang budaya dijalankan. Contohnya kajian mengenai penolakan dalam bahasa Jepun oleh Kumiko Date (2003). Kajian ini membandingkan bagaimana penolakan dibuat oleh masyarakat Jepun dan Melayu. Nor Hashimah, Normah dan Fadzeli (2012) pula telah melihat bagaimana permohonan maaf berlaku dalam masyarakat Melayu dan Jepun. Kedua-dua kajian menunjukkan masyarakat Melayu cenderung untuk memberikan alasan dan diakhiri dengan penolakan atau permohonan maaf. Tetapi dalam masyarakat Jepun hal yang sebaliknya berlaku. Charteris Black (2003) turut melakukan kajian silang budaya di antara bahasa Melayu dan bahasa Inggeris. Beliau telah mengkaji simpulan bahasa 'kaki'. Black mendakwa bahawa lebih banyak wujud metonimi dalam bahasa Inggeris tetapi metafora dalam bahasa Melayu dalam mengungkapkan makna simpulan bahasa tentang 'kaki'.

Kajian mengenai perbandingan budaya di antara Malaysia dan Korea pernah dilakukan oleh Nor Hashimah (2011). Nor Hashimah telah membandingkan bagaimana penyebaran budaya sebagai komoditi dilakukan oleh pihak Malaysia dan Korea Selatan. Malaysia melalui slogan '*Malaysia Truly Asia'* dan Korea melalui '*Hallyu'* telah mempakejkan bahasa dan budaya sebagai satu komoditi dagangan dan telah menjadikannya sebagai sumber pendapatan negara. Korea Selatan berjaya dalam promosi mereka dan kini menjadi sebutan hangat di dunia. Drama dan K-Pop menjadi ikutan remaja di dunia. Dengan adanya perbandingan seperti ini, kita boleh belajar mengenai kejayaan bangsa lain bagi memperbaiki diri kita sendiri. Kini bab ini akan menumpukan pula kepada satu leksikal yang penting, iaitu MAKAN dan melihat bagaimana kedua-dua masyarakat ini mempersepsikannya dari segi kognitif.

Sumber Data

Dalam kajian ini, penyelidik telah menggunakan Sistem Pangkalan Data Korpus yang disediakan Dewan Bahasa dan Pustaka untuk Bahasa Melayu manakala Korpus NAKL (국립국어원) dimanfaatkan untuk Bahasa Korea. Korpus berkomputer di Korea dimulakan pada tahun 1990an. Kini projek korpus berkomputer untuk bahasa Korea dijalankan di empat institisi, iaitu NAKL (*The National Academy of the Korean Language*), KAIST (*Korea Advanced Institute of Science & Technology*), ILIS (*Institute of Language and Information Studies:Yonsei University*), IKC (*Institute of Korean culture; Korea University*). Berkaitan dengan korpus berkomputer untuk bahasa Korea, satu wawasan yang dipanggil *the 21st Century Sejong Project* masih dijalankan oleh NAKL. Sementara pangkalan data Dewan Bahasa dan Pustaka merupakan pusat pengumpulan data digital bahan-bahan berbahasa Melayu yang berautoriti di Malaysia. Data disaring mengikut tong-tong data yang ditetapkan seperti data buku, data akhbar, data majalah dan sebagainya. Kini data digital dalam pangkalan data DBP berjumlah 1 juta patah perkataan.

Penulis memilih kata kerja MAKAN kerana kata itu mempunyai kadar penjabaran (*entrenchment)* yang sangat tinggi. Ini terbukti dalam beberapa buah Kamus Melayu dan Korea. Tambahan pula, kata kerja *makan* (kata kerja *makan* dianggap sebagai kata prototaip dalam gologan kata kerja MAKAN) mempunyai senarai yang banyak jumlah makna terbitannya dan peluasan makna yang terakam di dalam beberapa buah kamus Melayu dan Korea, iaitu melebihi sembilan (9) untuk BM (Kamus Utusan Bahasa Melayu 1995, Kamus Besar Bahasa Indonesia 1997, Kamus Dewan Keempat 2005) dan lima belas (15) untuk BK (*The Great Chosun Korean Dictionary* 1996, *The Great Standard Korean Dictionary* 1999, *The Yonsei Korean Dictionary* 2004). Kata kerja *makan* yang melebihi sembilan makna yang berpolisemi berada dalam 0.12 % daripada jumlah kata yang mengalami peluasan makna bagi BM (KD4). Sementara kata BK yang mempunyai melebihi lima belas (16) berada dalam 0.017 % (KKKU dalam Lee Jeong Shik 2003) yang mengalami peluasan makna. Ini bermaksud bahawa kekerapan pengunaan kata *makan* sangat tinggi. Sehubungan ini, pemilihan kata kerja MAKAN sangat sesuai dengan kajian ini kerana kata yang dipilih memenuhi konsep-konsep Linguistik Kognitif (LK) yang asas.

Selain itu kata kerja MAKAN berkait rapat dengan aktiviti yang penting dalam kehidupan. Manusia tidak dapat hidup tanpa makanan dan minuman. Aktiviti *makan* dan *minum* yang selalu dialami bersifat paling asas dan sejagat dalam kehidupannya berbanding aktiviti *memberi, bangun, tidur, duduk* dan sebagainya. Anggapan ini sejajar dengan teori LK yang berlandaskan pengalaman manusia (*the experiential reality*). Pendek kata pilihan kata kerja MAKAN sangat sesuai untuk kajian rentas linguistik (*cross linguistics*).

Untuk memperoleh data yang berupa contoh penggunaan sebenar kata MAKAN, penulis akan memberi perhatian kepada baris-baris konkordans untuk BM dan BK. Baris-baris konkordans didapati daripada sistem korpus. Yang berikut adalah contoh baris konkordans untuk BK, kata 먹다 (makan) yang bersumberkan teks imaginasi (sila lihat lampiran untuk terjemahannya).

1. 밥 많이
   [먹고] 아빠 말씀 잘 들어야 돼."
   1998 Bex0001TXT 6378
2. 남자와 단둘이 커피를 마시고 저녁까지
   [먹었다는] 사실은…
   1998 Bex0002TXT 25337
3. 신 여사의 말을 싹뚝 잘라
   [먹으며] 효철이 비아냥거리
   1998 Bex0003TXT 25939
4. "차보다는 밥을
   [먹읍시다.]
   1998 Bex0004TXT 27220
5. 두 사람은 한동안 말없이
   [먹기만] 했다
   1998 Bex0005TXT 28429
6. 남자하고 단둘이 마주 앉아 밥을
   [먹다니?]
   1998 Bex0006TXT 28523
7. 생각에 빠진 수혜에게 남자가 다
   [먹었느냐고] 물었고, 수혜는
   1998 Bex0007TXT 28660
8. "잘
   [먹었습니다."]
   1998 Bex0008TXT 28784
9. 추위에 떨다 따뜻한 순두부를
   [먹은] 까닭인지 수혜는
   1998 Bex0009TXT 30391
10. 저녁 아홉 시 무렵 신선한 과일을
    [먹지] 않고는 인생 살맛을
    1998 Bex0010TXT 34105

11. 하지만 밥을 굶거나 또 안
[먹으면] 인생 살맛을."
1998 Bex0011TXT 34615

12. 덕분에 저녁도 잘
[먹고] 즐거운 시간."
1998 Bex0012TXT 37394

13. 밥 많이
[먹고] 아빠 말씀 잘 들어야 돼."
1998 Bex0013TXT 39243

14. 커피를 마시고 저녁까지
[먹었다는] 사실은.
1998 Bex0014TXT 39586

15. 신 여사의 말을 싹뚝 잘라
[먹으며] 효철이 비아냥거리는 투로
1998 Bex0015TXT 40250

16. "차보다는 밥을
[먹읍시다.]
1998 Bex0016TXT 41892

17. 두 사람은 한동안 말없이
[먹기만] 했다.
1998 Bex0017TXT 47134

18. 남자하고 단둘이 마주 앉아 밥을
[먹다니?]
1998 Bex00180TXT 53962

19. 생각에 빠진 수혜에게 남자가 다
[먹었느냐고] 물었고, 수혜
1998 Bex0019TXT 57666

Berikut pula adalah data yang dicapai daripada pangkalan data DBP mengenai kata 'MAKAN'. Data makan dikutip bersama konkordansnya bagi memudahkan tafsiran peluasan maknanya. Data boleh dirujuk di http://prpm.dbp.gov.my/

1	"Yalah, takkan kita nak	makan	gaji saja.
2	Adik beradiknya yang lapan orang semua	makan	gaji.
3		Makan	gaji memang tak ada masalah, tetapi kita akan ...
4	Saya rasa	makan	malam adalah masa terbaik untuk ibu bapa meluangkan ...
5	... ini tahun ini, iaitu 1,113.70 selepas waktu rehat	makan	tengah hari.
6	... maksiat di negara ini antara sebab mereka mencari	makan	di selatan Thai.
7	... punca penghijrahan selepas mereka sukar lagi untuk mencari	`makan'	di negara ini.
8	... tidak tahu mengapa mereka kini semakin ramai mencari	`makan'	di sini.
9	... apabila saya tanya mereka, mereka mendakwa kini cari	`makan'	di Malaysia bukanlah semudah sebelumnya.
10	... letak kereta lebih sistematik, pentas budaya, mengindahkan gerai	makan	dan pondok rehat akan dilaksanakan di situ, tahun ...
11	... diperlukan penduduk memandangkan banyak pasar raya dan kedai	makan	di situ.
12	... Jalan Ipoh, Kuala Lumpur, berkata dia mempunyai gerai	makan	yang diusahakan sejak lapan tahun lalu.
13	INDON kuasai kedai	makan	HUSIN Abu Hassan dari Kampung Pandan, Kuala Lumpur, ...
14	... dari Kampung Pandan, Kuala Lumpur, berkata perniagaan kedai	makan	sepanjang Jalan A, Kampung Pandan menghala ke Taman ...
15	"Saya melihat sendiri pembangunan perniagaan kedai	makan	di kawasan ini sejak kecil.
16	... pemeriksaan dari segi lesen penjaja dan kebersihan kedai	makan	di situ.

17	... Peng, Jalan Tun Razak, Kuala Lumpur, berkata kedai	makan	di selekoh Jalan Kenanga (bersebelahan sebuah bank), menyebabkan ...
18	... kesesakan apabila orang ramai meletakkan kenderaan untuk berhenti	makan	di situ.
19	... Jalan Tun H S Lee, iaitu di gerai	makan	berhampiran Balai Polis Trafik Jalan Bandar.
20	"Pakej pertandingan menyediakan sarapan pagi dan	makan	tengah hari kepada peserta tanpa bayaran tambahan.

Kata yang di dalam kurungan adalah kata yang dikaji yang bererti makan untuk BM dan BK. Di dalam baris konkordans ini, penulis juga memberi tumpuan pada kata-kata lain yang bersebelahan kerana peluasan makna berkait rapat dengan kata-kata yang berkolokasi (Rusmadi 2003).

MAKAN dari Analisis Semantik Kognitif

Dari pandangan ahli LK, bahasa tabii bukanlah satu sistem lambang yang rawak semata-mata, tetapi berkait rapat dengan sistem kognitif (Johnson 1987, Imran 2000, Croft & Cruse 2004). Lakoff & Johnson (1980) menjelaskan bagaimana manusia membuat konseptualisasi dalam mewujudkan pengalaman semula jadi. Beliau menegaskan tiga faktor dalam konseptualisasi sebagai sumber yang utama, iaitu (i) tubuh kita (organ-organ tubuh), (ii) interaksi dengan persekitaran fizikal (pergerakan, manipulasi objek dan makan), (iii) interaksi dengan orang lain berdasarkan budaya (dalam aspek faktor sosial, politik, ekonomi dan agama). Dalam teori ini dijelaskan tiga konsep penting harus diperhatikan kerana ketiga-tiga konsep tersebut mampu menterjemahkan sesuatu yang abstrak kepada pemahaman yang konkrit. Ketiga konsep itu adalah metafora konsepsi, skema imej dan metonimi. Bab ini akan menumpukna kepada skema imej dan metafora konsepsi. Skema imej adalah satu skemata pengetahuan yang memperkemas dan menyusun atur pengalaman hidup manusia yang berlaku secara berulang kali dalam satu pola atau satuan-satuan yang koheran dan bermakna sifatnya. Skema imej adalah pengalaman *gestalts* yang muncul melalui aktiviti sensorimotor semasa kita memanipulasikan objek, mengorientasikan diri kita dalam ruang dan waktu serta ketika kita mengarahkan fokus persepsi kita untuk pelbagai tujuan melalui konsep ruang. Kesemua imej ini mempunyai beberapa elemen struktural dan asas logik yang boleh digunakan untuk menjelaskan pemikiran atau pengalaman yang abstrak. Manakala metafora konsepsi (MK) pula adalah pengkonseptualisasian satu mandala yang dinyatakan oleh satu struktur mandala yang lain, iaitu pemetaan rentas mandala – daripada mandala punca kepada mandala sasaran. Dengan kata lain, metafora konsepsi terjadi apabila seseorang mengambil satu konsep yang dibentuk dalam satu mandala – mandala punca – dan mencuba mengkonseptualisasikannya dalam satu mandala yang lain – mandala sasaran. Dalam MK sesuatu benda yang abstrak akan dijelaskan melalui benda yang konkrit.

Perhatikan makna MAKAN dan peluasan maknanya berdasarkan Kamus Dewan (2005) dan Kamus Yonsei (2004). Analisis kognitif leksikal MAKAN akan berdasarkan pangkalan data bahasa masing-masing. Di peringkat ini juga ditunjukkan bagaimana skema imej beroperasi dengan leksikal MAKAN bagi kedua-dua bahasa.

Jadual 1. MAKAN dalam Bahasa Melayu dan Korea

Bahasa Melayu (*Kamus Dewan Edisi Keempat* 2005: 980-981)	Bahasa Korea (Kamus Yonsei Korean 2004: 685-686).
(1) memamah serta menelan makanan, mengunyah (menelan, melulur, menghisap dll) sesuatu	(1) 음식물을 입을 통하여 넘기다. (memasukkan makanan dll ke dlm perut melalui mulut)
(2) = ~*nasi* memamah serta menelan nasi	(2) 연기나 기체를 들어 마시다. (menghisap ganja atau rokok)
(3) rezeki	(3) 어떤 마음이나 자세를 가지다. (mengambil keputusan untuk menghentikan seuatu tabiat spt meminum arak atau menghisap rokok)
(4) menggunakan (menghabiskan, memerlukan, dll) masa, wang, dll	(4) 어떤 일에서 일정한 몫이나 이익을 차지하다. (mengambil sesuatu untung dalam satu perkara)
(5) bekerja spt yg dijangkakan (brek dll)	(5) (정당하지 않은 방법으로) 남의 것을 차지하거나 가로채다. (merampas harta benda yang orang lain punya secara haram)
(6) dapat masuk (barang yg dimasukkan ke lubang dll	(6) 어떤 나이가 들다. (umur bertambah)
(7) mengikut (nasihat dll), menerima (pengaruh, pujukan, dll	(7) 물기같은 것을 빨아들이다. (air terserap pada sesuatu)
(8) ki menggelapi (wang dll), mengambil secara haram (wang)	(8) <bahasa kesat>(강제로,또는 꾀어서 여자와) 성관계를 가지다. (memaksakan atau menipu perempuan unutuk melakukan jimak)
	(9) (겁이나 충격등을) 경험하다. (merasa takut atau terkejut)
	(10) 어떤 규제나 조처등을 당하다. (kena sesuatu buruk)
	(11) 남으로부터 욕이나 핀잔을 듣다. (mendapat teguran atau celaan)

Bahasa Melayu (*Kamus Dewan Edisi Keempat* 2005: 980-981)	Bahasa Korea (Kamus Yonsei Korean 2004: 685-686).
	(12) 남으로부터 부당한 돈을 받다. (mendapat rasuah)
	(13) 어떤 경쟁이나 시합등에서 높은 등수를 차지하다. (memenangi hadiah dalam pertandingan)
	(14) 원래의 상태가 손상되다. (dirosakkan)
	(15) 잘 배어들거나 고루 퍼지다. (terserap secara rata-rata)
	(16) 대패나 톱등이 잘 들다. (ketam atau gergaji berfungsi dengan baik)

Makna Teras MAKAN

Data korpus daripada Pangkalan Data Korpus Melayu (DBP) dan Korea (NAKL) menunjukkan bahawa makna teras adalah *"memasukkan sesuatu makanan dan mengunyah serta menelannya"*. (Kekerapan penggunaan makna teras ini sangat ketara seperti berikut.

(1) Eh, bagaimana hendak **makan** roti dengan epal? (DB3: K00112)

(2) Seharian itu dia cuma **makan** dua biji pisang (DB3:K00112)

(3) bapak, rajin-rajin **makan** ubat..." kata Datuk Penghulu (DB3:K00119)

Dalam ayat (1), (2), (3), pemakan adalah manusia dan makanan adalah makanan yang konkrit. Berdasarkan data korpus, makna teras kata *makan* adalah " *memamah serta menelan sesuatu (nasi, buah-buahan, daging, ubat dan sebagainya) yang konkrit ke dalam perut"*.

Makna utama untuk kata MAKAN yang ditakrifkan dalam kamus Wilkinson (1959), KD4, dan YKD dan KBBI pula sejajar dengan makna teras yang diperolehi daripada data korpus Melayu (DBP) dan Korea (NAKL). Dalam KD4 (2005:980), YKD (2004:685) dan KBBI (1997:616) mendefinisikan makna utama seperti berikut:

Jadual 2. Makna Teras MAKAN BM dan BK

먹다(makan)	음식물을 입을 통하여 넘기다. (menelan makanan melalui mulut) (1) 씹어서 음식을 뱃속에 들여보내다. (menelan serta memasukkan makanan ke dalam perut) (2) 액체로 된 것을 마시다. (meminum sesuatu yang cair) (3) 약을 씹거나 마시다. (meminum atau mengunyah ubat) (YKD 2004)
makan	memamah serta menelan makanan, mengunyah (menelan, melulur, menghisap dll) (KD4 2005) memasukkan nasi ke dalam mulut serta mengunyahnya dan menelannya (KBBI 1997)

Berasaskan pada data korpus dan definisi beberapa buah kamus, makna kata MAKAN yang teras wujud dalam interaksi di antara PEMAKAN yang merujuk kepada manusia atau binatang (subjek/agen) dengan MAKANAN (objek/penderita) yang konkrit. Penulis berpendapat bahawa data korpus dan makna yang dicatatkan dalam beberapa buah kamus telah mengesahkan makna kata makan, *"mengunyah makanan serta menelannya (nasi, buah-buahan, daging ubat dan sebagainya) ke dalam perut"* sebagai makna teras. Diramalkan bahawa makna pinggiran kata MAKAN boleh diperluas kepada makna lain iaitu kepada mandala yang berkaitan.

Peluasan Makna Kata MAKAN

Berkaitan dengan analisis fenomena peluasan makna, makna teras atau makna yang prototaip perlu dikenal pasti kerana makna pinggiran diperluas daripada makna teras secara radial. Penulis telah mengenal pasti makna teras untuk kata MAKAN untuk BM dan BK. Makna kata MAKAN yang berada dalam mandala teras diperluas kepada *mandala ruang, mandala masa, mandala pengetahuan cara hidup, mandala emosi, mandala psikologi, mandala moral,* dan *mandala sosial.* Data dipaparkan adalah seperti berikut.

Jadual 3. Peluasan Makna Kata MAKAN

mandala utama	mandala terperinci	contoh	
		BM	BK
makna teras	teras**[1]	makan nasi makan roti	밥을 먹다. (makan nasi) 약을 먹다. (makan ubat)
makna fizikal	ruang**	tajuk itu makan satu muka penuh. laut makan darat.	산그늘이 양식장을 먹어들어가다. (tempat redup gunung makan tempat pembiakbakaan)

1 ** melambangkan bahawa mandala ini didapati dalam BM dan BK manakala # melambangkan bahawa mandala ini didapati hanya dalam BK sahaja.

mandala utama	mandala terperinci	contoh	
		BM	BK
makna fizikal	pengetahuan cara hidup#		초를 먹이다. (memberi lilin pada lantai) (kata kerja penyebab) 옷에 풀을 먹이다. (memberi kanji pada pakaian)
makna abstrak	masa**	cara lama makan masa panjang	나이을 먹다 (makan usia)
	pengalaman sosial**	makan duit kerajaan makan pencen makan untung	일등먹다 (makan cemerlang) 이윤을 먹다 (makan untung) (positif) 벌금이나 구류를 먹다. (makan denda, reman) (negatif)
	moral**	makan suap makan harta anak yatim	일본이 만주를 먹다. (Jepun makan Manchuria) 관원이 백성의 가산을 먹다 (pegawai makan harta rakyat lemah)
	emosi /psikologi **	makan budi, puji (kesan positif) makan fitnah, (kesan negatif) makan hati telan kehampaan	애를 먹다 (makan derita) 핀잔을 먹다 (makan kata nistaan) 마음, 생각을 먹다. (makan minda, fikiran) 울분을 삼키다. (telan tangisan)

1. Mandala Pengetahuan Cara Hidup

Suatu bahasa boleh digunakan oleh penuturnya untuk mewujudkan pemahaman akan alam nyata. Dengan kata lain, bahasa mencerminkan cara hidup, persekitaran fizikal dan sosial manusia. Ini bermaksud bahawa bersumberkan pengalaman terhadap persekitaran fizikal atau sosial, manusia mengekspresikan pemahaman akan alam nyata. Sehubungan ini peluasan makna kata MAKAN untuk BK berlaku dalam mandala pengetahuan cara hidup seperti berikut:

(4) 누나는 분홍빛과 초록색을 **먹인** 창호지로 색등을 만들었다. (CE000027)
Kak En Kyung membuat lampu berwarna-warni dengan menggunakan kertas kosan yang **diresapkan** oleh kak En Kyung warna ungu dan warna biru ke atas kertas itu.

(5) 그리고 준비해온 기름을 **먹인** 솜뭉치에 불을 붙였다. (2BEXXX04)
dan membakar segulung kapas yang **disuapkan(dicurahkannya)** dengan minyak yang tersedia itu.

Dalam mandala pengetahuan hidup, kata MAKAN bermakna *meresapkan cecair kepada suatu benda.* Kata MAKAN berkolokasi dengan benda (PENDERITA) yang cair seperti *kanji, minyak, air lilin, cat, bedak muka* dan sebagainya. PEMAKAN yang boleh diresapi oleh cecair adalah seperti *pakaian, lantai kayu, kulit manusia atau binatang, kertas, papan, kapas, sampul surat, dinding* dan sebagainya. Dalam ayat (4), (5), daya berpunca daripada PENYUAP menuju kepada PEMAKAN. Dalam kedua-dua ayat ini kata kerja 먹이다 (meresapkan) menyerlahkan skema DAYA (kemampuan meresap) dan skema BEKAS (cecair yang berada di luar suatu benda dimasukkan ke dalamnya).

Yang menariknya, penutur BM tidak menggunakan kata MAKAN untuk membawa makna *meresapkan*, tetapi biasanya kata *memberi* atau *menyapu* digunakan seperti *memberikan kanji kepada pakaian, meletakkan air lilin kepada lantai kayu supaya licin, mencurahkan minyak kepada kertas, menyapu air kepada kulit, menyapu cat kepada papan, menyapu bedak kepada muka* dan sebagainya.

2. Mandala Ruang

(6) Akhbar Straits Times ada-lah satu2-nya akhbar di-Tanah Melayu yang semenjak dahulu lagi telah menguntokkan satu ruangan khas untok berita2 dan renchana2 ekonomi. Halaman itu bertajok "COMMERCIAL NEWS AND VIEWS", **memakan** satu muka penoh, dan biasa- nya tersiar di-muka 14 akhbar tersebut. (DB3: B00143)

(7) Dalam jangka 400 tahun, pada sesuatu tempat laut **makan** darat dan pada tempat lainnya darat **makan** (DB3: K00553)

(8) Tok, Janggut yang kebal, tak **makan** oleh peluru. (DB3: B04007)

Dalam ayat (6) kata MAKAN bererti *memenuhi* atau *mengisi suatu ruang (halaman)*. Dalam ayat ini ruang akhbar yang telah dipenuhi juga bermaksud ruang itu habis dipakai. Walau bagaimanapun halaman yang bertajuk COMMERCIAL NEWS AND VIEWS adalah sangat penting dan berkuasa menceroboh dan memenuhi satu muka surat khabar (skema pencerobohan)[2]. Laut dalam (7) yang mempunyai daya untuk mengombak menceroboh dan menghakis darat dengan beransur-ansur. Makna kata MAKAN diperluas kepada makna fizikal, iaitu *menghakis*

---

2 SKEMA PENCEROBOHAN; Anna Słoń (1999: 103-106), membahagikan SKEMA DAYA kepada beberapa skema daya lagi secara lebih terperinci seperti *COMPULSON, BLOCKAGE, COUNTERFORCE, DIVERSION, REMOVE OF RESTRAINT, ENABLEMENT, ATTRACTION*. Ini bermaksud bahawa skema daya mempunyai pelbagai dimensi. Pada pendapat penulis, berhubungan dengan SKEMA DAYA, kata MAKAN mempunyai SKEMA DAYA PENCEROBOHAN (ENCROACHMENT) yang bermakna *memenuhi, menghakis, menembusi*, dan sebagainya.

dengan berorientasikan AGEN. Penutur BM mengkonsepsikan bahawa darat dihakis oleh daya atau kuasa ombak seumpama laut memakan darat. Dalam ayat (7) mandala ruang masih boleh dikesan.

Dalam ayat (8) untuk BM kata *makan* sedikit berbeza dengan kata makan dalam ayat (6), (7) kerana manusia yang dimakan peluru tidak habis dari segi lahiriah, yang habis ialah kemungkinan nyawa manusia tersebut. Dalam ayat ini kata makan bererti *menembusi* kerana biasanya peluru menembusi badan atau benda yang keras. Peluru ditembakkan dengan senjata api dan daya vektor keluar daripada senjata api dan menuju ke sasaran untuk menembusinya. Dalam ayat, *Tok janggut tak makan oleh peluru*, susah dapat dikesan sama ada makna kata MAKAN berada dalam mandala ruang kerana nampaknya makna *menembusi* tidak ada di dalam mandala ruang. Tetapi pada pendapat penulis makna kata MAKAN yang bererti *menembusi* masih ada di dalam mandala ruang. Sebenarnya makna itu diperluas melalui skema imej pencerobohan.

Peluru (TR) ditembak menuju ke *Tok janggut* (LM) untuk menembusinya dengan daya vektor. Makna kata MAKAN yang bererti *menembusi* adalah lebih abstrak daripada makna *memenuhi* atau *menghakis.* Makna itu diperluas melalui skema Daya pencerobohan dan Metafora KONSEPSI. Metafora konsepsi yang didapati daripada ketiga-tiga ayat adalah MAKAN ADALAH MANIFESTASI DAYA atau khususnya MAKAN ADALAH Pencerobohan. Makna kata MAKAN untuk BK yang membawa makna *mencerobohi* adalah berikut:

(9) 산그늘이 양식장을 **먹어들고** 있었다. (BEXX0009)

Kawasan redup di gunung itu **memakan** tempat pembiakbakaan.

Dalam ayat (9), 산그늘 (Kawasan redup di gunung) merujuk kepada AGEN manakala 양식장 (tempat pembiakbakaan) merujuk kepada PENDERITA. 산그늘 (Kawasan redup di gunung) menceroboh tempat pembiakbakaan. Dalam ayat ini AGEN adalah tidak bernyawa dan PENDERITA pula adalah bukan makanan tetapi persekitaran fizikal. Penutur BK mengkonseptualisasikan bahawa persekitaran alam menceroboh persekitaran fizikal lain. Dengan kata lain pengalaman tubuh digunakan untuk mengkonseptualisasikan fenomena persekitaran alam.

Berdasarkan analisis data-data untuk kedua-dua bahasa, penulis bolehlah meramalkan bahawa makna kata MAKAN diperluas melalui mekanisme kognitif seperti skema daya pencerobohan dan metafora konsepsi. Sehubungan ini, pada pendapat penulis, peluasan makna kata MAKAN dalam mandala ruang untuk BK tidak berapa produktif berbanding dengan peluasan kata MAKAN untuk BM.

3. Mandala Masa

Konsep masa adalah sebuah konsep yang sejagat dan asas dalam kehidupan manusia. Penutur BM dan BK mempunyai persepsinya yang tersendiri terhadap masa. Kata kerja yang berkolokasi dengan kata *masa* adalah seperti *menggunakan masa, mengambil masa, membuang masa, memakan masa, mencuri waktu* dan sebagainya. Konsep masa disifatkan sebagai sesuatu yang mempunyai nilai yang tinggi. Daripada predikat *memakan masa*, konsep masa dikonseptualisasikan sebagai suatu benda yang boleh dimakan. Dalam mandala masa kata *makan* bermakna *memerlukan, menghabiskan, merosakkan* dan *menambah* dan sebagainya.

(10) Proses pembuatannya juga **memakan** masa yang panjang. (DB3: B00151)

(11) Kursus ini **memakan** masa antara seminggu hingga tiga minggu.(DB:K00616)

(12) ...거리에 비하여 시간이 많이 **먹힌** 셈이었다. (2BEXXX10)
berbanding dengan kejauhan ertinya banyak masa **dimakan**

Dalam ayat (10), (11) subjek (AGEN) yang abstrak menghabiskan masa yang panjang (PENDERITA). Seperti ayat (10), (11) untuk BM, subjek merujuk kepada suatu perbuatan yang berlaku dalam suatu tempoh yang pendek atau panjang ataupun perkara berkenaan dengan suatu hal seperti *perbincangan, pengeluaran air, usaha dijalankan, persiapan, permulaan pendarahan, sembayang, perjalanan darat, kaedah, projek, persiapan infrastruktur, pembinaan rumah, proses penyerapan* dan sebagainya. Objek (masa) pula dikonseptualisasi sebagai suatu benda yang boleh dimakan dan dihabiskan berkaitan dengan suatu perkara.

Dalam ayat (12) penutur BK memikirkan bahawa masa adalah suatu benda yang boleh dipersepsi. Dalam ayat (12) penutur merasakan bahawa sepatutnya tidak banyak masa diperlukan dalam perjalanan ke suatu tempat yang agak jauh. Masa adalah suatu benda yang tidak nampak dan abstrak tetapi boleh dimanipulasikan dan dikonseptualisasikan. Dalam ayat (10), (11), (12) metafora konsepsi yang turut beroperasi adalah MASA ADALAH SUATU BENDA YANG BOLEH DIMANIPULASIKAN. Yang menariknya adalah mengenai pengkonsepsian terhadap kata *umur* atau *usia* dalam perdikat kata MAKAN untuk BM dan BK. Dalam BK predikat *memakan umur* bermakna *menambah umur*. Contohnya adalah seperti berikut:

(13) 나이를 **먹어가는** 것이 온종일 두렵다. (5BE01005)
Merasa takut dimakan usia sepanjang hari

Dalam ayat (13), subjek adalah seseorang. Dia menambahkan umur kepada dirinya sendiri. Sebenarnya umur ditambah secara automatik mengikuti peredaran masa, tetapi penutur BK mengkonseptualisasi bahawa umur adalah benda yang boleh dimanipulasikan dan dimakan oleh manusia. Manakala dalam BM pula, predikat *makan usia* atau *makan umur* tidak digunakan untuk membawa makna *menambah umur*. Tetapi predikat berpola pasif *dimakan umur* yang bermakna *menjadi tua* ditemui dalam data korpus seperti berikut:

(14) kecuali sehelai baju bulu yang lusuh **dimakan** usia (DB3: B00327)

(15) wajah Mak Minah yang sudah **dimakan** usia. (DB3: B00422)

Penutur BM mempersepsi konsep *umur* sebagai suatu benda yang tidak boleh dimanipulasikan. Konsep *lanjut umur* atau *panjang umur* pula adalah hanya ekspresi pengharapan akan hidup yang panjang. Dalam ayat (14), (15) pula konsep usia yang merujuk kepada masa yang panjang mempunyai makna *merosakkan suatu benda* seperti *baju* atau *wajah*. Usia mempunyai daya yang kuat untuk merosakkan suatu benda (SKEMA DAYA). Dalam BM konsep usia atau umur tidak boleh dimanipulasikan oleh manusia.

Dari analisis di atas dapat dilihat konsepsi penutur BM dan BK terhadap kata *usia* atau *umur* yang berkolokasi dengan kata MAKAN adalah berbeza. Pada hemat penulis hal ini berlaku kerana penutur BK mengkonsepsikan kata *umur* yang berkolokasi dengan kata MAKAN sebagai satu budaya. Dengan kata lain, budaya telah membentuk sistem kognitif sebagaimana Lakoff dan

Johnson (1980) menyatakan, *"The social reality defined by a culture affects its conception of physical reality"*.

Dalam budaya Korea pada masa Hari Raya Tahun Baru, orang Korea memakan 떡국 (sup kuih beras)[3]. Sambil memakan makanan ini pada setiap tahun, orang Korea mempercayai bahawa mereka memakan umur atau menambahkan umurnya. Memakan 떡국 melambangkan penambahan umur. Kenyataan sosial mempengaruhi sistem konsepsi masyarakat Korea. Dalam BM tidak terdapat pengaruh budaya untuk menentukan makna *menambah umur*. Penutur BM mengkonseptualisasikan pengedaran masa (umur atau usia) dengan wajarnya. Pengedaran masa mempunyai kuasa atau daya untuk merosakkan manusia atau suatu benda.

4. Mandala Pengalaman Sosial

Makanan adalah keperluan kehidupan manusia yang asas. Manusia mendapatkan makanan daripada mengerjakan alam ataupun berkerja untuk kerajaan atau sebuah syarikat kerana di situlah hasil atau pendapatan diperoleh. Perkara-perkara tersebut berkait rapat dengan pengalaman sosial. Misalnya, predikat *makan untung* bermakna *mendapatkan pendapatan yang melebihi modal* melalui suatu kegiatan atau perniagaan. Suatu kegiatan atau perniagaan mestilah dilakukan di mana manusia hidup bersama-sama. Dalam mandala pengalaman sosial peluasan makna kata MAKAN berhubungan erat dengan pengalaman sosial.

(16) Dia tidak mahu hanya **makan** duit kerajaan sahaja... (DB:K00135)

---

3 Sup Kuih Beras: dibuat dengan irisan kuih beras.

(17) Taat setia dan akhirnya **makan** pencen. (DB: K00408)

(18) 물장사하시는 분들은 이윤을 너무나 많이 남겨 **먹으니까.** (BEXX0002)
Orang yang berniaga air **makan** banyak untung

(19) 대학교 2학년때에는 시위 가담으로 연행되어 구류를 **먹은** 일이 있다. (CE00007).
(Dia) ditangkap pada tahun kedua di universiti dan **makan reman (kena reman)** kerana terlibat dalam demonstrasi.

Kata-kata yang berkolokasi dengan kata MAKAN dalam mandala pengalaman sosial adalah seperti *untung, duit kerajaan, pencen, cemerlang (BK), makan denda atau reman (BK), nasi jenayah (BK), nasi tentera (BK), nasi pencen (BK).* Semua perkataan ini berkait dengan pengalaman sosial. Misalnya, dalam BK *makan nasi jenayah* bermakna *makan dan hidup di penjara* kerana seseorang membuat jenayah. *Makan nasi tentera* pula bermakna *makan dan hidup untuk tentera darat.*

Dalam ayat (16), *seseorang makan duit* bukanlah hanya bermakna *seseorang mendapat duit* sahaja tetapi juga *seseorang berkerja untuk kerajaan dan mendapatkan duit untuk makan dan hidup*. Dalam ayat (17) pula, *makan pencen* mempunyai makna bahawa seseorang berhenti kerja dan mendapatkan sara hidup daripada sebuah organisasi.

Peluasan makna kata MAKAN ini didasari satu mekanisme kognitif, iaitu metonimi. Dalam ayat (16), (17), predikat *makan duit kerajaan, makan gaji, makan pencen dan nasi jenayah, nasi tentera, nasi pencen* untuk BK, maknanya merujuk kepada kehidupan keseluruhan. Metafora konsepsi pula beroperasi dalam peluasan makan kata MAKAN dalam mandala pengalaman sosial seperti MAKAN ADALAH KEHIDUPAN.

Tambahan pula peluasan makna kata MAKAN berkaitan dengan pengalaman sosial yang baik atau buruk. Dalam BK predikat 일등먹다 *(makan cemerlang)* pula menunjukkan bahawa peluasan makna kata MAKAN dibentuk daripada pengalaman sosial yang baik. Sebaliknya ayat (19) menunjukkan bahawa seseorang berpengalaman buruk. Dia terlibat dalam demonstrasi terhadap kerajaan dan ditangkap. Akhirnya dia direman dalam penjara. Yang menariknya peluasan makna kata MAKAN yang dibentuk daripada pengalaman sosial yang buruk didapati hanya untuk BK sahaja. Selain itu peluasan makna kata MAKAN berlaku berkaitan dengan kata-kata yang ditentukan oleh budaya. Contohnya adalah berikut:

(20) Park Lebai akan datang ke rumah **makan** kenduri arwah. (DB3:B11001)

(21) 저런 놈을 낳고 미역국을 **먹은** 어머니도 있으니 (CE000020)
Ada Emak yang **makan** sup rumpair laut selepas melahirkan si bodoh.

Dalam ayat (20), predikat *makan kenduri* bermakna menjamu makan untuk mendoakan orang yang telah meninggal. Maknanya wujud kerana kata objek kenduri yang berkaitan dengan keagamaan. Ada juga predikat *makan sirih* yang mempunyai dua makna yang konkrit atau abstrak. Makna abstrak berkait rapat dengan nilai budi. *Makan sirih* melambangkan pembukaan atau keinginan untuk menjalinkan hubungan antara satu dengan yang lain dalam konteks sosial. Dalam ayat (21) untuk BK pula *makan sup ganggang laut* mempunyai dua makna seperti *makan kenduri*. Dalam ayat ini, 미역국을 먹다 (makan sup rumpair laut) bermakna seseorang wanita telah bersalin dan memakan sup ganggang laut untuk membersihkan darah dan menguatkan dirinya. Dalam BK predikat 국수 먹다 (makan mi[4]) berkaitan dengan makna *perkahwinan* dan 콩밥을 먹다 (makan nasi kacang) berkaitan dengan makna *pemenjaraan*. Dalam ayat (20), (21), peluasan makna kata MAKAN dibentuk kerana kata-kata yang berkolokasi dengan kata MAKAN yang berkait rapat dengan nilai budaya.

5. Mandala Moral

Makanan adalah keperluan yang asas dan penting untuk kehidupan manusia. Tetapi, manusia memikirkan bahawa jikalau mereka hidup untuk makan sahaja, kehidupannya tidak akan berapa bermakna. Perkara makan adalah salah satu keperluan sahaja bagi kehidupan manusia, tetapi bukanlah tujuan hidup. Penutur BM dan BK cenderung mengaitkan perkara makan dengan nilai kehidupannya. Dengan kata lain, manusia tidak boleh memakan apa-apa jua makanan dengan sembarangan. Sehubungan ini, makna kata MAKAN yang berada dalam mandala yang teras berpindah ke mandala moral. Contohnya adalah seperti berikut:

(22) Kenduri arwah tidak boleh buat, nanti **makan** harta anak yatim, masuk neraka! (DB3: K00127)

(23) Hai orang-orang yang beriman, janganlah kamu **makan** harta sesamamu dengan jalan yang batil, kecuali dengan jalan perniagaan (DB3: K00033)

---

4 Mi (*noodle*) yang khusus untuk orang Korea.

(24) (일본은) 핑계 삼아서 만주를 **먹겠다** 그 얘기요. (BEXX0004)
Kononnya, (Jepun) **makan** Manchuria dengan tipu-helah

(25) 백성을 다스리는 관원이 그 재물을 빼앗아 **먹으려고** 없는 죄를 만들어서 (2BEXXX13)
Pegawai kerajaan membantu rakyat yang lemah dengan mengada-adakan cerita yang buruk untuk **memakan** harta mereka.

Dalam ayat (22) ini, daya keluar daripada seseorang (AGEN) yang berkuasa menuju ke harta anak yatim (PENDERITA). Harta yang berada di dalam anak yatim dipindah ke dalam genggaman orang yang berkuasa dan tidak berakhlak (skema daya dan skema bekas). Dalam ayat (23) pula kata *kamu* yang berkuasa merampas harta sesamanya dengan cara yang tidak baik. Ayat ini juga menyerlahkan SKEMA DAYA.

Dalam ayat (24) pula negara Jepun merujuk kepada AGEN yang dikonseptualisasikan sebagai bekas manakala negeri Manchuria merujuk kepada PENDERITA. Manchuria berada di luar negara Jepun. Negara Jepun hendak 'memakan' (menakluk) negeri Manchuria itu dengan kuasa dalam peperangan dunia kedua. Ini bererti negara Jepun menguasai negeri Manchuria dan memasukkannya ke dalam kawasan Jepun. Yang menariknya dalam ayat ini kata 먹겠다 (memakan) bukanlah bererti makanan tetapi suatu tempat.

Dalam ayat (25), pegawai kerajaan (AGEN) sepatutnya membantu rakyat yang lemah tetapi mengambil hartanya (PENDERITA) dengan kuasa. Ayat ini berpola sama dengan ayat (27). Mandala moral melalui skema daya dan skema bekas serta metafora koNsepsi yang beroperasi di situ ialah MAKAN ADALAH MANIFESTASI KUASA.

6. Mandala Emosi/Psikologi

Untuk peluasan makna kata MAKAN dalam mandala emosi dan psikologi, kata *fitnah, hasutan, derita, kata nistaan, nasihat, budi, pujukan, bujukan* dan sebagainya untuk BM dan BK dikonseptualisasikan sebagai makanan baik atau buruk berkenaan dengan tubuh manusia. Dalam koseptualisasi ini metafora konsepsi beroperasi juga seperti PERKATAAN ADALAH MAKANAN YANG BAIK ATAU BURUK. Peluasan makna kata MAKAN daripada mandala teras kepada mandala emosi/psikologi adalah dimotivasikan oleh tiga entiti seperti (i) AGEN (ORANG), (ii) PENDERITA yang bermakna abstrak, (iii) PENYUAP (ORANG) yang memberi makanan. Ayat-ayat contoh adalah seperti berikut:

(26) Kamu semua ini **termakan** fitnah dan hasutan orang lain," kata Mak Kayah lagi. (DB3: K00122)

(27) Atiah menghela nafas panjang. Dia tahu benar hati ibunya. Tidak mudah **termakan** pujuk. (DB3: K00122)

Ayat (26), (27) adalah peluasan kata MAKAN yang berorientasikan PENDERITA. Dalam ayat (26), kata *kamu* merujuk kepada AGEN dan kata *fitnah* dan *hasutan* merujuk kepada PENDERITA dan orang yang memberi fitnah adalah PENYUAP. Dalam ayat (27) pula, kata *Ibu* adalah AGEN dan kata *pujuk* adalah PENDERITA. Seorang ibu tidak berniat untuk menerima kata pujukan daripada orang lain, walaupun dipujuknya dengan kata-kata yang manis yang dituturkan oleh seseorang (PENYUAP). Daya vektor berpunca daripada PENYUAP menuju ke AGEN (SKEMA DAYA). AGEN termakan perkataan-perkataan yang berkenaan dengan emosi kerana pengaruh PENYUAP (SKEMA

BEKAS). Dalam ayat (26), (27) morfem *ter-* pula membuktikan bahawa AGEN tidak berhasrat untuk memakan makanan yang buruk (*fitnah*) tetapi AGEN (*kamu*) terpaksa memakan.

Penutur BM mengkonsepsikan *fitnah* dan *pujuk* sebagai makanan yang berada di luar tubuh dan boleh dimakan seperti makanan yang fizikal (skema bekas). Dalam mandala emosi/psikologi kata-kata yang berkolokasi dengan kata MAKAN adalah *fitnah, hasutan, pujuk, bujukan, pujian, budi, nasihat, kata, janji* dan sebagainya. PENDERITA yang berkolokasi dengan kata MAKAN dikatakan oleh PENYUAP dan mempengaruhi AGEN. AGEN tidak rela makan, tetapi termakan kerana paksaan PENYUAP. Daya vektor berpunca daripada PENYUAP menuju ke AGEN (Skema Daya). Dengan kata lain AGEN tidak hendak difitnah, tetapi kena fitnah kerana kesilapan diri sendiri atau niat jahat kawan.

Dalam BK pula fenomena ini ditemui. Contohnya adalah seperti berikut:

(28) 당신 같은 멍청한 사람 때문에 나는 늘 골탕을 **먹어요**. (BEXX007)
Kerana orang seperti awak si bodoh, saya selalu termakan seksaan.

(29) 나는 한마디 끼어들고 들고 싶은 것을 참느라 애를 꽤 **먹었다**. (BEX0016)
Saya termakan derita kerana mencegah dirinya daripada mencela kata-kata kawannya.

Penutur BK pula mengkonsepsikan bahawa kata-kata yang dituturkan oleh seorang penutur untuk mengecewakan atau menakutkan pendengar boleh dimakan seperti makanan. Kata-

kata yang berkolokasi dengan kata MAKAN untuk BK adalah 핀잔 *(kata nistaan), 골탕 (seksaan), 애 (derita), 엄포 (ancaman), 퉁 (celaan), 겁 (ketakutan)* dan sebagainya. Dalam ayat (28), AGEN adalah kata *saya* dan PENYUAP adalah *si bodoh*. PENDERITA adalah kata *골탕 (seksaan)*. Dalam ayat (29) pula AGEN (LM) adalah kata 나는 (*saya)* dan PENDERITA adalah *애 (derita),* dan PENYUAP (TR1) adalah dirinya sendiri. Pola kedua-dua ayat untuk BK sama dengan BM. PENYUAP memberikan seksaan dan derita kepada AGEN. Daya vektor berpunca daripada PENYUAP menuju ke AGEN (Skema Daya). AGEN termakan seksaan dan derita kerana pengaruh PENYUAP (SKEMA BEKAS).

Yang menariknya, untuk BK peluasan makna kata MAKAN yang berorientasikan PENYUAP amat produktif daripada peluasan makna kata MAKAN untuk BM. Contohnya adalah seperti berikut:

(30) (동하) 가끔씩 엉뚱한 질문을 던져 선생님을 골탕 **먹이다가** (BEXX0012)
kadang-kadang (Dong Ha) memberi derita kepada cikgu dengan melontarkan pertanyaan yang pelik.

(31) 혹돌은 순남에게 가볍게 핀잔을 **먹였다**. (2BEXXX07)
Hok Dol memberi nistaan kepada Sun Nam dengan lembut.

Ayat (30) berstruktur PENYUAP + memberi (kata kerja penyebab) + PENDERITA. Dong Ha (PENYUAP) memberi derita (PENDERITA) kepada orang lain (AGEN). Orang yang lain termakan derita itu. Dalam ayat (31) pula, Hok Dol (PENYUAP) memberi 핀잔 (kata nistaan) kepada Sun Nam (AGEN).

Peluasan makna kata MAKAN yang berorientasikan PENYUAP untuk BK amat menonjol berbanding dengan BM. Dalam peluasan makna yang berorientasikan PENYUAP untuk BM, penuturnya tidak menggunakan kata *makan* untuk mengekspresikan perkara emosi atau psikologi. Maka dengan itu, mereka menggunakan kata *beri* atau kata kerja yang berimbuhan seperti *memberi kata nistaan, memberi derita, memberi ancaman, memberi bujukan atau pujian, memberi budi, memberi nasihat, memfitnah, menghasut, mendesak, mencela* dan sebagainya.

Dalam mandala emosi/psikologi penutur Korea mengkonseptualisasikan minda atau fikiran sebagai makanan berkenaan dengan tubuh. Dalam proses konseptualisasi ini metafora konsepsi beroperasi, ialah MINDA dan FIKIRAN ADALAH MAKANAN. Peluasan makna kata MAKAN untuk BK dimotivasikan oleh konsep bahawa makanan dihancurkan dalam mulut dan disimpan dalam perut atau usus (Lee Jeong Sik 2003: 123). Contohnya adalah seperti berikut:

(32) 나는 작전을 바꾸기로 마음을 **먹었다**. (BEXX0016)
Saya **memakan minda (mengambil keputusan)** untuk mengubah strategi.

(33) 따분하기만 한 영화를 볼 생각 따윈 **먹지도 않았다**. (3BES0007)
(Saya) tidak hendak **memakan fikiran (berfikir)** untuk menonton wayang yang bosan.

Dalam ayat (32), predikat *memakan minda* bermakna *nekad* ataupun *tabah hati* secara psikologi. Dengan kata lain AGEN (SESEORANG) mengambil keputusan untuk melakukan sesuatu. Dalam ayat (33) pula, predikat *memakan fikiran* bermakna *berfikir untuk melakukan sesuatu*. Seseorang menyimpan suatu fikiran di dalam hati sampaikan mencapai matlamat yang susah digapai.

Penutur BM dan BK mengkonseptualisasikan kata-kata yang berkolokasi dengan kata MAKAN seperti *fitnah, hasutan, pujuk, bujukan, pujian, budi, nasihat, kata, janji, 마음 (minda)*, 생각 (*fikiran)* dan sebagainya dalam mandala emosi/psikologi sebagai makanan. Dengan kata lain, predikat kata kerja seperti kata makan + objek (fitnah, hasutan, pujuk) menentukan makna yang baru. Tetapi, dari segi leksikal yang berkolokasi dengan kata MAKAN dan penstukturannya, peluasan makna kata MAKAN

Rajah 1. Jaringan Kata MAKAN Makna Pinggiran untuk BM dan BK

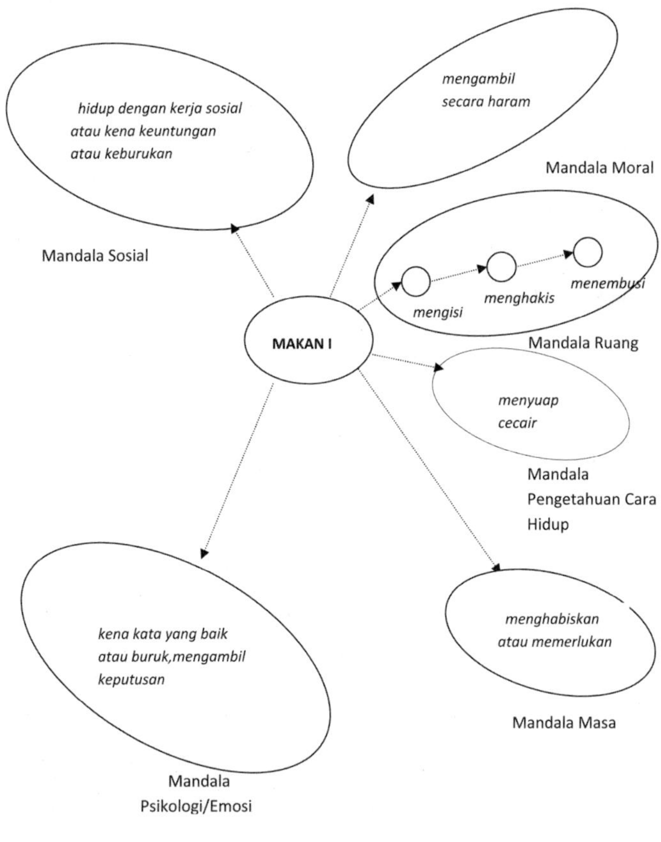

untuk BK lebih menonjol. Kesemua data dan analisis di atas yang membawa makna teras dan pinggiran leksikal MAKAN dapat diterjemahkan dalam bentuk rajah 1 di atas.

Rumusan Makna MAKAN BM dan BK

Daripada satu makna teras dan lima makna pinggiran, jelas kelihatan empat daripadanya menyebelahi BK dalam mengkonseptualisasikan kata MAKAN. Empat makna pinggiran iaitu mandala *sosial, pengalaman hidup, masa* dan *emosi* menunjukkan bahawa makna abstrak MAKAN dikonseptualisasikna seperti makna konkrit. Makna-makna makan ini dianggap sebagai benda yang boleh dikunyah, dimamah dan ditelan. Contohnya bagi mandala masa, masyarakat Korea sangat prihatin mengenai usia. Tahun baru yang diraikan setiap tahun dengan memakan makanan sup kuih beras sentiasa mengingatkan mereka dengan penambahan usia. Begitu juga dengan mandala emosi. Bagi mereka fikiran atau minda adalah satu konsep yang boleh dikonkritkan dan dijadikan makanan. Hal yang sama juga dengan mandala pengetahuan cara hidup dan pengalaman sosial. Kesemua ini ditentukan oleh budaya mereka sendiri. Bagi BM, hanya mandala *ruang* yang kelihatan dominan. Skema imej ruang yang mengambilkira makna *memenuhi, menghakis* dan *menembusi* membolehkan lahirnya skema imej yang pelbagai dimensi. Dari itu lahirlah skema imej daya pencerobohan yang merujuk kepada kejadian alam seperti dibincangkan di atas.

Leksikal MAKAN kesemuanya membawa skema imej DAYA. Leksikal yang berkolokasi dengan MAKAN dapat membuktikannya. Leksikal dan frasa seperti '*mahu, akhirnya, hanya, akan datang, jangan, mengada-adakan*' adalah contoh yang boleh membawa kepada skema imej daya. Jelasnya kedua-dua bahasa melahirkan skema imej yang serupa. Dengan itu pemahaman kita pada konsep makan pada kedua-dua bahasa menjadi lebih mudah.

Kesimpulan

Kajian di atas yang menggunakan satu leksikal iaitu MAKAN boleh membantu kita memahamai pola peluasan makna. Peluasan makna semestinya secara bermotivasi bukannya sewenang-wenangnya. Analisis semantik kognitif dapat membantu kita memerhatikan peluasan ini yang sistematik. Meskipun kajian ini melibatkan dua bahasa yang tidak serumpun tetapi peluasan makna bagi kedua-dua bahasa hampir seiras antara satu sama lain. Dengan ini kajian silang budaya akan pasti dapat membantu kita memahami budaya lain dengan lebih sistematik lagi.

Lampiran 1

1. 단둘이 커피를 마시고 저녁까지**[먹었다는]** 사실은…
   1998 Bex0002TXT 25337
   Ceritanya bahwa dia minum kopi dan **[makan]** malam dengan seorang lelaki sampai larut malam.
2. 신 여사의 말을 싹뚝 잘라 **[먹으며]** 효철이 비아냥거리
   1998 Bex0003TXT 25939
   Hyocheol menyindir sambil dia **[makan]** perkataan puan Shin
3. “차보다는 밥을**[먹읍시다.**
   1998 Bex0004TXT 27220
   “Lebih baiknya **[makan]** nasi dari pada minum teh”

4. 두 사람은 한동안 말없이 **[먹기만]** 했다
   1998 Bex0005TXT 28429
   Kedua dua orang hanya **[makan]** sahaja tanpa bercakap seketika
5. 남자하고 단둘이 마주 앉아 밥을 **[먹다니?]**
   1998 Bex0006TXT 28523
   Macam mana, begitu berani dia **[makan]** dengan seorang lelaki sahaja
6. 생각에 빠진 수혜에게 남자가 다 **[먹었느냐고]** 물었고, 수혜는
   1998 Bex0007TXT 28660
   Seorang lelaki bertanya kepada Suhye yang berfikir secara dalam "Sudahkah **[makan]** habis dan Suhye……
7. "잘 **[먹었습니다."]**
   1998 Bex0008TXT 28784
   "Sudah **[makan]** sepuas- puasnya"
8. 추위에 떨다 따뜻한 순두부를 **[먹은]** 까닭인지 수혜는
   1998 Bex0009TXT 30391
   Sebabnya bahwa Suhye **[makan]** tofu yang panas selepas merasa kedinginan dan Suhye……
9. 저녁 아홉 시 무렵 신선한 과일을 **[먹지]** 않고는 인생 살맛을
   1998 Bex0010TXT 34105
   tak rasanya senang tanpa **[makan]** buah- buahan yang segar kira kira pukul sembilan malam
10. 하지만 밥을 굶거나 또 안 **[먹으면]** 인생 살맛을."
    1998 Bex0011TXT 34615
    Tetapi tanpa **[makan]** kehidupanya tak senang"
11. 덕분에 저녁도 잘 **[먹고]** 즐거운 시간."
    1998 Bex0012TXT 37394
    Keranamu **[makan]** malam dengan baik'

12. 밥 많이[**먹고]** 아빠 말씀 잘 들어야 돼."
1998 Bex0013TXT 39243
"**[Makan]** banyak kemudiannya, mesti dengarkan ayanya"

13. 커피를 마시고 저녁까지 **[먹었다는]** 사실은.
1998 Bex0014TXT 39586
Ceritanya bahwa dia minum kopi dan **[makan]** malam dengan seorang lelaki sampai larut malam.

14. 신 여사의 말을 싹뚝 잘라 **[먹으며]** 효철이 비아냥거리는 투로
1998 Bex0015TXT 40250
Hyocheol menyindir sambil dia [**makan]** perkataan Puan Shin

15. "차보다는 밥을 **[먹읍시다.]**
1998 Bex0016TXT 41892
Lebih baik **[makan]** nasi dari pada minum teh

16. 두 사람은 한동안 말없이 **[먹기만]** 했다.
1998 Bex0017TXT 47134
Kedua-dua orang hanya **[makan]** sahaja tanpa berkata-kata seketika

17. 남자하고 단둘이 마주 앉아 밥을 **[먹다니?]**
1998 Bex00180TXT 53962
Macam mana, begitu berani dia **[makan]** dengan seorang lelaki sahaja

Rujukan

- Asmah Haji Omar. 1986. *Bahasa dan Alam Pemikiran Melayu.* Kuala Lumpur: Dewan Bahasa dan Pustaka.
- Charteris-Black, J. 2003. A contrastive cognitive perspective on Malay and English figurative language. Dlm. K. M. Jaszczolt & K. Turner (ed). *Meaning Through Language Contrast. Pragmatics and Beyond New Series 99.* Amterdam & Philadephia: John Benjamin.
- Croft, W. & Cruse D. Alan. 2004. *Cognitive Linguistics.* UK: Cambridge University Press.
- Date, K. 2006. An analysis of Japanese language learners' communication strategies: the use of indirect expressions of refusal. Tesis Doktor Falsafah. Universiti Malaya.
- Hassan Ahmad. 2003. *Metafora Melayu: Bagaimana Pemikir Melayu Mencipta Makna dan Membentuk Epistemologinya.* Siri Monograf Akademi Kajian Ketamadunan. Bangi: Akademi Kajian Ketamadunan.
- Imran Ho Abdullah. 2000. Peluasan sematik kata sifat rasa: manis, masam, pahit, masin dan tawar. *Jurnal Dewan Bahasa.* 44(5).
- Johnson, M. 1987. *The Body in the Mind: The Bodily Basis of Meaning, Imagination, and Reason.* Chicago: The University of Chicago Press.
- *Kamus Besar Bahasa Indonesia* Ed. Ke-9. 1997. Jakarta: Balai Pustaka.
- *Kamus Dewan* Ed. Ke-3. 1994. Kuala Lumpur: Dewan Bahasa Pustaka.
- *Kamus Dewan* Ed. Ke-4. 2005. Kuala Lumpur: Dewan Bahasa Pustaka.
- *Kamus Melayu Utusan* Ed-1. 1995. Kuala Lumpur: Percetakan Kum Sdn Bhd.
- Lakoff, G. and Johnson, M. 1980. *Metaphors We Live by.* Chicago: University of Chicago Press.
- Lee Jeong-Shik. 2003. *A Theoritical Approach on the Extension of Meaning.* Seoul: Institute of Korean Language.
- Lee Yang-Hye. 2002. The Function of 'eat' and its meaning shift in. *Journal of Han Guk.* Seoul: Yeok Rak Press.
- Nor Hashimah Jalaluddin, Normah Ahmad dan Fadzeli Jaafar. 2012. Apology in Malay and Japanese: A sociopragmatic analysis. *Asian Conference Arts and Humanities.* Kyoto 6-8 April.
- Nor Hashimah Jalaluddin. 2011. Malaysia truly Asia dan hallyu: Komoditi

budaya. Dlm. Yang Seung Hoon dan Zaharani Ahmad (ed.). *Hubungan Malaysia dan Korea 50 Tahun.* Seoul: HUFS Press.

- Pangkalan Data Dewan Bahasa dan Pustaka. http://prpm.dbp.gov.my/
- Pangkalan Data '*The National Academy of Korean Language*'.
- Rusmadi Bin Baharudin. 2003. Pengendalian polisemi kata kerja unggulan di dalam kamus bahasa Melayu: Satu pendekatan linguistik kognitif. Tesis Sarjana Universiti Kebangsaan Malaysia.
- Sloń, Anna, 1999. Image Schemata and the Elabotation of Event edit. Lewandowska-Tomaszczyk & Barbara (ed.). *Cognitive Perspectives on Language.* Frankfurt Am Main: Peter Lang. Press.
- *The Great Choson Korean Dictionary* Ed. 2th. 1996. Seoul: Dongkwang.
- *The Great Standard Korean Dictionary* Ed. 2th. 1999. Seoul: Dusan Donga.
- Wierzbicka, A. 1985. Different cultures, different languages, different speech acts. *Journal of Pragmatics.* 9:145-178.
- Wilkinson, R. J. 1959. *A Malay-English Dictionary.* London: Macmillan & Co Ltd.
- Wolfson, N. 1989. *Perspectives on Sociolinguistics and TESOL.* Rowley, Mass: Newburry House.
- *Yonsei Korean Dictionary* Ed. 8th. 2004. Seoul: Dusan Donga.

BAB 11

Isu dan Cabaran dalam Pengajaran dan Pembelajaran Bahasa Melayu untuk Penutur Asing:
Perspektif Pelajar

Siti Saniah Abu Bakar
Raja Masittah Raja Ariffin

Pengenalan

Pengajaran dan pembelajaran bahasa Melayu untuk penutur asing telah bermula di institusi pengajian tinggi awam (IPTA) di Malaysia sejak tahun 1970-an seperti di Universiti Malaya (UM), Universiti Teknologi Mara (UiTM) yang bermula pada tahun 1970-an dan secara serius pada tahun 1999, Universiti Sains Malaysia (USM) telah dimulakan sejak 1989, dan Universiti Kebangsaan Malaysia (UKM) pada 1992. Di institusi pengajian tinggi swasta (IPTS) pula, bahasa Melayu untuk penutur asing telah mula diajar pada pertengahan tahun 1995 dan 1996 (Fa'izah, Zamri & Mohamed Amin 2009). Sehubungan dengan peningkatan bilangan pelajar luar negara dan bilangan institusi pengajian tinggi swasta, kerajaan memperuntukkan bahasa Melayu sebagai mata pelajaran wajib kepada pelajar antarabangsa yang melanjutkan pengajian mereka di mana-mana IPT di negara ini seperti yang termaktub dalam Akta Pendidikan Tinggi Swasta 1996.

Setelah lebih 40 tahun pengajaran dan pembelajaran (P&P)

bahasa Melayu untuk penutur asing di IPTA dan hampir 15 tahun di IPTS berlangsung, maka pelbagai isu dan cabaran melatari dunia pendidikan bahasa Melayu. Selain pengajaran dan pembelajaran (P& P) bahasa Melayu di IPTA dan IPTS, badan pelaksana bahasa seperti Dewan Bahasa dan Pustaka turut menyusun strategi mengembangkan bahasa Melayu ke peringkat antarabangsa melalui kursus bahasa Melayu dalam kalangan penutur asing melalui program kebahasaan, iaitu pertukaran pelajar dari China, Sri Lanka, Kemboja dan Selatan Thailand, di bawah Program Pengantarabangsaan Bahasa Melayu di DBP. Bab ini berusaha mencungkil dan meninjau pandangan pelajar dan membincangkan isu dan cabaran yang dihadapi dalam P&P bahasa Melayu untuk penutur asing yang dilihat daripada perspektif pelajar.

Senario Pengajaran dan Pembelajaran Bahasa Melayu untuk Penutur Asing

P&P bahasa Melayu untuk penutur asing yang dibincangkan dalam bab ini merujuk kepada pengajaran di alam Melayu atau lebih tepat lagi di Malaysia. Sukatan pelajaran bagi kursus bahasa Melayu untuk penutur asing di IPTA bergantung kepada organisasi atau universiti masing-masing, iaitu tenaga pengajar sendiri yang mereka bentuk sukatan tersebut. Manakala di IPTS, Sukatan Pelajaran Bahasa Kebangsaan B iaitu khusus untuk pelajar-pelajar luar negara telah dibentuk dan diselia oleh Agensi Kelayakan Malaysia (MQA) yang bermula pada tahun 1998.

Pelaksanaan subjek ini juga berbeza mengikut IPT yang menawarkannya. Di USM pelajar luar negara wajib mengikuti kursus ini untuk dua semester dan kemudian diubah menjadi satu semester sahaja. Di UPM, kursus ini hanya sebagai kursus audit. Di Universiti Islam Antarabangsa (UIAM) dan UKM, pelajar perlu mengikuti kursus Bahasa Melayu sebagai Bahasa Asing selama dua semester dan wajib lulus kedua-dua kursus tersebut. Manakala di Universiti Tenaga Nasional (UNITEN), mereka mewajibkan pelajar luar negaranya mengikuti kursus ini dan wajib lulus (Fa'izah, Zamri & Mohamed Amin 2009). Di Universiti Multimedia (MMU), pelaksanaannya pula berbeza berdasarkan fakulti. Ada fakulti yang mewajibkan subjek ini diambil dan ada fakulti yang menawarkan subjek ini kepada pelajar yang berminat sahaja. Pelajar diberi pilihan sama ada memilih subjek Bahasa Kebangsaan B atau mana-mana subjek bahasa asing yang lain. Manakala di Universiti Lim Kok Wing hanya menawarkan subjek ini kepada pelajar yang berminat sahaja.

Tujuan Pelajar Asing Belajar Bahasa Melayu.

Menurut Asmah (2004), analisis keperluan penting dijalankan untuk menentukan kaedah dan pendekatan dalam pengajaran bahasa. Kajian yang dijalankan oleh Sharala (2012) merupakan kajian terkini tentang faktor yang menyebabkan pelajar asing belajar bahasa Melayu di IPTA dan IPTS di Malaysia. Responden terdiri daripada 173 pelajar asing yang mengikuti pengajian dalam pelbagai bidang seperti kejuruteraan, pengurusan, teknologi maklumat dan sebagainya. Dalam kajian ini, terdapat dua faktor iaitu faktor motivasi integratif dan motivasi instrumental.

Dapatan kajian menunjukkan bahawa nilai min yang paling tinggi dipilih oleh kebanyakan pelajar adalah untuk tujuan berkomunikasi dengan orang Melayu iaitu sebanyak 3.25 yang termasuk dalam motivasi integratif. Sebanyak 3.21 nilai min mewakili tujuan pelajar asing mempelajari bahasa Melayu untuk lulus dalam subjek ini. Pelajar-pelajar ini dikatakan bermotivasi instrumental. Nilai min ketiga tertinggi adalah untuk tujuan mempelajari bahasa yang baru, iaitu sebanyak 3.09. Pelajar-pelajar ini turut bermotivasi instrumental. Nilai min yang keempat tertinggi ialah 3.08 iaitu suka akan kelas bahasa Melayu. Tujuan ini hasil daripada pelajar yang bermotivasi integratif. Manakala, nilai min yang paling rendah adalah untuk tujuan membuat perniagaan. Tujuan ini adalah hasil daripada pelajar yang bermotivasi instrumental.

Walau bagaimanapun, apabila dibandingkan akan kedua-dua motivasi ini didapati bahawa keseluruhan nilai min yang tertinggi ialah motivasi integratif iaitu sebanyak 3.08. Manakala, keseluruhan nilai min bermotivasi instrumental ialah sebanyak 2.89. Ini menunjukkan bahawa pelajar asing ini lebih bermotivasi integratif berbanding instrumental. Gardner dan Lambert (1972) menyatakan bahawa seseorang pelajar dikatakan bermotivasi integratif atau universal sekiranya mempelajari bahasa kedua dengan tujuan mengintegrasikan dirinya ke dalam masyarakat bahasa atau berkenalan dengan negara bahasa tersebut. Dapat dikatakan, motivasi integratif merujuk kepada sikap positif pelajar terhadap elemen-elemen yang terdapat pada bahasa sasaran. Menurut Zahra Vaezi (2008), motivasi integratif dipengaruhi oleh budaya bahasa sasaran. Apabila pelajar suka budaya sesebuah masyarakat, mereka lebih berminat untuk mempelajari bahasa masyarakat tersebut.

Seseorang itu pula dikatakan bermotivasi instrumental atau konkrit apabila penguasaan bahasa keduanya bertujuan mencapai matlamat selain matlamat integrasi, seperti lulus peperiksaan, peningkatan dalam bidang kerjaya, membolehkannya membaca bahan-bahan bacaan dalam bahasa tersebut dan sebagainya. Oleh itu, motivasi instrumental merujuk kepada sebab fungsian dan nilai kegunaan pada pencapaian bahasa (Gardner dan Lambert 1972). Oleh itu dapatan kajian menunjukkan pelajar asing mempelajari bahasa Melayu dengan tujuan berinteraksi, mendekati atau memahami komuniti dan bukannya berkeinginan untuk memperolehi pengiktirafan sosial atau manfaat ekonomi melalui pengetahuan bahasa asing.

Benarlah seperti yang dikatakan oleh Awang Sariyan (2012) bahawa, peranan bahasa Melayu sebagai wahana kehidupan moden dalam kalangan masyarakat antarabangsa masih agak samar kerana belum dianggap sebagai bahasa perdagangan, bahasa ekonomi, bahasa ilmu dan bahasa teknologi di peringkat antarabangsa. Walau bagaimanapun, beliau turut berharap bahawa dengan bertambahnya pengajaran bahasa Melayu kepada penutur asing, iaitu dengan wujudnya pusat-pusat pengajian di seluruh dunia yang mengajarkan bahasa Melayu akan dapat meningkatkan peranan bahasa Melayu di peringkat antarabangsa.

Isu dan Cabaran

Kajian yang dilakukan oleh Marzalina pada tahun 2005 serta kajian Fa'izah, Zamri dan Mohamed Amin yang dilakukan pada tahun 2009 menunjukkan bahawa pencapaian pelajar asing yang mempelajari bahasa Melayu di Malaysia masih lemah dan tidak dapat menguasai kemahiran bahasa Melayu dengan baik. Punca kelemahan dan kegagalan pelajar ini disebabkan mereka tidak mempunyai strategi pembelajaran bahasa berkesan yang dapat membantu mereka lulus dengan baik dalam subjek bahasa Melayu dalam masa yang singkat (Fa'izah, Zamri dan Mohamed

Amin 2009).

Walaupun ada benarnya pendapat ini namun, faktor lain turut memberi kesan terhadap pencapaian pelajar seperti minat, sikap, kaedah pengajaran dan sebagainya. Pada tahun 2011, kajian tentang Strategi Pembelajaran Bahasa (SPB) Melayu untuk Penutur Asing telah dijalankan dengan dana penyelidikan daripada UPSI. Walaupun objektif utama adalah untuk mengenal pasti SPB yang digunakan oleh penutur asing namun objektif sampingan yang diperoleh turut menarik perhatian iaitu berkenaan dengan pandangan pelajar tentang P&P bahasa Melayu mereka. Pandangan tersebut berkaitan dengan kelas bahasa Melayu mereka sama ada mereka suka atau tidak, kenapa dan bagaimana untuk mengatasinya. Soal selidik diberikan kepada 300 pelajar di IPTA dan IPTS yang melibatkan pelajar daripada Nigeria, Iran, Indonesia, China, Iraq dan Libya. Hasil daripada dapatan kajian tersebut dibincangkan dalam bab ini dengan memusatkan perhatian kepada 4 aspek utama iaitu i) pengajar, ii) pelajar, ii) bahan atau peralatan serta kaedah dan teknik pengajaran, dan iv) masyarakat.

Pengajar

Dapatan kajian mendapati bahawa pelajar menyukai kelas bahasa Melayu yang mereka hadiri disebabkan beberapa faktor. Antara faktor yang ramai memberi pujian ialah cara penyampaian pensyarah yang menarik. Antara yang tercatat dalam bahagian komen terbuka di dalam Borang Soal Selidik apabila diminta memberi komen beberapa perkara yang mereka suka tentang kelas bahasa Melayu yang sekarang mereka hadiri menyatakan;

- Saya suka akan cara pensyarah berkongsi maklumat dengan pelajar.
- Saya sangat bertuah kerana dapat belajar di kelas ini tambahan pula guru saya seorang yang terbaik. Beliau mempunyai cara yang istimewa untuk mengajar kami.
- Kelas sangat interaktif dan guru kami mempunyai pendekatan yang bagus dalam memperkenalkan pelajaran yang baru. Saya suka belajar kosa kata baru dalam setiap sesi.
- Saya suka akan persembahan guru yang menarik.
- Saya suka cara pengajaran guru.
- Saya suka cara guru berkomunikasi dengan kami.
- Bahasa Melayu senang dipelajari.

Komen responden tentang hal ini, menyokong dapatan dalam kajian yang telah dijalankan oleh Ahmad Johari Sihes dan Siti Asfarina Sarimin (2010) tentang Keutamaan Ciri-ciri Pengajaran Pensyarah yang Baik daripada Persepsi Pelajar di Universiti Teknologi Malaysia, Skudai, Johor. Mereka mendapati bahawa pelajar memberi keutamaan kepada pensyarah yang sentiasa bersifat terbuka, berkebolehan menyampaikan pengajaran dengan jelas, mudah untuk berbincang, dan dapat melakukan penilaian yang adil.

Kebolehan pensyarah menyampaikan pengajaran dengan jelas dan mudah difahami turut menjadi perkara yang dicatat oleh pelajar sebagai antara perkara-perkara yang mereka sukai tentang kelas bahasa Melayu yang dihadirinya. Antara catatan responden ialah;

- Apa-apa yang diajari guru mudah untuk difahami.
- Pensyarah menjadikan sesuatu pelajaran itu mudah untuk difahami.

- Cara guru mengajar kami, membuatkan semua orang faham dan bekerjasama antara satu sama lain.
- Cara pensyarah mengajar menarik perhatian saya.
- Saya suka guru saya kerana dia mengajar saya untuk faham (akan isi pengajaran). Dia bukan sahaja mengajar tetapi memastikan kami faham apa-apa yang telah dipelajari.
- Saya bertanya kepada guru jika saya tidak faham dan pensyarah selalu beri saya peluang untuk bertanya.
- Pensyarah selalu memberi contoh apabila menerangkan satu-satu perkataan, jadi mudah faham.

Faktor cara pengajaran pensyarah sememangnya berhubung kait dengan tahap pencapaian seseorang pelajar. Brophy (1998), mengatakan bahawa proses pembelajaran merupakan sesuatu yang menyeronokkan sekiranya kurikulum yang digubal dan guru (pensyarah) melaksanakan aktiviti yang selari dengan kehendak dan minat pelajar. Selain itu, Rahimah Haji Ahmad (1992) menjelaskan bahawa keberkesanan seseorang pensyarah dalam pengajaran di dalam kelas, bukan diukur dari segi kejayaannya sahaja, malah meliputi kejayaan dalam membimbing pelajar untuk menguasai pelajaran itu dan membangkitkan minatnya untuk belajar. Daripada dapatan-dapatan ini, dapat disimpulkan bahawa sememangnya pensyarah memainkan peranan yang sangat penting dalam membangkitkan minat dan motivasi pelajar untuk belajar kerana pelajar asing lebih banyak menggunakan strategi yang melibatkan peranan tenaga pengajar dalam mempelajari bahasa Melayu di dalam kelas.

Pelajar

Dalam kajian ini didapati bahawa terdapat beberapa perkara yang dinyatakan oleh pelajar yang menyebabkan mereka kurang berpuas hati dengan pembelajaran bahasa yang berlangsung. Antara catatan responden ialah;

- Saya tidak suka kelas pada waktu pagi.
- Masa sangat terhad untuk belajar subjek ini.

Pembelajaran ialah kecenderungan individu menumpukan perhatian, memproses, dan mengekalkan maklumat yang diterimanya. Rangsangan fisiologi iaitu persepsi, waktu belajar, pergerakan, makanan dan minuman adalah antara rangsangan yang dikemukakan oleh Dunn & Dunn (1992) sebagai gaya pembelajaran. Dalam hal ini, waktu belajar iaitu pada waktu pagi menjadi masalah kepada sesetengah pelajar asing untuk belajar bahasa Melayu. Dapatan ini selari dengan kajian yang dilakukan oleh Noor Aina & Marzalina (2004) yang mendapati bahawa 51% pelajar asing lebih suka belajar bahasa Melayu pada lewat malam dan 49% memilih belajar bahasa Melayu pada awal pagi. Masalah datang lewat dan ponteng kelas yang menjadi antara punca pelajar lemah dan gagal dalam pembelajaran (Fa'izah, Zamri dan Mohamed Amin 2009) mungkin disebabkan waktu yang tidak sesuai dengan gaya pembelajaran mereka. Gaya pembelajaran pelajar berbeza antara satu sama lain. Pengajar yang menyedari bahawa setiap pelajar mempunyai gaya belajar yang berlainan, dapat membimbing pelajar memajukan pelajaran dengan kaedah yang betul seperti menggunakan strategi yang tepat atau kaedah dan teknik pembelajaran yang menyegarkan pada waktu-waktu tertentu.

Selain daripada itu, masa yang diperuntukkan sebanyak 3 jam seminggu selama 14 minggu atau satu semester dirasakan agak terhad untuk mereka menguasai bahasa Melayu walaupun pada peringkat asas. Oleh itu, segala daya upaya harus dilakukan oleh tenaga pengajar untuk memaksimumkan masa yang sangat terbatas itu untuk memastikan hasil yang diperoleh tercapai.

Bahan/Peralatan serta Kaedah dan Teknik Pengajaran

Melalui pemerhatian yang dilakukan pengkaji semasa proses pengajaran berlangsung dan juga berdasarkan kajian oleh Siti Saniah (2011) yang melihat strategi yang digunakan oleh pelajar asing semasa di dalam kelas, semasa di luar kelas dan semasa menghadapi peperiksaan, mendapati bahawa SPB yang paling banyak digunakan oleh pelajar-pelajar ini dalam proses pengajaran dan pembelajaran bahasa Melayu ialah memberi sepenuh perhatian semasa guru mengajar di dalam kelas.

Ini menunjukkan bahawa guru memainkan peranan yang amat penting dalam penguasaan bahasa Melayu dalam kalangan pelajar asing. Kebolehan guru mempelbagaikan kaedah, teknik, pendekatan dan aktiviti yang dijalankan dalam pengajarannya menyebabkan proses pengajaran dan pembelajaran mampu menarik minat responden dan keadaan ini menyebabkan responden mempunyai keyakinan yang tinggi terhadap gurunya.

Berikutan itu, beberapa pandangan daripada pelajar untuk menambah baik proses P&P di dalam kelas boleh difikir dan diusahakan seperti berikut:

- Lebih banyak aktiviti.

- Dengan menggunakan media.
- Dengan menggunakan teknologi moden.
- Sepatutnya buku teks tersedia untuk kegunaan pelajar.
- Lebih banyak permainan seperti teka silang kata, wayang dsb.
- Menambahkan kerja kumpulan dan kertas kerja tetapi yang dapat menimbulkan kegembiraan.
- Tayangan video, jadi pelajar lebih mudah memahaminya berbanding dengan hanya bercakap sahaja.
- Lebih banyak latihan seperti dialog antara pelajar, pembentangan pendek dan menterjemahkan perkataan.
- Menggunakan peralatan yang interaktif dan multimedia kerana akan meningkatkan kefahaman pelajar dalam subjek ini.
- Adakan aktiviti nyanyian supaya dapat belajar banyak perkataan dan menghiburkan.
- Menggunakan CD dan video untuk lebih memahami apa yang dipelajari.

Berdasarkan cadangan daripada pelajar ini didapati bahawa para pelajar asing yang mengikuti kelas bahasa Melayu ini bukan sahaja memerlukan suntikan inovasi dalam teknologi pengajaran, malahan mereka turut memerlukan lebih banyak kreativiti pensyarah dalam menjalankan aktiviti sepanjang proses pengajaran dan pembelajaran bahasa berlangsung di samping buku teks yang sesuai dan tersedia untuk rujukan mereka.

Memang tidak dapat dinafikan bahawa bahan bantu mengajar berbentuk teknologi seperti yang diperlukan oleh generasi kini menjadi satu keperluan kepada guru bukan sahaja di sekolah malah di peringkat pengajian tinggi dalam meningkatkan kualiti pengajaran dan pembelajaran. Mok Soon Seng (1995) menyatakan bahawa bahan bantu mengajar dapat membantu guru dalam aktiviti pengajaran manakala pelajar pula dalam aktiviti pembelajaran. Pelajar dapat mempelajari konsep dengan tepat dan penuh minat serta pelajaran yang telah dipelajari akan kekal lama dalam ingatan.

Masyarakat dan Persekitaran

Masyarakat dan persekitaran iaitu penutur jati turut mempengaruhi penutur asing dalam mempelajari bahasa Melayu. Menurut Kamsiah (2000:50), selain daripada pelajar itu sendiri, guru-guru, ibu bapa, rakan sebaya dan penutur jati sesuatu bahasa itu mempengaruhi sikap pelajar. Beliau turut menegaskan bahawa kemahiran linguistik dalam bahasa kedua dipengaruhi oleh sikap terhadap kumpulan linguistik dan budaya yang bahasanya sedang dipelajari. Selain itu, Kamsiah (2000:49) menyatakan bahawa keperluan asas untuk berhubung dengan orang-orang di sekelilingnya memberi dorongan yang kuat supaya ia menguasai bahasa itu. Namun, nampaknya situasi persekitaran di Malaysia agak melunturkan keinginan mereka untuk menggunakan strategi pembelajaran bahasa yang ada untuk memahirkan mereka dalam menguasai bahasa Melayu. Oleh itu, sikap penutur jati atau bangsa Malaysia sendiri harus peka dengan situasi ini. Mereka harus berhubung dengan menggunakan bahasa kebangsaan dengan penutur asing supaya dapat mendorong mereka untuk mempelajari bahasa Melayu.

Disebabkan suasana persekitaran yang tidak banyak membantu para pelajar asing ini untuk mempraktikkan bahasa kebangsaan iaitu bahasa Melayu di Malaysia, maka timbul keinginan mereka supaya para pensyarah mengadakan aktiviti atau program yang melibatkan mereka dengan pelajar atau penutur jati. Berikut merupakan pernyataan oleh responden dalam bahagian cadangan untuk menambahbaikkan pengajaran dan pembelajaran bahasa Melayu seperti berikut:

- Libatkan pelajar Melayu dan bukan Melayu dalam perbualan, perbincangan dan ekspedisi.
- Cuba usahakan supaya pelajar Melayu ikut serta dalam kelas kami.
- Kami akan cepat belajar jika dapat bergaul dengan kawan-kawan Melayu dan mendengar mereka bercakap bahasa Melayu.
- Sangat baik sekiranya diadakan lawatan supaya kami dapat berinteraksi dengan penduduk tempatan untuk meningkatkan penguasaan dalam perbualan bahasa Melayu.

Walau bagaimana pun aktiviti yang dilakukan oleh tenaga pengajar untuk meningkatkan penguasaan bahasa Melayu pelajar asing, namun tanpa kepekaan penutur jati atau bangsa Malaysia sendiri terhadap situasi ini, segala usaha akan gagal. Pensyarah hanya mampu mengajar dan mendidik secara formal dalam satu atau dua semester sahaja dan selebihnya persekitaran mereka yang mampu mendorong untuk mereka terus belajar dan menguasai bahasa Melayu.

Didapati bahawa persekitaran atau suasana kelas yang dibina oleh para tenaga pengajar turut memainkan peranan penting dalam mendorong mereka untuk mempelajari bahasa Melayu, seperti yang jelas tercatat oleh beberapa orang responden seperti berikut:

- Menyeronokkan dan mudah.
- Pensyarah yang bagus, kelas yang bertenaga dan tidak membuatkan pelajar bosan.

- Selalu mengembirakan. Saya tidak pernah bosan di dalam kelas dan saya banyak belajar di dalam kelas ini yang membantu saya sepanjang kehidupan di sini.
- Kami dapat ketawa di dalam kelas.
- Saya boleh bergembira di dalam kelas bahasa Melayu.
- Saya mempunyai guru sebagai pendengar yang baik dan memberi komen yang bagus untuk membantu saya melakukan pembentangan yang baik.
- Saya suka berkongsi pengalaman saya dengan kawan-kawan lain di dalam kelas.
- Saya suka akan guru saya dan saya berpeluang untuk menunjukkan siapa diri saya di dalam kelas.

Daripada kajian ini menunjukkan bahawa suasana kelas yang hidup dan tidak membosankan, sentiasa ceria, tidak terlalu serius dan memberi tumpuan kepada kehendak dan keperluan pelajar menjadi faktor yang mendorong pelajar asing untuk mempelajari bahasa Melayu. Menurut Alpeman (1986), tenaga pengajar yang produktif adalah seseorang yang dapat membina iklim pengajaran yang kondusif iaitu pelajar-pelajar dapat menikmati pembelajaran dan dapat menguasai apa-apa yang mereka sepatutnya kuasai.

Kesimpulan

Perencanaan dalam program P&P bahasa Melayu untuk penutur asing perlu dilihat kembali dan perspektif pelajar terhadap program tersebut amat perlu diberi keutamaan untuk memantapkannya. Berdasarkan kajian yang dilakukan, didapati tenaga pengajar memainkan peranan yang sangat penting dalam membangkitkan minat dan motivasi pelajar. Kebolehan guru mempelbagaikan pendekatan, kaedah, teknik, dan aktiviti yang selari dengan kehendak pelajar menyebabkan proses pengajaran dan pembelajaran mampu menarik minat responden. Pengajar yang bersifat terbuka, berkebolehan menyampaikan pengajaran dengan jelas, mudah untuk berbincang, mampu menghidupkan suasana kelas dan tidak membosankan, sentiasa ceria, tidak terlalu serius dan memberi tumpuan kepada kehendak dan keperluan pelajar menjadi faktor yang mendorong pelajar asing untuk mempelajari bahasa Melayu.

Oleh itu, institusi pendidikan perlu peka terhadap cabaran semasa dalam P&P bahasa Melayu. Program latihan dan pendidikan guru bahasa Melayu perlu diberi pendedahan kepada pelajar tentang pendekatan, kaedah dan teknik pengajaran bahasa Melayu sebagai bahasa asing bagi membolehkan mereka berfungsi dengan berkesan dalam proses P&P di dalam bilik darjah. Universiti yang mengkhusus dalam bidang pendidikan bahasa Melayu seperti UPSI perlu menghantar para guru pelatih menjalani latihan praktikum di mana-mana pusat pengajian tinggi dalam negara atau luar negara yang menawarkan program bahasa Melayu untuk penutur asing. Program berkembar perlu digiatkan usahanya lagi supaya pertukaran pelajar dan pensyarah dapat memanfaatkan universiti di Malaysia dan negara yang menjalinkan kerjasama.

Disebabkan tidak ada keseragaman antara universiti sama ada IPTA mahupun IPTS dari segi sukatan pelajaran dan jangka masa pengajian malah status wajib ataupun berdasarkan minat sahaja untuk mengambil subjek ini, maka sesuatu yang drastik harus dilakukan. Mana-mana pelajar yang akan mengikuti pengajian mereka di Malaysia harus mengambil ujian khas bahasa Melayu. Ujian tersebut akan menentukan mereka berada di tahap tertentu - asas, pertengahan ataupun lanjutan. Apabila mereka memulakan pengajian di mana-mana universiti, mereka akan ditempatkan terus ke kelas mengikut tahap berdasarkan ujian tersebut. Oleh itu sukatan pelajaran perlu diselaraskan. Pengujian dan penilaian juga harus diselaraskan.

Dengan adanya ujian ini bukan sahaja memartabatkan bahasa Melayu di Malaysia, malah setiap pusat pengajian yang menawarkan program bahasa Melayu di luar negara akan terkena tempiasnya. Pelajar yang sebelum ini ramai yang hanya bermotivasi integratif, pastinya lebih ramai yang bermotivasi instrumental. Lebih ramai tenaga pengajar bahasa Melayu untuk penutur asing dilahirkan. Bahasa dan budaya bangsa akan disemarakkan. Pusat-pusat pengajian di luar negara seperti di HUFS ini juga akan menjadi pusat persediaan pelajar untuk mengenali bahasa dan budaya sebelum mereka melanjutkan pengajian ke Malaysia.

Rujukan

- Ahmad Johari Sihes & Siti Asfarina Sarimin. 2010. Keutamaan Ciri-ciri Pengajaran Pensyarah yang Baik daripada Persepsi Pelajar di Universiti Teknologi Malaysia, Skudai, Johor.
- Asmah Hj. Omar. 2004. *Penyelidikan, Pengajaran dan Pemupukan Bahasa.* Kuala Lumpur: Dewan Bahasa dan Pustaka.
- Awang Sariyan. 2012. *Kemajuan Bahasa dan Persuratan Melayu di Peringkat Kebangsaan dan Antarabangsa: Cabaran dan Pelan Tindakan.* Kuala Lumpur: Dewan Bahasa dan Pustaka.
- Brophy, Jere. 1998. *Motivating Students to Learn.* United States of America: McGraw Hill Company.
- Dunn, R. & Dunn, K. 1992. *Teaching Students Through Their Individual Learning Style: A Practical Approach.* New Jersey: Prentice-Hall, Inc.
- Fa'izah Abd. Manan, Zamri Mahamod & Mohamed Amin Embi. 2009. Penyelidikan strategi pembelajaran bahasa Melayu sebagai bahasa asing dalam kalangan pelajar luar negara. Prosiding Seminar Pendidikan Serantau ke-4. Hlm 259-268.
- Gardner, R.C & Lambert, W. 1972. *Attitudes and Motivation in Second Language Learning.* Rowley, Massachusett: Newburry House.
- Juriah Long (ed.). 2010. *Senario dan Cabaran Pengajaran, Pembelajaran Bahasa Melayu Masa Kini dalam Kaedah Pengajaran dan Pembelajaran Bahasa Melayu.* Bangi: Penerbit Universiti Kebangsaan Malaysia.
- Kamsiah. 2000. *Sikap, Penguasaan dan Penggunaan Bahasa Melayu di Singapura.* Singapura: Angkatan Sasterawan 50.
- Mook Soon Seng. 1995. *Pedagogi 2: Strategi Pengajaran Pembelajaran Mikro.* Kuala Lumpur: Kumpulan Budiman Mok.
- Noor Aina Dani & Marzalina Mansor. 2004. Model Dunn & Dunn dalam pembelajaran bahasa Melayu pelajar asing. Proceedings of the first International Language Learning Conference 2004, Pulau Pinang, USM.
- Rahimah Haji Ahmad. 1992. Peningkatan produktiviti guru: Sasaran dan tindakan, masalah pendidikan. *Jurnal Pendidikan 16.*
- Sharala a/p Subramaniam. 2012. *Bahasa Melayu untuk Penutur Asing: Motivasi dalam Pemilihan Strategi Pembelajaran Bahasa dalam Kolokium Pengajian Siswazah.* UPSI: Fakulti Bahasa dan Komunikasi.

- Siti Saniah Abu Bakar. 2011. Strategi pembelajaran bahasa Melayu untuk penutur asing di Malaysia. *Prosiding Seminar Antarabangsa Linguistik dan Pembudayaan Bahasa Melayu VII*. Serdang: Penerbit Universiti Putra Malaysia.
- Zahra Vaezi. 2008. Language learning motivation among Iranian undergraduate students. *World Applied Science Journal*. 5(1):54-61.

BAB 12

Elemen Mikro dan Makro dalam Reka Bentuk Program Pengajaran Bahasa Melayu sebagai Bahasa Asing

Zaitul Azma Zainon Hamzah
Siti Amhar Abu
Ahmad Fuad Mat Hassan

Pengenalan

Pembelajaran bahasa ialah proses memperoleh ilmu bahasa atau menyesuaikan pengetahuan sedia ada tentang aspek bahasa untuk menambahkan pengetahuan dan kemahiran yang membawa kepada perubahan tingkah laku, menghayati nilai-nilai yang terkandung dalam sesuatu ilmu bahasa dan yang menjadi keutamaan ialah pelajarnya berupaya melakukan sintesis terhadap pelbagai jenis maklumat yang dipelajarinya.

Mengikut Robert M. Gagne (1970) dalam *The Condition of Learning*, pembelajaran merupakan "perubahan tingkah laku atau kebolehan seseorang yang dapat dikekalkan, tidak termasuk perubahan yang disebabkan proses pertumbuhan". Mengikut Woolfolk (1980) dalam *Educational Psychology for Teachers*, pembelajaran dilihat sebagai perubahan dalaman yang berlaku kepada seseorang dengan membentuk perkaitan yang baru, atau sebagai potensi yang sanggup menghasilkan tindak balas yang baru.

Sehubungan itu, pembelajaran ialah satu proses yang berterusan untuk seseorang memperoleh ilmu. Pembelajaran boleh dilakukan secara formal dan tidak formal. Pembelajaran secara formal melibatkan pembelajaran secara berjadual di institusi formal iaitu sekolah atau institusi pengajian tinggi, manakala pembelajaran secara tidak formal melibatkan pembelajaran melalui rakan sebaya, keluarga, media massa, dan persekitaran.

Pembelajaran bahasa Melayu sebagai bahasa asing (BMSBA) oleh seseorang boleh berlaku sebagai sebahagian daripada pendidikan formal dan tidak formal, pembangunan peribadi, kursus dan latihan. Kejayaaan dalam pembelajaran BMSBA turut dimotivasi oleh kerjaya seseorang. Ia mungkin berorientasikan matlamat dan boleh dibantu oleh motivasi rakan dan kerjaya. Dengan demikian dalam program BMSBA, domain pembelajaran harus melibatkan tiga domain, iaitu kognitif, psikomotor dan afektif (Sila rujuk rajah 1).

Daripada rajah 1, Benjamin Bloom telah mencadangkan tiga domain pembelajaran iaitu:

Rajah 1. 3 Domain Pembelajaran Bloom (1956, 2000)

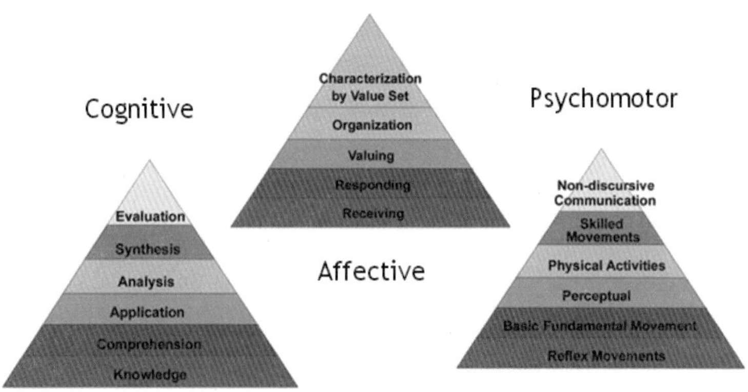

1. Kognitif – i. Menyatakan kembali, menamakan, menyenaraikan, ii. Menterjemah, menerangkan, menulis semula, iii. Menghubungkaitkan, menunjuk cara, menyediakan, iv. Menjelaskan dengan gambar rajah, berbincang, menganalisis, membandingkan, v. Menulis, mengarang, menggabungkan, vi. Merumuskan, membezakan, menyimpulkan dan menilai.
2. Psikomotor – i. Mengecam, memilih dan menerangkan, ii. Menyatakan, menghuraikan dan memindahkan maklumat, iii. Menghasilkan semula, memberikan respons dan memberikan tindak balas.
3. Afektif – i. Bertanya dan menjawab, ii. berbincang, mengucapkan selamat, mendeklamasi puisi, membaca dan menulis, iii. Menerangkan, mengajuk, melaporkan, iv. Membuat kesimpulan, merumus, v. Mencadangkan dan mengubahsuaikan.

Sementara itu, kesediaan pelajar-pelajar asing mempelajari BMSBA adalah didorong oleh beberapa sebab, antaranya mempelajari bahasa Melayu membolehkan mereka mengikuti kursus dalam bidang perhubungan antarabangsa, sains politik, sains kemasyarakatan, perniagaan, perubatan dan sains kewartawanan. Selain itu, dengan menguasai BMSBA, membolehkan mereka menjadi lebih bernilai dan dapat menebusi pasaran kerja di rantau Asia (Zaitul Azma Zainon Hamzah 2011).

Namun sehingga kini, belum ada satu program BMSBA yang dianggap mantap kerana setiap institusi pengajian tinggi awam dan swasta mempraktikkan program mereka sendiri. Sedangkan di Malaysia, jumlah pelajar antarabangsa yang menuntut di IPTA dan IPTS dianggarkan sebanyak 65,000 orang (Khairul Zaim 2010). Proses mempelajari BMSBA adalah suatu yang mencabar kerana pelajar perlu memahami dan menguasai tatabahasa serta belajar budaya bahasa Melayu (Fa'izah dan Zamri 2009).

Sementelah, menurut Datuk Seri Mohd Khaled Nordin (2011), Kementerian Pengajian Tinggi sedang membuat kajian untuk mewajibkan subjek Bahasa Melayu kepada pelajar asing bagi membina hubungan yang lebih baik antara pelajar asing dengan pelajar tempatan. Sejajar dengan itu, satu program BMSBA yang selaras dan mantap dengan bersandarkan pada pasaran global harus dibangunkan dan dilaksanakan secara sistematis. Melalui usaha ini penyebaran BMSBA sekali gus dapat membangkitkan semula peranan bahasa Melayu sebagai salah satu bahasa *lingua franca* di rantau Asia.

Ketiadaan satu reka bentuk program BMSBA yang menjelaskan aspek pendekatan pengajaran, bentuk penilaian akademik yang selaras (seperti IELTS dan TOEFL untuk Bahasa Inggeris), aktiviti-aktiviti pengajaran dan pembelajaran BMSBA menimbulkan satu persoalan dasar. Hal ini menyebabkan pendedahan BMSBA masih mengandungi kekurangan terutamanya dari segi pendekatan, penilaian dan aktiviti-aktiviti pengajaran dan pembelajaran yang mantap dan selaras. Walaupun dari segi pendekatan pengajaran bahasa Melayu sebagai bahasa asing didapati terdapat dua pendekatan yang boleh dipraktikan, iaitu pendekatan komunikatif dan pendekatan sema-pragmatik (Zaitul Azma Zainon Hamzah 2009 2011), namun sejauh mana kedua-dua pendekatan ini berdaya dipraktikkan, masih tidak dapat dipastikan dengan jelas.

Sehubungan itu, bagi mencapai matlamat ini, program pengajaran BMSBA di mana-mana institusi pengajian tinggi harus mengutamakan pendekatan, aktiviti-aktiviti dan bahan-bahan yang dirancang dengan teliti di peringkat mikro dan makro. Perancangan di peringkat mikro melibatkan perancangan dari segi pemantapan kandungan dan pengetahuan asas Bahasa Melayu, pengetahuan budaya melalui pengajaran Tatabahasa Bahasa Melayu yang berkesan dan aktiviti-aktiviti pengajaran dan pembelajaran yang sesuai dan berkesan. Perancangan di peringkat makro pula haruslah mengambil tiga komponen utama, iaitu bahasa Melayu dalam teknologi komunikasi, bahasa Melayu dalam bidang perdagangan antarabangsa dan bahasa Melayu sebagai bahasa ilmu dan peradaban Melayu.

Bertitik tolak daripada keperluan dan permasalahan ini, bab ini akan menjelaskan keperluan elemen-elemen mikro dan makro dalam reka bentuk program Bahasa Melayu sebagai bahasa asing di IPTA dan IPTS. Kajian lapangan ini menggunakan pendekatan kualitatif dan kuantitiatif dengan menerapkan kaedah temu bual dan soal selidik Data dikutip menggunakan soalan temu bual, borang soal selidik dan bahan kajian yang diperoleh di lapangan. Sampel kajian adalah seramai 114 orang pelajar asing yang dipilih secara persampelan bertujuan. Data kajian diinterpretasi secara kualitatif dan kuantitatif beralaskan pendekatan pragmatik, pendekatan komunikatif dan *grounded theory*.

Dapatan Kajian dan Perbincangan

Kajian ini melibatkan kombinasi kajian kualitatif dan kuantitatif. Kajian kualitatif melibatkan temu bual bersemuka dengan pelajar-pelajar asing di UIAM dan UPM. Kajian kuantitif dilaksanakan melalui borang soal selidik terhadap responden yang dipilih. Seramai 114 orang pelajar dijadikan sampel iaitu 68.4% ialah lelaki dan 31.6 ialah pelajar perempuan. Dari segi bangsa, sebanyak 13.2 % adalah berbangsa Chad, Afrika, 2.6% berbangsa Bangladesh, 34.2% berbangsa Iranian, 2.6% berbangsa Iraq, 2.6% berbangsa Korea, 2.6% berbangsa Mynmar, 5.3% berbangsa Nigeria, 2.6% berbangsa Pakistan, 10.5% berbangsa Parsi, 15.8% berbangsa Somalia, dan 7.9% berbangsa Vietnam.

Elemen Mikro dan Makro dalam Reka Bentuk Pengajaran, Pembelajaran dan Penilaian dalam Program BMSBA

Elemen mikro dalam reka bentuk BMSBA melibatkan pemantapan kandungan dan pengetahuan asas Bahasa Melayu, pengetahuan budaya melalui pengajaran tatabahasa Bahasa Melayu dan aktiviti-aktiviti pengajaran dan pembelajaran yang sesuai dan berkesan, manakala elemen makro pula mengambil tiga komponen utama, iaitu bahasa Melayu dalam teknologi komunikasi, bahasa Melayu dalam bidang perdagangan antarabangsa dan bahasa Melayu sebagai bahasa ilmu dan peradaban Melayu. Dengan menguasai elemen di peringkat mikro dan makro, pelajar dapat menggunakan bahasa untuk pelbagai tujuan. Hal ini turut dipersetujui oleh responden kajian.

Hasil dapatan soal selidik mendapati majoriti responden bersetuju (83.3%) dengan Item 1 iaitu kemahiran lisan perlu didedahkan dengan sepenuhnya dalam program BMSBA untuk meningkatkan keupayaan berkomunikasi dalam BM. Responden juga turut menyatakan 'ya' (28.9%) untuk item 2, iaitu aspek tatabahasa Bahasa Melayu perlu didedahkan dengan sepenuhnya dalam program BMSBA dan sebanyak 57.9% responden yang menyatakan 'ya' untuk item 3 iaitu mereka berminat untuk mempelajari aspek tatabahasa Bahasa Melayu. Seterusnya 36.8% responden yang menyatakan 'ya' untuk Item 4, iaitu dengan menguasai tatabahasa pelajar itu boleh berkomunikasi dalam Bahasa Melayu dengan baik. Bagi item 5, 52.6% responden menyatakan 'ya' bahawa pelajaran bacaan dan kefahaman diperlukan dalam PBMBA kerana 71.1% responden bersetuju bahawa pelajaran bacaan dan kefahaman dapat membantu pelajar berkomunikasi menggunakan Bahasa Melayu (item 6). Seterusnya 28.9% responden yang menyatakan 'ya' untuk item 7, iaitu penulisan dalam Bahasa Melayu diperlukan dalam Program BM sebagai Bahasa Asing (Sila rujuk Jadual 1).

Jadual 1. Persepsi Pelajar Asing terhadap Kandungan Program BM sebagai Bahasa Asing

Item	Persepsi Pelajar	N=114		
		Ya	Mungkin	Tidak
1	Kemahiran lisan perlu didedahkan dengan sepenuhnya dalam program Bahasa Melayu sebagai bahasa asing untuk meningkatkan keupayaan berkomunikasi dalam BM	95 83.3%	19 16.7	0 (0%)
2	Aspek tatabahasa Bahasa Melayu perlu didedahkan dengan sepenuhnya dalam program Bahasa Melayu sebagai bahasa asing.	33 (28.9%)	42 (36.8%)	39 (34.2%)
3	Anda berminat untuk mempelajari aspek tatabahasa Bahasa Melayu.	66 (57.9%)	18 (15.8%)	30 (26.3%)
4	Anda yakin dengan menguasai tatabahasa anda boleh berkomunikasi dalam Bahasa Melayu dengan baik.	42 (36.8%)	63 (55.3%)	9 (7.9%)
5	Pelajaran bacaan dan kefahaman diperlukan dalam Program BM sebagai Bahasa Asing.	60 (52.6%)	45 (39.5%)	9 (7.9%)
6	Pelajaran bacaan dan kefahaman dapat membantu anda berkomunikasi menggunakan Bahasa Melayu.	81 (71.1%)	33 (28.9%)	0 (0%)
7	Penulisan dalam Bahasa Melayu diperlukan dalam Program BM sebagai Bahasa Asing.	33 (28.9%)	36 (31.6%)	45 (39.5%)

Daripada Jadual 1 jelas menunjukkan elemen mikro dalam program BMSBA diperlukan untuk membolehkan pelajar berkomunikasi dengan baik. Kay Daniels (2012) turut menyatakan *….before you can speak or understand anything in the other language, you will need to know at least a few hundred words.* Malahan Kay Daniels turut menyarankan pelajar supaya mempelajari asas-asas tatabahasa dan struktur ayat dalam bahasa asing yang dipelajari dan pelajar perlu juga belajar dari peringkat asas bagaimana sesuatu perkataan bertukar dan cara perkataan itu disusun dalam bahasa yang dipelajari.

> *Learn the basics of grammar and sentence structure in the other language and …. you need to learn the basics of how the words change and are arranged in the other language*

Selanjutnya dalam menyediakan elemen makro dalam program BMSBA, pengkaji telah menjalankan temu bual dengan responden tentang aspek bahasa yang penting dipelajari untuk membantu mereka berkomunikasi dalam Bahasa Melayu. Dalam temu bual ini pengkaji bertanyakan responden akan pandangan mereka tentang tahap kepentingan mempelajari aspek BMSBA dan hasil temu bual dikategorikan berdasarkan takat kepentingan seperti dalam Jadual 2. Hasil temu bual didapati sebanyak 43 orang responden yang menyatakan mempelajari aspek bahasa mengikut konteks sebenar adalah sangat penting. Aspek kedua ialah aspek keterampilan berkomunikasi apabila sebanyak 20 orang responden yang menyatakan sangat penting. Aspek ketiga ialah aspek lisan dengan sebanyak 19 orang responden yang menyatakan sangat penting diikuti oleh aspek tatabahasa dan seterusnya aspek Bacaan & Kefahaman dan aspek penulisan.

Jadual 2: Takat kepentingan aspek BMSBA

80~100 %	60~79 %	40~59 %	20~39 %	0~19 %
sangat penting	penting	sederhana penting	kurang penting	sangat kurang penting

TB 1. Pada pendapat anda, aspek bahasa yang penting dipelajari untuk membantu anda berkomunikasi menggunakan Bahasa Melayu ialah	Pendapat responden				
	sangat kurang penting	kurang penting	sederhan a penting	penting	sangat penting
Lisan/ Oral	0	3	45	47	19
Tatabahasa	45	21	12	19	17
Aspek bahasa mengikut konteks sebenar	3	6	12	50	43
Keterampilan berkomunikasi	9	12	36	37	20
Bacaan dan Kefahaman	0	6	80	15	13
Penulisan	6	74	9	12	13

Dalam soalan temu bual kedua responden ditanyakan apakah bentuk penilaian yang paling baik untuk BMSBA. Dapatan temu bual menunjukkan ujian bertulis menjadi pilihan oleh 40 orang responden diikuti oleh ujian lisan yang menjadi pilihan oleh 30 orang responden, ujian bertulis dan lisan menjadi pilihan oleh 22 orang responden dan 18 orang responden yang berpendapat ujian pilihan harus diberikan berdasarkan keperluan.

TB 2. Pada pandangan anda, apakah bentuk penilaian yang paling baik untuk BM sebagai Bahasa Asing?	Bentuk penilaian pilihan responden	
Ujian lisan	34	29.9
Ujian bertulis	40	35.1
Ujian bertulis & ujian lisan	22	19.3
Ujian pilihan	18	15.7

Seterusnya kajian juga meninjau aspek pengisian dalam reka bentuk ujian lisan dan bertulis dalam program BMSBA. Data temu bual mendapati responden bersetuju ujian lisan harus mengandungi item-item yang boleh meningkatkan keterampilan berbahasa dan berkomunikasi. Antara kemahiran lisan yang dipersetujui diuji ialah,

1. Kemahiran Lisan

Dalam kemahiran lisan untuk tujuan komunikasi, antara kemahiran BMSBA yang menjadi pilihan responden ialah,

Kemahiran lisan dan aktiviti	Mikro	Makro
Kemahiran berkomunikasi lisan dalam kelas Belajar mendengar dan bercakap Kelas bercerita Perbincangan kumpulan Perbualan Perbualan antara guru dengan pelajar Perbualan harian Perbualan melalui telefon Perbualan & perbincangan Perbualan harian	1. menggunakan aspek bahasa untuk bercerita tentang diri sendiri dan pengalaman lalu. 2. latihan menyebut perkataan, frasa, dan ayat. 3. Pemilihan menggunakan perkataan yang tepat dari segi maknanya	1. menyampaikan ucapan, syarahan, pidato. 2. mempengerusikan sebuah Majlis. 3. menyampaikan berita. 4. Menyambut panggilan telefon, membuat tempahan hotel dan sebagainya.

Kesemua kemahiran lisan ini harus melengkap domain kognitif, psikomotor dan afektif. Justeru bagi menguasai kemahiran lisan, aktiviti yang dirancangan dalam program BMSBA seharusnya dapat memberi peluang kepada pelajar untuk meningkatkan pengetahuan nahu dan kecekapan berbahasa. Aktiviti-aktiviti yang dirancangkan ini perlu disusun dengan rapi agar aktiviti pembelajaran dapat dijalankan secara bermakna dan berkesan. Pelbagai aktiviti lisan boleh dijalankan dalam program BMSBA seperti diskusi, fórum, dialog, wawancara, temu ramah/temu duga/temu bual dan lakonan.

Daripada hasil temu bual jelas menunjukkan aktiviti lisan harus dijalankan secara individu dan dalam kumpulan. Semua pelajar harus berpeluang berinteraksi dan berkongsi maklumat di dalam aktiviti lisan supaya pelajar dapat mempraktikkan penggunaan bahasa Melayu dalam konteks sebenar. Daripada penggunaan bahasa secara lisan, pelajar dapat mengesan keupayaan bertuturnya dari segi sebutan, pemilihan perkataan yang tepat dan juga makna perkataan mengikut konteks penggunaan. Malahan melalui aktiviti seumpama ini pelajar dilatih menggunakan bahasa untuk menyampaikan maklumat atau idea dalam bahasa Melayu yang mudah difahami dengan penekanan aspek kosa kata dan maknanya. Fokus aktiviti ini adalah ialah menyampaikan mesej yang relevan untuk keperluan berkomunikasi.

Tatabahasa dan Bacaan & Kefahaman

Pengajaran aspek tatabahasa perlulah diperingkatkan mengikut prinsip-prinsip yang bermula daripada bentuk yang mudah kepada yang susah, rumit dan kompleks. Hal ini dapat membantu pelajar menguasai aspek tatabahasa secara berperingkat.

Selain itu, aspek tatabahasa juga boleh dijalankan selepas kemahiran lisan dan kemahiran bacaan dan pemahaman. Tujuan tatabahasa diajarkan bersama-sama aktiviti lisan dan bacaan adalah untuk membolehkan pelajar mengesan penggunaan tatabahasa dalam perbualan, dan petikan yang dibaca. Selain menguasai perbendaharaan kata dalam bahasa Melayu ketika pelajar menjalankan aktiviti perbincangan tentang isi bacaan itu sendiri, menghubungkan isi bacaan dengan pengalaman dan kerjaya mereka serta mengaitkan isi bacaan dengan pendapat, perasaan dan pemikiran mereka tentang dunia pekerjaan, kejadian, pendidikan dan aspek budaya bahasa itu sendiri. Bahan bacaan boleh merangkumi bahan teks, puisi, hasil kreatif dan sebagainya

Dalam aktiviti bacaan, pelajar juga didorong untuk membincangkan bukan sahaja situasi di Malaysia tetapi juga untuk membincangkan situasi di negara pelajar itu sendiri dari pelbagai aspek seperti alam geografi, kemajuan ekonomi, penduduk dan perayaan serta kemajuan ilmu pengetahuan. Hasil temu bual mendapati responden berpendapat bahan BMSBA dalam dunia yang global ini harus disediakan secara melayari Internet (pendangan oleh 46 orang responden), membaca akhbar dalam talian (pandangan 28 orang responden) dan membaca novel dalam laman sesawang (pandangan oleh 40 orang responden). Daripada pendapat responden, terbukti pembelajaran bahasa Melayu melalui Internet adalah suatu seiring dengan kemajuan dunia teknologi maklumat. Mourad, D. (2009) turut berpendapat mempelajari bahasa melalui laman web dapat meningkatkan suasana pembelajaran bahasa. Malahan pendidikan bahasa di Internet menyediakan maklumat tambahan yang baik untuk pelajar BMSBA memahami penggunaan bahasa Melayu dalam dunia sebenar

The Internet has emerged as a powerful medium to teach and learn foreign languages. In a study conducted by the Center for Applied Linguistics, it was noted that the use of technology and media has begun to play a heavy role in facilitating language learning in the classroom

Rumusannya, dalam aktiviti bacaan pelajar dapat berlatih membaca ayat yang mereka peroleh daripada petikan akhbar, internet atau novel dan majalah. Melalui aktiviti seumpama ini, keupayaan linguistik, keupayaan wacana dan keupayaan strategik dapat diterapkan. Proses komunikasi wujud kerana ada dorongan dan keperluan untuk pelajar berinteraksi antara satu sama lain. Pelajar berbincang dan menilai fakta-fakta yang dikemukakan dalam kumpulan untuk mencapai satu matlamat yang telah ditetapkan.

Aktiviti bacaaan juga perlu dikaitkan dengan aktiviti penulisan. Gabung jalin dua kemahiran ini dapat meningkatkan kefahaman pelajar dan boleh dipraktiskan ketika menjawab soalan pemahaman dan penulisan yang berkaitan dengan situasi, tajuk, dan bahan yang digunakan.

Belajar BMSBA dalam Konteks Semula Jadi

Untuk meningkatkan keterampilan berkomunikasi dalam kalangan pelajar, pendedahan bahasa Melayu dalam konteks sebenar harus dijalankan. Daripada pendedahan ini pelajar dapat menguasai secara praktikal penggunaan bahasa dalam bidang perdagangan selain mempelajari budaya Melayu.

Hasil temu bual mendapati responden sangat bersetuju bahawa pendedahan bahasa Melayu dalam konteks sebenar harus menjadi sebahagian daripada elemen makro dalam program BMSBA. Dengan menerapkan pendedahan BMSBA dalam konteks semula jadi, pelajar dapat meningkat keupayaan komunikatif mereka sekali gus meningkatkan pengetahuan dan keterampilan berbahasa bagi memenuhi keseluruhan fungsi bahasa yang merangkumi segala komponen makna dan linguistik untuk tujuan berkomunikasi.

Antara aktiviti yang boleh dijalankan dalam program BMSBA ini adalah;

Aktiviti	Elemen Makro
Belajar mengenai budaya Melayu Berkomunikasi dengan orang Melayu Persembahan (nyanyian/teater) Aktiviti luar Berjalan ke suatu-suatu tempat Berkomunikasi mengikut konteks sebenar Latihan praktikal Pergi ke mana-mana (Shopping mall/supermarket) bersama orang Melayu & berbincang dengannya Persembahan kumpulan	1. Fungsi instrumental - digunakan untuk mendapatkan sesuatu barang-barang 2. Fungsi kawalan sosial - digunakan untuk mengawal tingkah laku semasa berkomunikasi 3. Fungsi interaksi - digunakan untuk mencipta interaksi mesra 4. Fungsi pengluahan perasaan - digunakan untuk menyatakan maksud atau keinginan 5. Fungsi heuristik - digunakan untuk mempelajari sesuatu yang terkandung dalam bahasa Melayu 6. Fungsi kreatif - digunakan untuk melahirkan idea yang kreatif dan imaginasi 7. Fungsi mendapatkan maklumat - digunakan untuk berhubung

Selain itu, beberapa aktiviti tambahan boleh dijalankan di peringkat mikro dan makro. Antaranya ialah menonton cerita (drama/filem Melayu) & berbincang mengenainya selepas itu. Walaupun pelbagai aktiviti boleh dijalankan, namun keperluan tenaga pengajar yang berkeboleh tidak harus dinafikan. Hasil temu bual antara pengkaji dengan responden mendapati antara keperluan tambahan yang diperlukan dalam reka bentuk BMSBA ialah pensyarah BMSBA yang berkebolehan (pendapat 62 orang responden). Dengan adanya pensyarah yang berkebolehan, tenaga pengajar dapat menyediakan kemudahan bahan pembelajaran yang relevan untuk meningkatkan penguasaan BM (pendapat 41 orang responden). Malahan responden juga berpendapat pensyarah yang berkebolehan dapat mengajar cara berkomunikasi dengan betul mengikut konteks dan situasi yang pelbagai yang dipersetujui oleh 35 orang responden.

Pendekatan Mengajar BMSBA

Dalam mengajar BMSBA, pelbagai pendekatan boleh dijalankan mengikut latar belakang pelajar. Pendekatan komunikatif dalam pengajaran BMSBA adalah idea yang sangat menarik berdasarkan kelebihan pendekatan komunikatif kerana pendekatan ini lebih memberi tumpuan kepada keupayaan pelajar untuk menghantar idea-idea yang dalam bahasa sasaran. Selain pendekatan komunikatif, pendekatan semantik-pragmatik juga boleh dipraktikkan.

Dalam pendekatan semantik dan pragmatik, penekanan diberikan terhadap aspek makna dengan mempertimbangkan makna pada peringkat perkataan, ayat, di samping aspek-aspek yang bukan linguistik, seperti kebudayaan, konteks perkataan atau ayat itu diujarkan selain mempertimbangkan aspek-aspek psikologi penutur, alam pemikirannya, hubungan sosial antara penutur dan pendengar, tajuk perbincangan, dan sebagainya. Justeru melalui pendekatan ini, pengajaran bahasa dijalankan berperingkat-peringkat seperti yang berikut:

1. Pengajaran bahasa diajarkan secara lisan terlebih dahulu

kemudian dikuti oleh bacaan dan tulisan.

2. Aspek bahasa yang diperkenalkan itu diberikan makna mengikut situasi yang digunakan. Pemilihan perkataan (perbendaharaan kata) harus sesuai supaya perkataan yang digunakan itu berfungsi dan bermakna.
3. Ciri dan aspek bahasa yang dipelajari dan dipraktiskan adalah berdasarkan makna sebenar dan konteks.
4. Item-item tatabahasa diperingkatkan mengikut prinsip-prinsip yang bermula dari bentuk yang mudah kepada yang susah, rumit dan kompleks.
5. Aktiviti bacaaan dan penulisan juga harus mengutamakan aspek makna supaya dapat meningkatkan kefahaman pelajar dan boleh dipraktiskan ketika menjawab soalan pemahaman dan penulisan dengan berkesan mengikut situasi, tajuk, dan bahan yang digunakan.

Pendekatan selanjutnya yang boleh dipraktikkan dalam program BMSBA ialah pendekatan campuran, iaitu mengadunkan pendekatan komunikatif, pendekatan semantik dan pragmatik, pendekatan kontekstual dan pendekatan *Task-based Language Learning* (TBLL) . Pendekatan TBLL memberikan penekanan terhadap tugasan pelajar. TBLL penting untuk membangun dan meningkatkan keupayaan pelajar dalam kemahiran bertutur, mendengar, membaca dan kemahiran membaca, dan ia menghalang pelajar daripada hanya mendengar pasif kepada pengajaran guru tanpa sebarang interaksi. Menurut Ellis, R., (2003) pendekatan TBLL adalah sama seperti komunikasi yang menggalakkan pengajaran tanpa buku teks yang diterbitkan, di sampiung memberi tumpuan kepada komunikasi perbualan dalam kalangan pelajar dan guru. Pendekatan campuran juga melibatkan *computer-assisted language learning* (CALL) yang amat praktikal dalam dunia global pada hari ini.

Pemantapan Kandungan Elemen Mikro dan Makro dalam Program BMSBA

Bahan pengajaran dan pembelajaran BMSBA harus sesuai dan relevan untuk menggalakkan pemahaman pelajar terhadap aspek nahu dan kecekapan berbahasa. Bahan pengajaran yang boleh digunakan terbahagi kepada tiga jenis, iaitu bahan teks, keratan akhbar, filem, bahan teknologi maklumat, situasi peristiwa, bahan tugasan, dan bahan autentik atau bahan sebenar.

Di samping itu Pusat Dokumentasi Bahasa Melayu yang bertaraf antarabangsa di luar negara perlu ditubuhkan untuk menyediakan bahan rujukan para pengguna di luar negara. Bahan yang disediakan harus melalui penelitian dan perekayasaan yang mantap.

Seterusnya, aktiviti-aktiviti bahasa Melayu di luar negara dan di dalam negara yang melibatkan aktiviti kreatif seperti berbalas pantun, mendeklamasi sajak, pertandingan drama, dan pertandingan teater serta aktiviti sosiobudaya seperti aktiviti lawatan serta kunjungan ke majlis-majlis perkahwinan dalam masyarakat Melayu perlu diadakan.

Kesimpulan

Memantapkan elemen mikro dan makro dalam program BMSBA dapat meningkatkan keupayaan komunikatif di samping meningkatkan pemahaman pelajar tentang aspek tatabahasa, wacana dan dapat menggunakan BMSBA untuk memenuhi fungsi intrinsik dan ekstrinsik. Sejaajr dengan, selain bahan-bahan pengajaran dan pembelajaran yang terkini, tenaga pengajar yang berkebolehan sangat diperlukan. Sehubungan itu, adalah menjadi tugas dan tanggungjawab pihak Kementerian Pengajian Tinggi, Dewan Bahasa dan Pustaka, Institusi Pengajian Tinggi Awam dan Swasta serta orang perseorangan untuk menyediakan bahan pengajaran dan pembelajaran BMSBA bagi menyemarakkan lagi penggunaan bahasa Melayu Malaysia di peringkat dunia antarabangsa.

Rujukan

- ACCESS ERIC. 1998. K - 12 Foreign language education. *ERIC Review* 6 (1).
- American Council on the Teaching of Foreign Languages. 1986. *Proficiency Guidelines.* Hastings-on-Hudson, New York: American Council on the Teaching of Foreign Languages.
- Begley, Sharon. 1996. Your child's brain. *Newsweek* 127 (8):55-62.
- Breiner-Sanders, Karen E., Lowe, Pardee, Jr., Miles, John, and Swender, Elvira. 2000. ACTFL proficiency guidelines - speaking. Revised 1999. *Foreign Language Annals.* 33:13-18.
- Breiner-Sanders, Karen E., Swender, Elvira, and Terry, Robert M. 2002. Preliminary proficiency guidelines - writing. Revised 2001. *Foreign Language Annals.* 35:9-15.
- Curtain, Helena, and Pesola, Carol Ann Bjornstad. 1994. *Languages and Children: Making the Match,* 2nd edition. White Plains, NY: Longman.
- Center for Applied Linguistics. 2002. www.cal.org.
- Ellis, R. 2003. Task-based language learning and teaching. *Oxford Applied Linguistics.*
- Met, Myriam, ed. 1998. *Critical Issues in Early Second Language Learning.* Glenview, IL: Scott Foresman-Addison Wesley.
- Nash, J. Madeleine. 1997. Fertile minds. *Time* 149 (5):49-56.
- National Standards in Foreign Language Education Project. 1999. *Standards for Foreign Language Learning in the Twenty-First Century.* Yonkers, NY: National Standards in Foreign Language Education Project.
- Pufahl, Ingrid, Rhodes, Nancy C. and Christian, Donna. 2000. *Foreign Language Teaching: What the United States Can Learn from Other Countries.* Washington, DC: Center for Applied Linguistics.
- Rhodes, Nancy C., and Branaman, Lucinda E. 1999. *Foreign Language Instruction in the United States: A National Survey of Elementary and Secondary Schools.* Washington, DC: Center for Applied Linguistics; McHenry, IL: Delta Systems.
- Swender, Elvira, and Duncan, Greg. 1998. ACTFL performance guidelines for K - 12 Learners. *Foreign Language Annals.* 31:479-491.
- Zaitul Azma Zainon Hamzah. 2006. Penyerapan ilmu semantik dan

pragmatik dalam pengajaran dan pembelajaran bahasa Melayu. Dlm *Mengajar dan Belajar Bahasa Melayu.* Tanjong Malim: Penerbit Universiti Sultan Idris.

- Zaitul Azma Zainon Hamzah (2006). Pendekatan, kaedah dan pengukuhan dalam pengajaran dan pembelajaran bahasa Melayu. Prosiding Persidangan Serantau Pendidikan Bahasa Melayu ke-2, anjuran bersama Universiti Sains Malaysia dan Dewan Bahasa dan Pustaka, Wilayah Utara: 148-158.

BAB 13

Penggunaan Korpus Berkomputer dalam Pengajaran Bahasa Melayu untuk Pelajar Asing

Hamid Awang
Mohd Ra'in Shaari
Mohd Rashid Md Idris

Pengenalan

Pembelajaran aspek tatabahasa bahasa Melayu khususnya peringkat awal sangat menekankan penggunaan tatabahasa mengikut kemampuan pelajar. Bagi mencapai matlamat tersebut, guru atau pengajar perlu merancang dan memilih aspek tatabahasa yang hendak diajarkan berserta contoh penggunaannya dalam pelbagai konteks dan kegiatan bahasa yang bermakna sama ada di dalam atau di luar bilik darjah. Ini bermakna guru mempunyai tanggungjawab memilih dan membina bahan yang sesuai untuk proses pengajaran dan pembelajaran (P&P). Dalam proses P&P bahasa Melayu, aspek tatabahasa boleh digabungkan secara terancang dalam konteks dengan kemahiran mendengar, bertutur, membaca dan menulis. Kandungan tatabahasa terdiri daripada morfologi dan sintaksis.

Perihal pentingnya pengajaran aspek tatabahasa dan pemilihan bahan yang sesuai, maka bab ini cuba memaparkan penggunaan korpus berkomputer dalam pengajaran dan pembelajaran tatabahasa untuk pelajar asing. Secara khususnya, bab ini cuba untuk mendedahkan penggunaan korpus berkomputer dalam pengajaran tatabahasa bahasa Melayu dan memantapkan proses pengajaran dan pembelajaran khususnya aspek tatabahasa dalam kalangan pelajar asing.

Pernyataan Masalah

Pengajaran dan pembelajaran aspek tatabahasa bahasa Melayu untuk pelajar asing kerap bersandarkan buku teks atau modul. Penggunaan buku teks atau modul pada dasarnya baik tetapi masih ada kelemahan, antaranya ialah penggunaan bahan yang tidak menyeluruh, teks yang terbatas dan tidak memaparkan penggunaan tatabahasa dalam konteks yang luas.

Selain itu, petikan yang terdapat dalam buku teks didapati hanya memaparkan bentuk dan contoh penggunaan imbuhan yang amat terhad. Selain itu, sesuatu petikan itu didapati hanya memaparkan bentuk dan penggunaan imbuhan yang betul sahaja. Sedangkan para pelajar juga perlu dimaklumkan bentuk-bentuk imbuhan yang salah supaya mereka dapat memahami dan membezakan antara bentuk imbuhan yang betul dan bentuk yang salah.

Berdasarkan permasalahan di atas, bab ini cuba untuk mengetengahkan satu alternatif baru bahan bantu pengajaran imbuhan bahasa Melayu. Alternatif tersebut ialah data korpus berkomputer.

Sejarah Ringkas Pangkalan Data Korpus

Sejarah awal kewujudan pangkalan data korpus Melayu khususnya di Malaysia dapat dilihat apabila Dewan Bahasa dan Pustaka memulakan usaha pengkomputeran bahasa, iaitu melalui pengkomputeran kerja peristilahan. Pada 1982, DBP telah menerima bantuan daripada IBM Corporation dan Universiti Sains Malaysia (USM) untuk menyediakan sebuah pangkalan data yang memuatkan istilah yang dibentuk oleh pelbagai jawatankuasa istilah.

Idea untuk mewujudkan sebuah pangkalan data bahasa Melayu ini mula direncanakan pada awal tahun 1990-an dan mendapat dorongan yang kuat dengan termeterainya Memorandum Persefahaman di antara DBP dengan USM untuk sama-sama berusaha membina pangkalan data bahasa Melayu pada 27 Oktober 1993. Usaha ini telah berjaya menghasilkan Sistem Korpus dan Sistem Kamus yang sehingga kini masih digunakan untuk menempatkan data teks bahasa Melayu dan *Kamus Dewan* dan *Kamus Inggeris–Melayu Dewan.*

Fungsi pangkalan data korpus terus berkembang iaitu bukan lagi setakat menyediakan bahan mentah untuk penyelidikan dan pembinaan kamus, malah turut berfungsi dalam penyelidikan linguistik Melayu dan pedagogi bahasa Melayu.

Data Korpus Berkomputer

Menurut J. McH. Sinclair (1996) korpus berkomputer boleh ditakrifkan sebagai korpus yang diberi penanda, kod dan diformatkan secara piawai serta dapat dicapai dan diproses dengan komputer. Kamus Linguistik (1997) menjelaskan korpus merupakan data mentah linguistik yang dikutip daripada kerja lapangan atau teks bertulis, dan dianalisis untuk membuat penyataan saintifik tentang ciri fonologi, tatabahasa atau leksikal sesuatu bahasa.

Satu persoalan yang timbul ialah bagaimanakah seseorang pelajar itu boleh memperoleh data korpus berkomputer bagi tujuan pembelajaran tatabahasa? Secara umumnya, korpus berkomputer boleh diperoleh di Pangkalan Data Korpus, Bahagian Penyelidikan, Dewan Bahasa dan Pustaka (DBP), Kuala Lumpur secara atas talian di laman sesawang http://sbmb.dbp.gov.my/korpusdbp/SelectUserCat.aspx.Contoh Pangkalan Data lihat Lampiran 1.

Aspek Penting Korpus Berkomputer

Korpus berkomputer dapat membantu guru atau pelajar menjana apa jua aspek imbuhan yang dikehendaki, misalnya imbuhan meN···kan, di···, ter··· dan sebagainya. Dengan memberi arahan tertentu, komputer akan menjana korpus dan seterusnya menyenaraikan bentuk-bentuk imbuhan yang dikehendaki. Secara amnya, korpus berkomputer boleh dijana dalam bentuk baris-baris konkordans, ayat dan perenggan. Ketiga-tiga bentuk ini dapat membantu guru mengajar atau memaparkan sesuatu aspek imbuhan dengan lebih berkesan. Di bawah ini akan dipaparkan contoh ketiga-tiga bentuk tersebut:

1. Korpus Berbentuk Konkordans

256 in - Kementerian Kesihatan **menyediakan** lebih 110,000 vaksin jenam BHLR27
257 negara ini yang berhasrat **menunaikan** haji di Makkah, bulan depa BHLR27
258 ak akan menghadapi masalah **mendapatkan** vaksin itu dari hospital a BHLR27
259 di. "Kerajaan Arab Saudi **mewajibkan** bakal haji dari seluruh du BHLR27
260 suki negara terbabit untuk **mengerjakan** haji atau umrah. "Saya s BHLR27
261 pemberita demikian selepas **merasmikan** bangunan Persatuan Keturun BHLR27
262 klinik kerajaan tidak akan **mengenakan** bayaran terhadap bakal haj BHLR27
263 ah Majlis Fatwa Kebangsaan **memutuskan** hanya vaksin meningococcal BHLR27

264 oleh umat Islam yang mahu **mengerjakan** haji dan umrah. Ini kera BHLR27
265 brahim, berkata keputusan **menghalalkan** penggunaan vaksin Menceva BHLR27
266 jenama yang tidak langsung **menggunakan** sumber babi iaitu Mencevax BHLR27

2. Korpus Berbentuk Ayat

Kementerian Kesihatan **menyediakan** lebih 110,000 vaksin jenama Mencevax dari Belgium bagi menampung keperluan umat Islam negara ini yang berhasrat **menunaikan** haji di Makkah, bulan depan.

Kementerian berkenaan memberi jaminan jemaah haji tidak akan menghadapi

masalah **mendapatkan** vaksin itu dari hospital atau klinik kerajaan di seluruh negara.

"Kerajaan Arab Saudi **mewajibkan** bakal haji dari seluruh dunia mengambil vaksin anti-meningitis itu sebelum memasuki negara terbabit untuk **mengerjakan** haji atau umrah.

3. Korpus Berbentuk Perenggan

Kementerian Kesihatan **menyediakan** lebih 110,000 vaksin jenama Mencevax dari Belgium bagi menampung keperluan umat Islam negara ini yang berhasrat **menunaikan** haji di Makkah, bulan depan. Kementerian berkenaan memberi jaminan jemaah haji tidak akan menghadapi masalah **mendapatkan** vaksin itu dari hospital atau klinik kerajaan di seluruh negara. Menteri Kesihatan, Datuk Chua Jui Meng, berkata pihaknya yakin jumlah vaksin yang ada mencukupi untuk menampung keperluan bakal haji yang diwajibkan mengambilnya sebelum memasuki Arab Saudi. "Kerajaan Arab Saudi **mewajibkan** bakal haji dari seluruh dunia mengambil vaksin anti-meningitis itu sebelum memasuki negara

> terbabit untuk **mengerjakan** haji atau umrah. "Saya sudah menyemak dengan pembekal yang berkaitan dan dimaklumkan Malaysia mempunyai bekalan yang mencukupi terhadap keperluan vaksin berkenaan," katanya. Beliau memberitahu pemberita demikian selepas **merasmikan** bangunan Persatuan Keturunan Chua Chiyang yang bernilai kira-kira RM1 juta di Jalan Haji Jaip, di sini, malam tadi.
>
> "Hospital dan klinik kerajaan tidak akan **mengenakan** bayaran terhadap bakal haji bagi pengambilan vaksin itu kerana kita membuat keputusan memberinya secara percuma," katanya. Jumaat lalu, majlis muzakarah Majlis Fatwa Kebangsaan **memutuskan** hanya vaksin meningococcal meningitis (ACYW 135) jenama Mencevax dari Belgium, diharuskan penggunaannya oleh umat Islam yang mahu **mengerjakan** haji dan umrah.

Bagi tujuan proses P&P, guru boleh mencetak mana-mana bahagian yang sesuai dan mengedarkan korpus ini kepada semua pelajar ataupun boleh juga menggunakan komputer jika terdapat kemudahan komputer yang mencukupi untuk semua pelajar. Penggunaan kemudahan komputer seperti di makmal komputer merupakan suatu kelebihan berbanding cetakan kertas. Ini kerana guru atau pelajar dapat mencari sesuatu bentuk imbuhan dengan pantas berdasarkan bantuan carian atau *find* yang terdapat dalam komputer.

Kebaikan Menggunakan Korpus Berkomputer

Berikut dijelaskan kebaikan atau kelebihan korpus berkomputer yang akan diperoleh oleh guru dan pelajar dalam proses pengajaran dan pembelajaran imbuhan bahasa Melayu. Korpus berkomputer bukan sahaja dapat membantu guru membina bahan P&P dengan pantas, malah turut memberi pelbagai pilihan bahan yang terdiri daripada buku, majalah, surat khabar, prosa dan puisi tradisional. Korpus berkomputer di DBP menyediakan jenis teks seperti berikut:

Rajah 1. Jumlah Data Korpus Berkomputer (Sehingga Mac 2004)

SUB-PANGKALAN	JUMLAH KATA	PERATUS
AKHBAR	52,988,703	52.65%
BUKU	27,797,010	27.62%
MAJALAH	12,229,373	12.15%
TEKS TRADISIONAL	2,440,258	2.43%
LAIN-LAIN	3,303,772	3.28%
TERJEMAHAN	1,886,106	1.87%
JUMLAH	**100,645,222**	**100.00%**

(Sumber: Rusli Abdul Ghani 2004)

Korpus berkomputer dapat memaparkan sesuatu aspek tatabahasa dengan lebih luas, sesuai dengan konteks penggunaan dan representatif sifatnya. Ini berbeza dengan petikan biasa yang hanya dapat memaparkan sesuatu aspek tatabahasa dengan jumlah yang agak terhad. Satu-satu korpus dapat memaparkan ribuan (malahan jutaan) contoh sesuatu aspek tatabahasa. Sesuatu petikan ringkas mungkin hanya memaparkan contoh-contoh penggunaan sesuatu aspek tatabahasa yang betul sahaja, manakala contoh-contoh yang salah mungkin tidak dipaparkan dalam teks tersebut. Ini bermakna, pelajar-pelajar hanya diperkenalkan dengan contoh-contoh penggunaan sesuatu aspek tatabahasa yang betul sahaja, sedangkan contoh-contoh yang salah juga banyak membantu pelajar memahami apa yang betul dan salah dari segi tatabahasa. Dengan berbantukan korpus berkomputer, guru boleh berperanan sebagai fasilitator iaitu menerangkan contoh penggunaan yang betul dan yang salah dalam sesuatu aspek tatabahasa yang sedang dipelajari oleh pelajar-pelajar.

Perancangan Pengajaran dan Pembelajaran

Berikut akan diberikan contoh persediaan mengajar imbuhan meN...kan dengan menggunakan kaedah secara tidak langsung atau pun gabung jalin bersama pengajaran kemahiran membaca dan kefahaman. Hal ini selaras dengan saranan Pusat Pengembangan Kurikulum, Kementerian Pelajaran Malaysia iaitu aspek tatabahasa hendaklah diajar secara tidak langsung. Aspek-aspek tatabahasa yang hendak diajar itu akan dimasukkan ke dalam pengajaran tersebut seperti pengajaran lisan, menulis atau membaca, dengan cara guru mengambil masa beberapa minit untuk mengajar sesuatu aspek tatabahasa (Kamarudin Husin, 1994:45).

Langkah Pengajaran dan Pembelajaran

1. Guru meminta murid melayari web DBP untuk mengakses data korpus. Setelah data diperoleh, Guru meminta pelajar membaca secara senyap petikan di skrin komputer dengan cara luncuran *(skimming)* dan pembacaan teliti. (Lihat Lampiran 2).
2. Guru meminta seorang pelajar secara sukarela membaca petikan tersebut dengan suara yang kuat dan jelas. Pelajar yang lain mendengar dengan teliti.
3. Guru meminta setiap pelajar membina satu soalan berdasarkan

petikan tersebut. Seterusnya, seorang pelajar akan mengemukakan satu soalan kepada mana-mana pelajar yang ia pilih untuk menjawab soalan itu. Begitulah seterusnya iaitu soalan dikemukakan dalam bentuk berantai. Pada bahagian ini, guru hanya berperanan sebagai fasilitator iaitu mengawasi sama ada soalan dan jawapan yang dikemukakan oleh pelajar sesuai atau sebaliknya. Jika sesuatu persoalan memerlukan maklumat lanjut, guru boleh membimbing pelajar mendapatkan maklumat di internet sesuai dengan konsep pembelajaran maya.

4. Guru memilih soalan-soalan (binaan pelajar) yang difikirkan sesuai untuk dijawab oleh pelajar sebagai latihan atau kerja rumah. Soalan yang dipilih itu perlulah berada pada aras mudah, sederhana dan susah atau mencabar pemikiran pelajar.
5. Guru memaklumkan kepada pelajar bahawa aspek tatabahasa yang ingin dipelajari ialah imbuhan meN···kan. Guru meminta pelajar mengesan imbuhan meN···kan dalam petikan tersebut dengan cara carian atau *find* yang terdapat dalam komputer. Imbuhan meN···kan yang terdapat dalam petikan tersebut adalah seperti dalam Lampiran 3.
6. Pelajar memberi maklum balas tentang aspek imbuhan me N···kan seperti contoh penggunaan dalam petikan. Guru menerangkan bahawa contoh imbuhan yang terdapat dalam petikan tersebut agak terhad. Oleh itu, guru meminta pelajar membuka satu fail korpus berkomputer (telah sedia ada dalam komputer tersebut) yang mengandungi contoh-contoh imbuhan meN···kan yang lebih banyak dan meluas dengan menggunakan perisian *Notepad.* (Lihat Lampiran 4). Pada peringkat ini, guru sebaik-baiknya perlulah memaparkan aspek imbuhan ini di skrin LCD (jika ada) supaya pelajar

dapat melihat setiap aspek imbuhan meN···kan dengan lebih jelas.

7. Guru menjelaskan aspek imbuhan meN···kan (berdasarkan contoh penggunaan dalam korpus) iaitu:
   a) Bentuk atau varian imbuhan meN...kan. (lihat Lampiran 5a)
   b) Hukum p → m, t → n, k → ng dan s → ny. (lihat Lampiran 5b)
   c) Makna imbuhan meN···kan iaitu benefaktif dan kausatif.
   d) Guru menjelaskan aspek kesalahan imbuhan meN···kan seperti kesalahan 'meng···' dan 'menge···'(contoh mengsahkan atau mengesahkan) serta perkataan yang dieja dengan satu 'k' atau dua 'kk' (contoh memasukan atau memasukkan).
8. Guru meminta pelajar membina lima ayat (sebagai latihan) dengan menggunakan perkataan yang berimbuhan meN···kan.

Kesimpulan

Berdasarkan perbincangan di atas, penggunaan korpus berkomputer dalam proses P&P bukan sahaja memudahkan tugas guru malahan dapat memupuk minat para pelajar supaya mendekati bidang teknologi maklumat dan komunikasi yang semakin dominan dalam dunia pekerjaan dan kehidupan seharian. Diharapkan penggunaan korpus berkomputer dalam proses P&P akan menarik minat pelajar mempelajari mata pelajaran bahasa Melayu dan seterusnya menguasai aspek yang telah dipelajari itu.

Lampiran 1

Pangkalan Data Korpus DBP Atas Talian

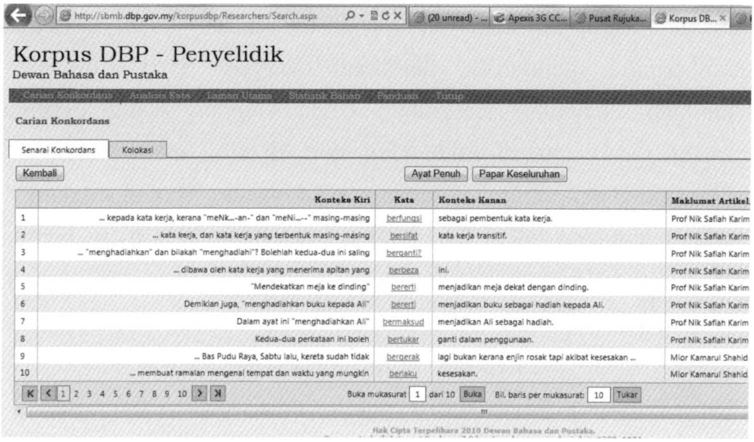

Lampiran 2

Contoh Sebahagian Petikan Janaan Komputer

Vaksin Mencevax

Kementerian Kesihatan **menyediakan** lebih 110,000 vaksin jenama Mencevax dari Belgium bagi menampung keperluan umat Islam negara ini yang berhasrat**menunaikan** haji di Makkah, bulan depan. Kementerian berkenaan memberi jaminan jemaah haji tidak akan menghadapi masalah **mendapatkan** vaksin itu dari hospital atau klinik kerajaan di seluruh negara. Menteri Kesihatan, Datuk Chua Jui Meng, berkata pihaknya yakin jumlah vaksin yang ada mencukupi untuk menampung keperluan bakal haji yang diwajibkan mengambilnya sebelum memasuki Arab Saudi. "Kerajaan Arab Saudi **mewajibkan** bakal haji dari seluruh dunia mengambil vaksin anti-meningitis itu sebelum memasuki negara terbabit untuk **mengerjakan** haji atau umrah. "Saya sudah menyemak dengan pembekal yang berkaitan dan dimaklumkan Malaysia mempunyai bekalan yang mencukupi terhadap keperluan vaksin berkenaan," katanya. Beliau memberitahu pemberita demikian selepas **merasmikan** bangunan Persatuan Keturunan Chua Chiyang yang bernilai kira-kira RM1 juta di Jalan Haji Jaip, di sini, malam tadi.

"Hospital dan klinik kerajaan tidak akan **mengenakan** bayaran terhadap bakal haji bagi pengambilan vaksin itu kerana kita membuat keputusan memberinya secara percuma," katanya. Jumaat lalu, majlis muzakarah Majlis Fatwa Kebangsaan **memutuskan** hanya vaksin meningococcal meningitis (ACYW 135) jenama Mencevax dari Belgium, diharuskan penggunaannya oleh umat Islam yang mahu **mengerjakan** haji dan umrah. Ini kerana vaksin jenama berkenaan didapati tidak mengandungi sebarang lemak babi dan bahan sumber haiwan kecuali laktosa daripada susu, lemak dan jantung lembu. Bagaimanapun, vaksin ACYW 135 jenama Monumune yang diimport dari Amerika Syarikat adalah haram digunakan umat Islam kerana ia mengandungi asik amino dari lembu, babi dan itik. Pengerusi majlis itu, Datuk Dr Ismail Ibrahim, berkata keputusan **menghalalkan** penggunaan vaksin Mencevax itu dibuat selepas mengambil kira maklumat Bahagian Kawalan penyakit dan Bahagian Farmasi Kementerian Kesihatan.

Lampiran 3

Imbuhan meN...kan dalam Petikan Vaksin Mencevax

256 in - Kementerian Kesihatan **menyediakan** lebih 110,000 vaksin jenam BHLR27

257 negara ini yang berhasrat **menunaikan** haji di Makkah, bulan depa BHLR27

258 ak akan menghadapi masalah **mendapatkan** vaksin itu dari hospital a BHLR27

259 di. "Kerajaan Arab Saudi **mewajibkan** bakal haji dari seluruh du BHLR27

260 suki negara terbabit untuk **mengerjakan** haji atau umrah. "Saya s BHLR27

261 pemberita demikian selepas **merasmikan** bangunan Persatuan Keturun BHLR27

262 klinik kerajaan tidak akan **mengenakan** bayaran terhadap bakal haj BHLR27

263 ah Majlis Fatwa Kebangsaan **memutuskan** hanya vaksin meningococcal BHLR27

264 oleh umat Islam yang mahu **mengerjakan** haji dan umrah. Ini kera BHLR27

265 brahim, berkata keputusan **menghalalkan** penggunaan vaksin Menceva BHLR27

266 jenama yang tidak langsung **menggunakan** sumber babi iaitu Mencevax BHLR27

Lampiran 4

Contoh Imbuhan meN...kan dalam Korpus Berkomputer

8507 s sebarang bentuk kegiatan melalaikan. Banyak ayat al-Quran dan BHLR68

7382 enukarkan namanya agar ia melambangkan agensi perjalanan yang be BHLR61

7049 rian republik itu yang melambat-lambatkan penyelesaian kebuntuan BHLR59

8188 nah Darus Peserta kursus melambungkan topi masing-masing ke uda BHLR66

5805 n Laden selama 76 hari, AS melancarkan 4,700 serangan udara menga BHLR52

4486 gugut peminjam yang gagal melangsaikan hutang. Golongan berpen BHLR44

8209 enganjurnya, DBP, berjaya melangsungkan tiga acara deklamasi puis BHLR66

4975 -anak mereka sudah berjaya melanjutkan pelajaran dalam pelbagai b BHLR47

3733 u. Islam Online hari ini melaporkan, walaupun mereka tidak men BHLR37

3432 k pistol. Kumpulan terbabit melarikan wang tunai RM1.2 juta. * BHLR35

8342 gai cara dibuat demi untuk melariskan barang jualan. Di antarany BHLR67

7131 ka kerap kali kelihatan melaung-laungkan Islam sebagai cara hidu BHLR60

2301 ej produk yang ditawarkan, melebarkan skop pembiayaan kepada sek BHLR22

7656 erempuan, oleh sebab Allah melebihkan orang lelaki (dengan beber BHLR63

1801 , berita itu sudah tentunya melegakan apabila SC dan BSKL bertind BHLR16

6787 uk dua jam pertama sebelum melelapkan matanya. Begitu juga apabi BHLR57

4545 amin berlebihan juga boleh melemahkan badan dan menyebabkan pusi BHLR44

7459 berselisih dan belum saling memaafkan? Rasul mengatakan "amin." BHLR62

1883 m 9.30 pagi untuk membantu memadamkan api. Sementara itu di PE BHLR17

2805 rkenaan dan pengikis untuk memadamkan nombor enjin dan alat meng BHLR28

4215 berdikari dan bersama-sama memainkan fungsi dalam masyarakat yan BHLR42

7584 apat dikurangkan. Ini bagi memastikan `demokrasi ala kampus' tid BHLR63

6600 n, pasukan Indonesia gagal mematahkan hujah berhubung isu berken BHLR56

1980 berkata keputusan MCA juga memecahkan semangat kerjasama erat se BHLR18

4285 enerimanya, kecuali dengan memejamkan mata. Ketahuilah, bahawa A BHLR42

3555 pihak berkenaan yang mahu memelayukan sekolah kebangsaan menakut BHLR36

8235 mengerti bahasanya serta memeliharakan bahasanya, iaitu daripada BHLR67

6773 t-turutan tetapi ini tidak memenatkan Perdana Menteri atau menje BHLR57

6330 perangkap keagamaan' yang memenjarakan sebahagian besar umat (Mu BHLR55

4344 Kebudayaan Kebangsaan bagi mementaskan Muzika Uda dan Dara yang m BHLR43

8226 layu United Kingdom (SMUK) mementaskan Silat - Dance of the Warri BHLR66

7546 uskan secara berkesan dan mementingkan alam sekitar boleh menimb BHLR62

6744 lebih daripada itu, Allah memerintahkan umat manusia supaya mener BHLR57

301 0 peratus. Beliau turut memerintahkan Wong Yuen Kean membayar 1 BHLR30

1208 akitangannya. Malang lebih memeritkan, kakitangan agensi itu did BHLR11

2315 k dan Sabah masing- masing memerlukan 700 megawat dan 400 megawa BHLR22

3473 Tabung Haji (Tabung Haji) memfailkan saman di Mahkamah Tinggi t BHLR35

5482 hati mereka suatu perasaan memilukan hati. Sebabnya, orang Muk BHLR50

5594 sebarang usaha kaum Kurdis memisahkan wilayah itu selain menyeka BHLR50

6207 ah lagi adalah cerpen yang memotretkan emosi, pemikiran dan kesed BHLR54

4075 beli daripada pembeli yang mempamerkan barangan dan perkhidmatan BHLR41

2229 au itu," katanya selepas mempengerusikan mesyuarat mingguan Exco BHLR21

354 angan sekali-kali berniat memperalatkan Pertubuhan Bangsa-Bangsa BHLR35

759 engeluar berkenaan sukar memperbesarkan keupayaan untuk disambun BHLR73

3610 ng merangka program bagi memperhebatkan kempen meningkatkan kese BHLR37

6734 uan Rasulullah berperanan memperincikan hukum al-Quran. Apabila s BHLR57

3990 teguran beliau itu dapat memperindahkan lagi judul buku. Sekiran BHLR40

7353 ampaui batas. Kami ingin memperingatkan bahawa hadis itu dan yan BHLR61

Lampiran 5

1. Bentuk atau varian imbuhan meN...kan

Me...kan

7384 fail meja tahun depan bagi melicinkan urusan pentadbiran kerajaa BHLR62

8231 hairan dalam hatiku sebab melihatkan hal adat orang-orang kita BHLR67

2153 sih mempunyai ruang untuk melonggarkan lagi dasar kewangannya ji BHLR20

6181 nilai estetikanya. Mereka melontarkan idea semahu-mahunya tanpa BHLR54

3033 ukan suatu perbuatan iaitu meluluskan ujian penerimaan talian pe BHLR30

5596 an ke atas Iraq bukan saja melumpuhkan ekonomi Baghdad malah menc BHLR50

Mem...kan

3287 a krisis dalaman MTUC yang membabitkan Zainal. Saya tak mahu memb BHLR33

3500 Andi Samsam Nganro ketika membacakan keputusan itu hari ini. BHLR35

7300 pada tahap maju. Pengkaji membahagikan tamadun kepada dua penger BHLR61

1063 biologi Amerika dan Kanada membahaskan cadangan mengadakan uji ka BHLR10

5078 gori ahli falak. Tabiat membandingkan takwim hijri dengan takwi BHLR47

4033 hthaleneacetate). Lebih membanggakan ialah Dr Mohd Zobir juga BHLR41

Men...kan

6066 berdua sebagaimana mereka mencurahkan kasih sayang memelihara da BHLR53

2821 m 4.30 pagi dalam keadaan mencurigakan dan mengarahkan pemandu 1 BHLR28

3787 indakan agresif yang boleh mencetuskan suasana tidak seimbang, se BHLR38

2688 K sahaja Allah swt selesai menciptakan Adam daripada tanah, lalu BHLR26

4198 ya berfikiran positif dan mendaftarkan anak mereka supaya mereka BHLR42

8348 ? Ada juga peniaga yang mendagangkan barangan yang tidak sama BHLR67

Meng...kan

8555 ku penganjur utama majlis menggabungkan silat dan puisi untuk tig BHLR69

4108 eka mempunyai sebab untuk menggagalkan aspirasi kebangsaan. Di BHLR41

5287 uk Dr Abdul Latif. Beliau menggalurkan keterlibatan Ismail dalam BHLR49

7139 ang penuh pengajaran tadi menggambarkan ajaran Islam begitu menye BHLR60

2489 jukan bangsa tetapi bukan menggantikan bahasa sendiri sebagai ba BHLR24

8569 puisi pilihannya ternyata menghiburkan. Begitu juga dengan perse BHLR69

Menge...kan

2475 rumah. Dia berhajat untuk mengahwinkan anak gadis itu dengan ana BHLR62

2435 -Bangsa bersatu (PBB) yang mengaitkan Barisan Nasional (BN) deng BHLR24

3401 a. "DBP turut berusaha mengetengahkan bakat dan potensi cendek BHLR34

2017 tengah hari. "Saya boleh mengesahkan tidak bersama dia (Tuan Mo BHLR19

5444 ivasi bagi setiap individu mengamalkan tanggungjawab masing-masin BHLR49

6866 kaan kota Makkah, baginda mengampunkan dan membebaskan golongan BHLR58

Meny...kan

8585 kita tidak perlu kesal dan menyalahkan sesiapa berkenaan setiap k BHLR69

6170 yu', untuk mewujudkan atau menyalakan api itu. Jadi maksud met BHLR54

4144 g berpejabat di Arab Saudi menyalurkan bantuan kewangan kepada al BHLR41

3083 Sebelum ini mereka mahu menyisihkan Rusli Tambi daripada mendu BHLR31

6580 barang bantahan atau tidak menyuarakan bangkangan negara itu kepa BHLR56

415 Abas dan Balasandran juga menyarankan supaya guru yang berkelulu BHLR62

2. Hukum p → m, t → n, k → ng dan s → ny.

p → m

7135 i khalifah Allah yang akan memantulkan nilai kebaikan dan kebajik BHLR60

8032 a. Masalah isu harga air memaparkan dengan begitu jelas isi ha BHLR65

2307 FMG yang bertanggungjawab memasarkan rangkaian telefon bimbit S BHLR22

5666 kukan secara intensif bagi memastikan 20 tadika lain turut mener BHLR51

6600 n, pasukan Indonesia gagal mematahkan hujah berhubung isu berken BHLR56

6773 t-turutan tetapi ini tidak memenatkan Perdana Menteri atau menje BHLR57

6330 perangkap keagamaan' yang memenjarakan sebahagian besar umat (Mu BHLR55

4344 Kebudayaan Kebangsaan bagi mementaskan Muzika Uda dan Dara yang m BHLR43

7546 uskan secara berkesan dan mementingkan alam sekitar boleh menimb BHLR62

3688 ng untuk disoal siasat dan memerlukan Baghdad menyediakan kemuda BHLR37

t → n

2223 ng, berkata keputusan yang menamatkan pertikaian Jakarta-Kuala L BHLR21

5350 m diri kita, kita haruslah menambahkan ilmu di dada. Minda kita a BHLR49

4802 n, ceti atau wakilnya akan menampalkan salinan kad pengenalan pem BHLR45

4345 n Muzika Uda dan Dara yang menampilkan Ahmad Yatim sebagai Uda, m BHLR43

4228 ng, tetapi lebih bertujuan menanamkan sifat patriotisme, perpadu BHLR42

4892 akan puasa selepas Ramadan menandakan diterimanya puasa Ramadan. BHLR46

6991 ah bersabda: Sesiapa yang menanggalkan tangan dari bai'ah untuk BHLR59

1512 utup kelemahannya apabila menangguhkan pelaksanaan Enakmen Kesal BHLR14

3109 pembuatan Malaysia supaya menawarkan biasiswa kepada pelajar as BHLR31

8246 nikah. Lalang biak merata menarikan mimpi liarku kerbau balar BHLR67

k → ng

4893 ya. Sebahagian orang bijak mengatakan: "Pahala amal kebaikan ada BHLR46
2858 , 2002 menjadi tahun yang mengecewakan bagi pasaran ekuiti meski BHLR28
3903 ah yang dilaksanakan ialah mengecilkan kumpulan daripada kira- ki BHLR39
4204 Jabatan Imigresen turut mengecualikan bayaran ke atas perkhidma BHLR42
5974 uk memecahbelahkan selain mengelirukan rakyat padahal khutbah se BHLR53
7627 idikan Guru (BPG) selesai mengelolakan empat kursus asas untuk m BHLR63
2151 15 hari itu, polis trafik mengeluarkan 110,704 saman dengan kesa BHLR20
2424 pasaran berharap aktiviti mengemaskan akaun akan berterusan sehi BHLR24
5414 at pujian kerana ia mampu mengembalikan keamanan di wilayah yang BHLR49
5925 ntuk mengubat. Ibn Sina mengembangkan ilmu psikologi dalam peru BHLR53

s → ny

8585 kita tidak perlu kesal dan menyalahkan sesiapa berkenaan setiap k BHLR69
4960 an tempatan tidak berminat menyalurkan pinjaman kepada peniaga wa BHLR46
5290 dunia Melayu. Malah beliau menyamakan konsep dunia Melayu dalam BHLR49
1886 rung membunuh diri dengan menyambungkan paip getah dari ekzos ke BHLR17
6979 o Abdullah Tuanku Bainun menyampaikan anugerah Ijazah Kehormat BHLR59
8189 baru-baru ini. Fauziah menyandarkan pengalaman kerjayanya dal BHLR66
3050 ukainya. IMF sebelum ini menyarankan supaya Malaysia mempunyai BHLR31
6150 au banyak hujan yang boleh menyebabkan baja dilarikan hujan. Pe BHLR54
4417 isabitkan bersalah apabila menyerahkan zakat fitrah diri atau ora BHLR43
7911 ri, 3 Disember lalu, untuk menyerapkan 126,000 pelajar sekolah ag BHLR64

Rujukan

- Abdullah Hassan. 1986. *Penerbitan Kata dalam Bahasa Malaysia.* Petaling Jaya: Penerbit Fajar Bakti.
- Imran Ho Abdullah. 2004. Nahu praktis bahasa Melayu: Tinjauan semula 'di antara' / 'antara'. Kertas Kerja Seminar Sehari Linguistik. Pusat Pengajian Bahasa dan Linguistik, Universiti Kebangsaan Malaysia, Bangi, 30 Mac.
- Kamarudin Husin. 1994. *KBSM dan Strategi Pengajaran Bahasa.* Subang Jaya: Kumpulan Budiman.
- Kementerian Pendidikan Malaysia. 2003. *Huraian Sukatan Pelajaran Bahasa Melayu Tingkatan Empat.* Kuala Lumpur: Pusat Perkembangan Kurikulum.
- Mohd Ra'in Shaari. 2004. Objek sifar dalam ketransitifan bahasa Melayu. *Jurnal Bahasa.* Jilid 4(3):506-532.
- Nik Safiah Karim, Farid M. Onn, Hashim Hj. Musa & Abdul Hamid Mahmood. 1997. *Tatabahasa Dewan.* Kuala Lumpur: Dewan Bahasa dan Pustaka.
- Ramli Md. Salleh, Sanat Md. Nasir dan Noor Ein Mohd Noor. 1997. *Kamus linguistik.* Kuala Lumpur: Dewan Bahasa dan Pustaka.
- Rusli Abdul Ghani et al. 2004. Pangkalan data korpus DBP: Perancangan, pembinaan dan pemanfaatan. Kertas kerja Seminar Sehari Linguistik. Pusat Pengajian Bahasa dan Linguistik, Universiti Kebangsaan Malaysia, Bangi, 30 Mac.
- Sinclair, J.M. 1991. *Corpus, Concordans and Collocation.* New York: Oxford University Press.
- Sinclair, J.M. 1996. Preliminary recommendations on corpus typology. http://www.ilc.cnr.it/EAGLES96/texttyp/texttyp.html. (18 Ogos 2004).
- Zaharani Ahmad dan Mohd Ra'in Shaari (2004). Hubungan objek dan kata kerja transitif meN-kan. Prosiding Persidangan Antarabangsa Sains Sosial dan Kemanusiaan (m.s. 392-403). Bangi: Universiti Kebangsaan Malaysia.

BAB 14

Bahasa Melayu sebagai Bahasa Asing untuk Pelajar Diplomat

Kalthum Ibrahim

Pengenalan

Pengajaran bahasa Melayu (BM) sebagai bahasa asing untuk diplomat telah lama dilaksanakan di Universiti Kebangsaan Malaysia (UKM). Kursus tersebut telah bermula sejak tahun 1995 lagi. Pegawai diplomat yang pernah mengikuti kursus tersebut adalah dari negera Australia, New Zealand dan Singapura. Mereka diminta oleh pihak kedutaan masing-masing mempelajari bahasa Melayu untuk tempoh empat bulan, dan sekiranya mereka berjaya dengan cemerlang mereka diberi insentif seperti elaun bulanan yang agak tinggi sepanjang mereka bertugas di Malaysia. Oleh sebab itu para diplomat yang belajar bahasa Melayu mempunyai motivasi yang tinggi kerana ganjaran yang diberikan oleh majikan mereka. Di samping itu dengan penguasaan bahasa Melayu juga mereka dapat berkhidmat di sini dengan lebih mudah. Bagi para diplomat, mempelajari bahasa Melayu amat penting untuk mengetahui idea, budaya dan persepsi manusia Melayu khasnya dan rakyat Malaysia umumnya. Hal ini kerana dengan penguasaan BM, mereka dapat memahami tentang sesuatu isu yang timbul dengan lebih baik. Bagi mempelajari bahasa asing dengan baik pelajar tidak hanya mempelajari kosa kata dan struktur bahasa sasaran semata-mata, mereka juga mesti mempelajari bahasa itu dengan konteks budayanya. Oleh sebab itu dalam kursus tersebut kami telah memasukkan elemen budaya dalam pengajaran dan pembelajaran bahasa Melayu untuk diplomat.

Elemen Budaya

Dalam situasi pertama, iaitu pelajar asing belajar BM di negeri asal mereka, sudah pasti pengajaran bahasa dengan disertai budaya amat sukar untuk dilakukan. Namun demikian, ia masih boleh dilaksanakan sekiranya tenaga pengajar itu sendiri mempunyai sifat kreatif dan inovatif di samping minat pelajar yang cukup tinggi. Berbeza pula dengan situasi yang kedua itu, pengajaran BM kepada pelajar asing boleh dilaksanakan dengan mengadakan pelbagai aktiviti pelajar yang berkaitan dengan budaya, dengan cara mereka digalakkan bergaul dengan penutur bahasa Melayu, dan menggunakan bahasa Melayu sebanyak mungkin dalam kehidupan seharian mereka di Malaysia.

Dalam bab ini penekanan lebih ditumpukan kepada situasi kedua iaitu pelajar asing yang belajar bahasa Melayu di Malaysia untuk keperluan tertentu. Walau bagaimanapun cara yang akan disarankan ini tidak bermaksud, tidak boleh digunakan dalam situasi pelajar belajar BM di tempat atau negara mereka sendiri. Malahan penulis berharap apa yang akan diutarakan masih bermanfaat kepada tenaga pengajar yang mengajar bahasa Melayu kepada penutur asing yang berada di luar negara asal mereka.

Akulturasi dalam Pembelajaran Bahasa Asing

Terdapat pelajar asing yang gagal menguasai bahasa Melayu kerana mereka tidak didedahkan kepada kepentingan budaya dalam konteks penggunaan bahasa Melayu. Penggunaan bahasa yang tidak sesuai dengan konteks menjadikan komunikasi itu tidak berkesan malahan boleh mengundang sesuatu yang memalukan, tidak selesa, rasa marah dan sebagainya kepada orang yang ditujukan sesuatu perbualan itu.

Belajar bahasa asing dengan disertakan budaya merupakan proses akulturasi. Proses ini membolehkan pelajar memahami budaya bahasa sasaran mereka. Proses ini boleh menjadi rumit sekiranya pelajar asing itu mempelajari bahasa Melayu di tempat asal mereka. Berbanding dengan pelajar asing yang mempelajari bahasa Melayu di Malaysia, proses akulturasi itu lebih mudah.

Seseorang pengguna bahasa itu dikatakan mempunyai kecekapan dalam sesuatu bahasa apabila dia dapat berkomunikasi dengan berkesan dalam bahasa berkenaan (Asmah Hj Omar 2003). Hal ini boleh dicapai sekiranya pelajar asing itu di dedahkan dengan budaya bahasa tersebut. Di samping itu pengetahuan berkenaan laras juga amat penting agar pelajar mampu berkomunikasi dengan baik dan berkesan.

Laras ialah kelainan-kelainan bahasa yang digunakan oleh penutur dalam kehidupan mereka sehari-hari (Nik Safiah Karim 1988:63). Pelajar yang menguasai bahasa Melayu seharusnya tahu menggunakan laras yang sesuai apabila bercakap dengan siapa, dalam perkara apa, dan dalam situasi yang bagaimana. Pelajar asing yang mempelajari bahasa Melayu akan dianggap pandai berbahasa dan dapat menguasai bahasa Melayu sekiranya mereka tahu menggunakan laras ini dengan tepat dan berkesan. Menurut Dr. Nik Safiah Karim (1988:64) – Pelajar hendaklah:

- Kenal akan laras-laras yang lazim digunakan oleh penutur bahasa Melayu dalam semua situasi dan tentang semua bidang.
- Berupaya menggunakan laras-laras itu dengan betul dan berkesan

Setelah mereka benar-benar menguasai semua laras utama bahasa Melayu barulah mereka dapat dikatakan menguasai bahasa Melayu

Kajian BM sebagai Bahasa Asing

Bahasa asing merujuk kepada bahasa yang dipelajari oleh seseorang melalui pendidikan formal dan secara sosiobudayanya tidak dianggap sebagai bahasa sendiri (Harimuthi 1983). Bahasa asing juga boleh dikatakan sebagai bahasa kedua yang dipelajari selepas seseorang itu menguasai bahasa ibunda mereka. Begitu juga dengan Richards (1985) memberi definisi bahasa asing ini sebagai satu bahasa yang bukan bahasa asli (*native language*) dalam negara yang berkenaan.

BM telah lama menjadi bahasa asing yang diminati untuk dipelajari oleh penduduk dunia terutama pelajar universiti. Mereka merasakan bahawa bahasa itu mempunyai keindahannya yang tersendiri. Kebanyakan bangsa terutama dari Eropah mengatakan sistem huruf yang sama dengan sistem huruf bahasa Inggeris mendorong mereka untuk mempelajari BM. Namun pelajar asing menghadapi pelbagai kesukaran apabila mereka ingin menguasai BM, dan kesukaran-kesukaran berkenaan kadangkala membantutkan usaha mereka untuk meneruskan pengajian dan pembelajaran BM ke tahap yang lebih tinggi.

Pengajaran Bahasa Melayu sebagai Bahasa Asing di Universisti Luar Negara

Pengajaran BM sebagai bahasa asing sudah banyak dilaksanakan di seluruh dunia. Misalnya di *Beijing Foreign Studies University* (BFSU) menawarkan program bahasa Melayu kepada pelajar dari seluruh China yang berkelayakan. Selepas mereka mengikuti program ini dengan jayanya selama empat tahun, mereka akan dianugerahkan dengan Ijazah Sarjana Muda Sastera dan Bahasa Melayu (Kalthum 2001:121)

Begitu juga di Korea Selatan terdapat pelbagai universiti yang menawarkan kursus BM sebagai bahasa asing. Antaranya *Hankuk University of Foreign Studies* (HUFS), *Pusan University of Foreign Studies* (PUFS), dan di *Woosong University* (WU), Korea Selatan. Kesemua universiti berkenaan ada menawarkan kursus BM kepada pelajar universiti mereka. Seperti di WU kursus BM ditawarkan oleh Jabatan Bahasa Asing, *School of Foreign Language and Comunication* (Kalthum 2001:124).

Pelbagai kaedah pengajaran yang digunakan oleh tenaga pengajar dalam mengajar BM kepada pelajar. Kebanyakan pelajar baru pertama kali mengenali BM, jadi agak sukar bagi mereka menyebut perkataan-perkatan dalam BM. Keadaan ini bertambah sukar apabila tidak ada penutur natif yang membolehkan pelajar tersebut mendengar pertuturan penutur natif (*native speaker*), berkomunikasi serta berbincang dengan penutur natifi. Keadaan yang tidak selesa ini disulitkan lagi apabila tenaga pengajar BM pula bukan terdiri daripada penutur natif tetapi terdiri daripada warganegara Indonesia.

Pengajaran Bahasa Melayu di Universiti Tempatan

Di Malaysia kebanyakan universiti awam ada menawarkan kursus BM untuk pelajar asing. Universiti Kebangsaan Malaysia turut sama memberi sumbangan dalam memperkasa bahasa Melayu menerusi penawaran kursus BM kepada pelajar asing. Bermula pada semester 1 sesi 1992/93 para pelajar asing di UKM yang datang dari negara yang tidak menggunakan BM dan mereka ini tidak mahir BM diwajibkan mengambil dan lulus Kursus Bahasa Melayu Sebagai Bahasa Asing sebagai prasyarat untuk lulus dalam pengajian peringkat siswazah.

Pengajaran BM kepada pelajar asing bertujuan untuk memberi pendedahan tentang aspek dasar BM seperti sistem bunyi dan ejaan, tatabahasa asas, perbualan mudah, aspek sosiolinguistik, membaca dan memahami bahan bacaan yang mudah, dan juga menulis. Apabila tamat kursus BM, diharapkan pelajar asing ini dapat menguasai kemahiran mendengar, bertutur, membaca dan menulis. Kemahiran-kemahiran ini penting bagi menentukan mereka dapat menguasai BM.

Begitu juga di Universiti Putra Malaysia (UPM) ada menawarkan kursus-kursus BM untuk pelajar asing yang belajar di UPM. Pelajar asing di UPM terdiri daripada mereka yang mengambil ijazah sarjana muda, ijazah sarjana dan ijazah doktor falsafah. Mereka diwajibkan mengambil Kursus Bahasa Melayu Asas I yang menawarkan 3 kredit. Sekiranya mereka hendak melanjutkan atau mempertingkat tahap BM mereka boleh mengikuti kursus seterusnya Kursus Bahasa Melayu Asas II, dan Kursus Bahasa Melayu Asas III.

Terdapat perbezaan yang besar antara keperluan pelajar bahasa ibunda dengan pelajar bahasa asing ataupun bahasa kedua. Menurut Abdullah Hassan (1996:31) pelajar bukan Melayu yang tidak menuturkan BM di rumah perlu mempelajari segala-galanya – perlu mempelajari sebutan, tatabahasa, dan kosa kata BM. Begitu juga pelajar asing mereka perlu menguasai kelima-lima aspek kemahiran bahasa iaitu mendengar dan memahami, bertutur, membaca dan menulis. Selain daripada UKM, dan UPM, Universiti Malaya, Universiti Sains Malaysia, Universiti Terknologi Mara, Universiti Teknologi Malaysia, dan Universiti Utara Malaysia juga mempunyai Kursus Bahasa Melayu untuk pelajar asing. Begitu juga di Universiti Pahang Malaysia turut menawarkan kursus BM kepada pelajar dari USA. Kesemua universiti ini menawarkan Kursus BM kepada pelajar asing di universiti masing-masing.

Pengajaran dan Pembelajaran BM untuk Pelajar Diplomat

Proses pengajaran dan pembelajaran BM kepada pelajar asing akan bertambah cepat dan mudah jika aspek-aspek budaya dan kesusasteraan penutur jati disertakan bagi meningkat kemahiran bahasa. Dengan ini diharapkan kesalahan yang sama tidak akan dilakukan oleh pelajar seterusnya. Untuk tujuan tersebut, segala bentuk penulisan oleh pelajar beserta kelebihan dan kelemahan mereka menggunakan bahasa sebagai penutur asing akan dapat memberi gambaran atau corak bahagian-bahagian yang mudah dipelajari di samping masalah yang dihadapi oleh pelajar tersebut. Kaedah ini membolehkan pengajar mengetahui kesilapan yang sering dilakukan oleh pelajar dan seterusnya dapat memberitahu pelajar atau memberi penerangan terhadap perkara itu sebelum mereka melakukan kesilapan tersebut.

Pemilihan kod bahasa yang dapat diterima melibatkan

penentuan norma untuk kod-kod bahasa yakni penulisan, ejaan, pengucapan, tatabahasa dan perbendaharaan kata (Asmah 1978:34). Pelajar mesti menguasai kod-kod bahasa yang ingin dipelajari, misalnya dari segi ejaan, pengucapan, tatabahasa dan terutama kosa kata. Pelajar asing yang mengikuti pengajaran dan pembelajaran BM seringkali di bahagikan kepada tiga tahap. Perkara ini dilakukan adalah untuk memudahkan proses pengajaran dan pembelajaran berlaku. Tahap-tahap ini memberikan pelajar dengan bahan pengajaran yang berbeza-beza mengikut darjah kesukarannya. Misalnya dalam tahap satu pelajar diberikan pendedahan kepada aspek penyebutan, kosa kata yang mudah untuk memperkenalkan diri, di samping latih tubi ayat-ayat pendek yang gramatis. Kemudian dalam tahap dua pula mereka diajar menstrukturkan ayat yang sederhana panjang, serta diperkenalkan dengan sistem nahu BM dan begitulah seterusnya.

Kaedah Pengajaran

Kaedah pengajaran dapat diberikan kepada beberapa jenis (Lihat Kalthum 2003). Namun, pengajar boleh memilih campuran pelbagai kaedah demi menjayakan pengajaran dan pemelajaran bahasa Melayu kepada pelajar asing ini. Pemilihan kaedah bergantung pula pada situasi dan tajuk pengajaran pada hari itu. Misalnya untuk mengajar sebutan digunakan kaedah terus, kaedah terjemahan digunakan untuk menerangkan makna kata, kaedah dengar dan ajuk digunakan melatih tubi pola-pola ayat dan kaedah khusus pula digunakan untuk membaca dan mengajar tatabahasa (Kalthum 2003:21).

Kaedah-kaedah tersebut juga mesti disesuaikan dengan teknik pengajaran yang digunakan. Objektif penggunaan teknik pengajaran bahasa adalah untuk menyampaikan bahan pengajaran dengan cara yang menarik minat pelajar dan mengekalkan perhatian pelajar terhadap pelajaran serta mencungkil rasa ingin tahu pelajar. Di samping itu pelajar asing akan diberi peluang untuk melakukan pelbagai aktiviti yang terancang. Aktiviti berkenaan dilakukan demi memastikan mereka dapat memahami dan mengungkapkan sesuatu dalam bahasa dan kebudayaan sasaran. Aktiviti-aktiviti tersebut seperti kerja lapangan – lawatan ke kawasan sekitar UKM, kawasan sekitar Bandar Baru Bangi, Putra Jaya dan menyertai kegiatan-kegiatan seni setempat yang bersesuaian.

Berdasarkan teori pemerolehan dan pembelajaran bahasa terdapat empat jenis pendekatan yang dapat diterbitkan daripadanya untuk pengajaran bahasa, iaitu (i) pendekatan induktif, (ii) pendekatan deduktif, (iii) pendekatan elektif, dan (iv) pendekatan komunikatif. Pendekatan yang sesuai untuk mengajar diplomat ialah pendekatan komunikatif. Matlamat pengajaran bahasa mengikut pendekatan komunikatif adalah untuk membentuk keupayaan berkomunikasi pelajar. Fungsi komunikasi diajar mengikut keperluan pelajar bagi menolong pelajar berkomunikasi di dalam kelas dan dalam kehidupan mereka sehari-hari.

Kaedah yang digunakan pula ialah kaedah elektik. Kaedah tersebut adalah kaedah yang menggabungkan segala ciri yang baik dalam pengajaran bahasa yang terdapat dalam kaedah-kaedah yang lain. Kaedah berkenaan banyak menggunakan latihan-latihan dalam pengajarannya. Kaedah tersebut juga mempertimbangkan keempat-empat kemahiran bahasa, iaitu mendengar, bertutur, membaca dan menulis. Namun, keempat-empat kemahiran tersebut memerlukan pelajar mengetahui tatabahasa dengan baik agar kesemua kemahiran tersebut dapat dikuasai dengan jayanya.

Oleh yang demikian, penumpuan terhadap pengajaran tatabahasa perlu diperkukuhkan kepada setiap pelajar yang ingin menguasai sesuatu bahasa tidak terkecuali bahasa Melayu. Pengajaran tatabahasa BM untuk diplomat dibuat dengan menerangkan sistem BM dengan jelas kemudian mereka akan diberikan tugasan yang banyak untuk satu-satu aspek yang dipelajari. Pelajar akan dilatih tubi dengan suatu perkara sehingga mereka faham dan mahir tentang perkara itu. Misalnya untuk kata tanya (cth. apa, siapa, berapa) pelajar akan diberi penerangan tentang kata tanya tersebut dengan memberi contoh ayat-ayat yang betul untuk menggunakan kata-kata tersebut. Kemudian mereka diminta membuat ayat dengan kata tanya tersebut berdasarkan contoh ayat yang diberikan. Dengan itu mereka akan mahir apabila hendak menggunakan kata tanya dalam kehidupan mereka. Penggunaan frasa tanya seperti, Apa ini? Apa itu? Apa nama buah ini? akan diterangkan. Apakah juga digunakan untuk pertanyaan yang jawapannya ya atau bukan/tidak. Contoh,

1. Apakah awak Kamil?
   Ya, saya Kamil.
2. Apakah itu rumah awak?
   Bukan, itu bukan rumah saya.

Selepas pelajar diberikan contoh-contoh ayat, mereka pula mesti membuat ayat mereka sendiri berdasarkan ayat-ayat tadi. Dengan ini mereka mudah mengerti dan sekiranya mereka tidak faham mereka boleh bertanya terus kepada tenaga pengajar. Latihan atau kerja rumah sudah pasti diberi setiap hari, dan tugasan untuk hari itu bersesuaian dengan topik yang dipelajari mereka di dalam kelas. Dengan ini proses pengajaran dan pembelajaran dapat berjalan dengan baik dan berkesan kerana setiap perkara yang mereka pelajari akan diberi peneguhan.

Bagi pengajaran pemahaman, pada mulanya pelajar akan diberikan petikan yang mudah dan pendek. Petikan-petikan tersebut selalunya berkaitan dengan budaya, dan tujuannya adalah di samping mereka mempelajari pemahaman, mereka turut mempelajari budaya Melayu. Misalnya petikan Permainan Tradisional – Cara bermain congkak.

> Sediakan papan congkak dan beberapa guli. Setiap lubang diletakkan tujuh biji guli kecuali lubang "rumah". Bermain congkak perlu berdua. Apabila pemain pertama bermain, mesti mengambil tujuh biji guli dari mana-mana lubang. Kemudian guli-guli tersebut akan diletakkan ke dalam setiap lubang yang dilalui kecuali lubang "rumah" lawannya. Guli yang terakhir sampai ke lubang akan disambung lagi pemainnya sehingga sampai ke lubang yang kosong. Pemain yang paling banyak guli di "rumah" nya dikira pemenang. (Azman Ali 2005)

Di samping pelajar mempelajari pemahaman petikan tersebut, pelajar turut mempelajari cara bermain congkak. Sering kali juga pengajar akan berlawan bermain congkak dengan pelajar agar pengajaran dan pembelajaran dapat berjalan dengan menarik dan berkesan. Mereka akan menjawab soalan-soalan yang berkaitan dengan; berapakah, bagaimanakah, apakah, siapakah, dan di manakah, iaitu sesuai dengan petikan yang diberikan. Apabila mereka sudah memperoleh bayak kosa kata dan sudah mempelajari ayat-ayat yang lebih kompleks, pelajar akan didedahkan dengan akhbar.

Pada masa ini pelajar akan diberi akhbar selalunya *Berita Harian* atau *Utusan Melayu* – selalunya cara ini dilaksanakan apabila pelajar diplomat berada pada tahap tiga. Kosa kata yang mereka kuasai agak banyak dan mereka boleh membaca petikan-petikan pendek. Sering kali juga pengajar akan memilih petikan yang ada kena-mengena dengan negara asal mereka. Hal ini bertujuan agar pelajar benar-benar dapat memahami isi petikan yang diberikan kerana ia ada kaitan dengan diri mereka, di samping kerinduan pada tanah air tercinta.

Bagi pengajaran penulisan, pada mulanya pelajar diplomat diberikan tajuk berkenaan diri mereka. Misalnya tentang hobi, pekerjaan mereka, dan keluarga mereka. Kemudian apabila masuk pada tahap dua, tajuk esei yang diberikan lebih sukar sehinggalah pada tahap tiga selalunya tajuk yang diberikan adalah tajuk-tajuk berkenaan politik dan perkara yang mereka minati. Misalnya, sekiranya pelajar berminat untuk melancong, mereka akan diberikan tajuk esei berkenaan pelancongan. Esei berkenaan negara yang telah mereka lawati juga sering menjadi kegemaran pelajar yang berminat pergi melancong.

Dalam presentasi lisan, setiap pelajar diplomat mesti membuat presentasi lisan pada akhir kursus BM mereka. Presentasi lisan ini diberikan markah dua puluh lima peratus daripada markah keseluruhan. Di dalam kelas, pelajar akan diberikan tajuk esei dan kemudian esei tersebut akan mereka pilih untuk dijadikan tajuk presentasi lisan mereka. Esei tersebut akan mereka tambahkan daripada segi isi dan cara persembahan agar menjadi lebih menarik. Di sini mereka akan menyediakan *power point* semasa presentasi lisan tersebut. Mereka juga terpaksa menjawab beberapa soalan yang diberikan oleh khalayak selepas presentasi berkenaan.

Tahap Asas I

Pada tahap asas, mereka mempelajari asas-asas bahasa, dan di sini mereka baru diperkenalkan dengan kosa-kosa kata dan frasa-frasa mudah yang biasa digunakan dalam kehidupan seharihari mereka sebagai seorang pelajar. Ucapan-ucapan selamat, kata-kata panggilan, dan mereka juga diberi nama Melayu agar mereka dapat menjiwai bahasa Melayu. Apabila dikumpul bahan-bahan tersebut didapati pelajar asing yang mempelajari BM pada tahap ini menghadapi masalah untuk menambah kosa kata dalam bahasa Melayu. Kekurangan kosa kata menyebabkan pelajar agak sukar untuk membina ayat, sama ada untuk berkomunikasi secara lisan ataupun bertulis.

Tahap Pertengahan II

Pada tahap ini kebanyakan pelajar sudah mempunyai banyak kosa kata. Segala kerja atau tugasan yang diberikan akan diberi penilaian. Oleh itu mereka akan membuatnya secara bersungguh-sungguh. Selalunya dalam tahap dua mereka sudah mengetahui lebih kurang 1,500 patah perkataan. Di sini bahan pengajaran yang digunakan berupa buku-buku bahasa Melayu pelajar tahun tiga dan tahun empat sekolah rendah. Mereka juga diajar tentang pantun, simpulan bahasa, kata-kata ganda dan pelbagai kata panggilan dalam sistem kekeluargaan Melayu. Di sini kemungkinan didapati pelajar sukar menstruktur ayat mereka menjadi ayat yang gramatis. Oleh itu latih tubi perlu dilaksanakan agar pelajar dapat membentuk ayat yang baik dan berkesan.

Tahap Lanjutan III

Pada tahap tiga atau lanjutan mereka sudah mengetahui lebih kurang 3,000 patah perkataan. Bahan pengajaran yang digunakan berupa buku-buku tahun lima dan tahun enam sekolah rendah. Selain daripada tatabahasa mereka juga diajar tentang laras-laras bahasa yang sesuai untuk keadaan-keadaan yang tertentu. Kebanyakan pelajar apabila sampai pada tahap III sudah tahu menstruktur ayat mudah dengan betul. Namun, apabila dilihat dan diteliti kemungkinan pengajaran dan pembelajaran BM untuk pelajar diplomat asing, kesilapan imbuhan merupakan perkara yang agak serius. Misalnya ayat yang berbunyi "*Bagaimanapun, saya percaya semua negara ada sesuatu kita boleh belajar*" apabila dilihat secara kasar ayat ini tiada apa-apa kesalahan, namun demikian frasa yang digarisi adalah lebih baik sekiranya ditukarkan kepada yang kita boleh pelajari. Begitu juga penggunaan imbuhan seperti ber+makan → "bermakan", yang pelajar diplomat asing fahami penggunaan kata yang betul seperti bentuk kata "belajar", "berjalan", "berlari".

Kesimpulan

Sebagai kesimpulan dapatlah dikatakan bahawa pengajaran dan pembelajaran BM untuk diplomat asing sangat mencabar kerana mereka akan menggunakan BM dalam tugas mereka di Malaysia. Oleh itu mereka mesti menguasai keempat-empat kemahiran bagi menentukan tugas mereka di Malaysia boleh dilaksanakan dengan lancar. Bahasa ialah alat bagi seseorang menyampaikan buah fikiran dan perasaan. Jika penguasaan bahasa Melayu pelajar diplomat asing ini lemah, pelajar diplomat asing akan gagal dalam usaha mereka menjalankan tugas mereka di sini. Oleh itu dengan adanya kaedah pengajaran dan pembelajaran bahasa Melayu yang sistematik akan memudahkan pelajar diplomat asing mempelajari bahasa Melayu. Dengan ini diharapkan pelajar diplomat asing dapat menggunakan bahasa Melayu dengan tepat. Semoga keadaan ini membantu bahasa Melayu menjadi satu bahasa popular untuk dipelajari dalam kalangan bangsa-bangsa di dunia. Sistem pengajaran dan pembelajaran yang mudah dan cepat penting demi menjadikan bahasa Melayu bahasa popular antarabangsa.

Rujukan

- Abdullah Hassan. 1996. *Isu-isu Pembelajaran dan Pengajaran Bahasa Malaysia.* Kuala Lumpur: Dewan Bahasa dan Pustaka.
- Asmah Hj Omar. 1978. *Perancangan Bahasa dengan Rujukan Khusus kepada Perancanga Bahasa Malaysia.* Kuala Lumpur: Dewan Bahasa dan Pustaka.
- Asmah Haji Omar. 2003. Pengajaran bahasa Melayu kepada penutur asing: Kaedah dan prinsip. Dlm. Atiah Hj. Mohd Salleh & Ramlah Muhamad (ed.). *Pengajaran Bahasa Melayu untuk Penutur Asing.* Kuala Lumpur: Dewan Bahasa dan Pustaka.
- Azman Ali. 2005. *Praktis Topikal Bestari Bahasa Melayu. KBSR Tahun 2.* Kuala Lumpur: Fajar Bakti Sdn. Bhd.
- Harimurti KridaLaksana. 1983. *Kamus linguistik.* Jakarta: Penerbit PT Gramedia.
- Kalthum Ibrahim. 2001. Perbandingan kurikulum program bahasa Melayu sebagai bahasa asing di beberapa universiti terpilih. Dlm. *Prosiding Seminar Sehari Jabatan Bahasa Melayu dan Terjemahan,* hlm. 119 - 131. B.B.B: FPB, UKM.
- Kalthum Ibrahim. 2003. Pengajaran bahasa Melayu kepada penutur asing – pengalaman Universiti Kebangsaan Malaysia. Dlm. Atiah Hj. Mohd Salleh & Ramlah Muhamad (ed.). *Pengajaran Bahasa Melayu untuk Penutur Asing.* Kuala Lumpur: Dewan Bahasa dan Pustaka. Hlm. 17-35.
- *Kamus Dewan Edisi Ketiga,* 1994
- Nik Safiah Karim. 1988. *Sosiolinguistik Bahasa Melayu dan Pengajaran.* Petaling Jaya: Penerbit Fajar Bakti Sdn. Bhd.
- Richards, Jack. C. 1985. Error analysis in second language strategies. Dlm. *New Frontiers in Second Language Learning.* NewYork: New Burry House Publishers.
- Sinclair, J. 1991. *Corpus, Concorrdance, Collocation.* Oxford: London.